해커스 HSK 3급 200% 활용법!

무료

폰 안에 쏙! HSK 3급 필수어휘 300+예문

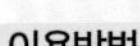
이용방법

해커스중국어 (china.Hackers.com) 접속 후 로그인

▶ 페이지 상단 **[교재/MP3 → 교재 MP3/자료]** 클릭

▶ **[해커스 HSK 3급]** 클릭 후 본 교재 학습자료 이용하기

무료

HSK 기출 사자성어

이용방법

해커스중국어 (china.Hackers.com) 접속 후 로그인

▶ 페이지 상단 **[무료 자료 → 데일리 학습자료]** 클릭

▶ **[HSK 기출 사자성어]** 클릭 후 이용하기

무료

매일 HSK 필수어휘 테스트

이용방법

해커스중국어 (china.Hackers.com) 접속 후 로그인

▶ 페이지 상단 **[무료 자료 → 데일리 학습자료]** 클릭

▶ **[3급 필수 어휘]** 클릭 후 이용하기

무료

교재 MP3

듣기 모의고사용/문제별 분할/고사장 소음 버전 MP3
· 독해/쓰기 MP3 · (부록)핵심어휘 MP3

방법 1

[해커스 ONE] 앱 다운로드 후 로그인

▶ 페이지 상단 **[교재·MP3]** 클릭

▶ 본 교재 선택 후 이용하기

[해커스 ONE] 앱 다운받기 ▶

방법 2

다운로드 없이 즉시 학습이 가능한 **[QR코드]** 이용하기

해커스 중국어 HSK 3급 실전모의고사

해커스중국어
china.Hackers.com

해커스가 만들면 HSK 3급 실전모의고사도 다릅니다!

수많은 HSK 3급 수험생들은
**HSK 4급을 준비하는 단계로 HSK 3급을 빠른 시간 안에
꼼꼼하고 확실하게 그리고 독학으로 끝내고 싶어합니다.**

그래서 해커스가 고민해 보았습니다.
HSK 3급 합격을 위한 실전모의고사는 어떤 교재여야 할까?

결론은, HSK 3급 실전모의고사는 모름지기,

1. 최신 출제 경향을 철저히 분석하여 그대로 반영한 문제와 상세하고 이해하기 쉬운 해설을 제공해야 하며,

2. HSK 3급 수험생들의 지속적인 어휘력 향상을 위한 어휘집과 MP3를 제공하고,

3. 특히 아직은 중국어 문장이나 지문을 중국어 발음으로 읽는 것을 어려워하는 학습자들을 위해 듣기는 물론이고 독해/쓰기까지 MP3를 제공하는, 그러한 교재이어야 한다는 것이었습니다.

그래야만 수험생들이 합격에 대한 자신감과 확신을
가질 수 있기 때문입니다.

이러한 결론을 토대로 <해커스 HSK 3급 실전모의고사>를 만들었습니다.

특히, 시험 전 5일 동안 학습에 박차를 가하여
이번 시험에서 HSK 3급 합격증을 손에 쥐고 싶어 하는 수험생들을 위한 마음을
해커스가 이 교재에 고스란히 담았습니다.

여러분의 합격을 위해 <해커스 HSK 3급 실전모의고사>가 함께 합니다!

차례

해설집

문제집

[책속의 책]

1. 듣기 모의고사용 MP3
2. 듣기 문제별 분할 MP3
3. 듣기 고사장 소음 버전 MP3
4. 독해 MP3
5. 쓰기 MP3
6. (부록)핵심어휘 MP3

3급 어휘 300

폰 안에 쏙!
HSK 3급 필수어휘 300+예문
(PDF+MP3)

* 듣기 학습을 위한 모든 MP3, 독해·쓰기 MP3와 「폰 안에 쏙! HSK 3급 필수어휘 300+예문」 PDF+MP3는 해커스 중국어 사이트 (china.Hackers.com)에서 무료로 다운받으실 수 있습니다.

해커스가 알려 드리는 HSK 3급 합격을 위한 5일 학습법

최신 출제 경향의 모의고사를 푼다!

최근 들어 출제 경향이 변화하고 있는 HSK 3급, 때문에 **최신 출제 경향을 철저히 분석**하여 그대로 반영한 <해커스 HSK 3급 실전모의고사>로 실제 시험장처럼 문제를 풀고 철저히 학습해서 **최신 경향에 익숙**해져야 합니다.

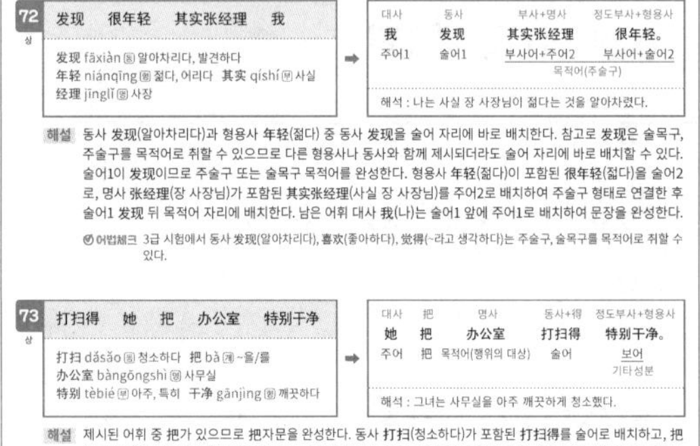

72 상 发现 很年轻 其实张经理 我

发现 fāxiàn 동 알아차리다, 발견하다
年轻 niánqīng 형 젊다, 어리다 其实 qíshí 부 사실
经理 jīnglǐ 명 사장

대사	동사	부사+명사	정도부사+형용사
我	发现	其实张经理	很年轻。
주어1	술어1	부사어+주어2	부사어+술어2
		목적어(주술구)	

해석 : 나는 사실 장 사장님이 젊다는 것을 알아차렸다.

해설 동사 发现(알아차리다)과 형용사 年轻(젊다) 중 동사 发现을 술어 자리에 바로 배치한다. 참고로 发现은 술목구, 주술구를 목적어로 취할 수 있으므로 다른 형용사나 동사와 함께 제시되더라도 술어 자리에 바로 배치할 수 있다. 술어1이 发现이므로 주술구 또는 술목구 목적어를 완성한다. 형용사 年轻(젊다)이 포함된 很年轻(젊다)을 술어2로, 명사 张经理(장 사장님)가 포함된 其实张经理(사실 장 사장님)를 주어2로 배치하여 주술구 형태로 연결한 후 술어1 发现 뒤 목적어 자리에 배치한다. 남은 어휘 대사 我(나)는 술어1 앞에 주어1로 배치하여 문장을 완성한다.

어법체크 3급 시험에서 동사 发现(알아차리다), 喜欢(좋아하다), 觉得(~라고 생각하다)는 주술구, 술목구를 목적어로 취할 수 있다.

73 상 打扫得 她 把 办公室 特别干净

打扫 dǎsǎo 동 청소하다 把 bǎ 개 ~을/를
办公室 bàngōngshì 명 사무실
特别 tèbié 부 아주, 특히 干净 gānjìng 형 깨끗하다

대사	把	명사	동사+得	정도부사+형용사
她	把	办公室	打扫得	特别干净。
주어	把	목적어(행위의 대상)	술어	보어
				기타성분

해석 : 그녀는 사무실을 아주 깨끗하게 청소했다.

해설 제시된 어휘 중 把가 있으므로 把자문을 완성한다. 동사 打扫(청소하다)가 포함된 打扫得를 술어로 배치하고, 把(~을)를 술어 앞에 배치한다. '정도부사+형용사' 형태인 特别干净(아주 깨끗하다)을 술어 뒤에 보어로 배치한다. 대사 她(그녀)와 办公室(사무실) 중, 술어 打扫와 문맥상 주어로 어울리는 她를 주어 자리에 배치하고, 办公室을

시험장에서 적용 가능한 해설로 공부한다!

시험장에서 적용할 수 없는 단편적인 설명 방식의 해설은 정답을 선택하는데 아무런 도움이 되지 않습니다. 때문에 **실제 시험장에서 시험이 진행되는 순서에 맞추어 그대로 적용 가능한 전략적인 해설**을 제공하는 <해커스 HSK 3급 실전모의고사>로 학습해야 **시험장에서 제대로 실력을 발휘**할 수 있습니다.

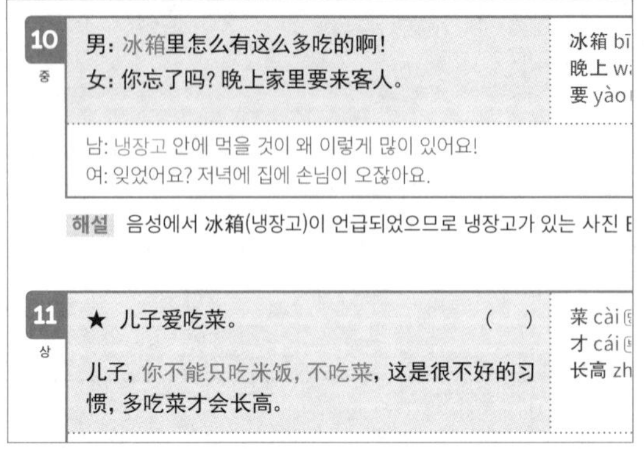

10 중
男：冰箱里怎么有这么多吃的啊！
女：你忘了吗？晚上家里要来客人。

남: 냉장고 안에 먹을 것이 왜 이렇게 많이 있어요!
여: 잊었어요? 저녁에 집에 손님이 오잖아요.

해설 음성에서 冰箱(냉장고)이 언급되었으므로 냉장고가 있는 사진

11 상
★ 儿子爱吃菜。 （ ）

儿子，你不能只吃米饭，不吃菜，这是很不好的习惯，多吃菜才会长高。

'상/중/하' 난이도에 따라 어려운 문제까지 정복하는 실력으로 향상한다!

틀린 문제가 쉬운 문제인지 어려운 문제인지를 알 수 없으면 자신의 실력을 제대로 알 수 없습니다. 때문에 **모든 문제에 '상/중/하'로 난이도를 표시해 놓은** <해커스 HSK 3급 실전모의고사>로 틀린 문제의 난이도를 확인하면서 취약한 부분을 보충하다 보면, 어느새 **난이도가 높은 문제까지 정복**하게 됩니다.

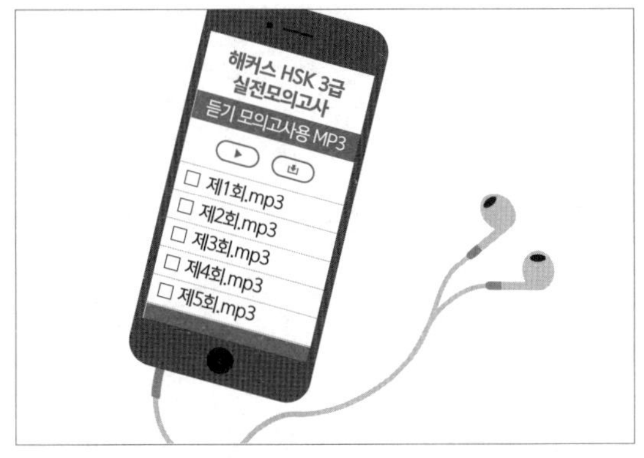

총 6종의 MP3로 듣기를 잡는다!

단어 하나하나는 들리는데 문장 또는 문단을 들으면 직청직해가 되지 않아 많은 수험생들이 어려워하는 듣기 영역! 때문에 <해커스 HSK 3급 실전모의고사>가 제공하는 **듣기 모의고사용, 듣기 문제별 분할, 듣기 고사장 소음 버전, 독해 영역, 쓰기 영역 MP3** 그리고 **(부록)핵심어휘 MP3**라는 총 6종의 MP3로 **중국어 듣기 실력을 제대로 키워야** 합니다.

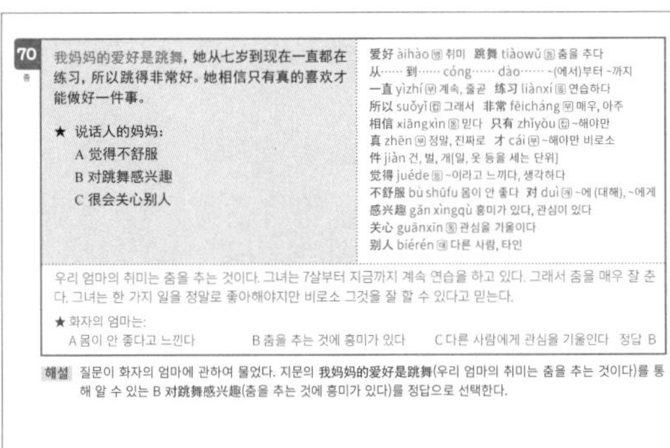

70 我妈妈的爱好是跳舞，她从七岁到现在一直都在练习，所以跳得非常好。她相信只有真的喜欢才能做好一件事。

★ 说话人的妈妈：
A 觉得不舒服
B 对跳舞感兴趣
C 很会关心别人

爱好 àihào 명 취미　跳舞 tiàowǔ 동 춤을 추다
从…… 到…… cóng…… dào…… ~(에서)부터 ~까지
一直 yìzhí 부 계속, 줄곧　练习 liànxí 동 연습하다
所以 suǒyǐ 접 그래서　非常 fēicháng 부 매우, 아주
相信 xiāngxìn 동 믿다　只有 zhǐyǒu 접 ~해야만
真 zhēn 부 정말, 진짜로　才 cái 부 ~해야만 비로소
件 jiàn 건, 벌, 개[일, 옷 등을 세는 단위]
觉得 juéde 동 ~이라고 느끼다, 생각하다
不舒服 bù shūfu 몸이 안 좋다　对 duì 개 ~에 (대해), ~에게
感兴趣 gǎn xìngqù 흥미가 있다, 관심이 있다
关心 guānxīn 동 관심을 기울이다
别人 biérén 대 다른 사람, 타인

우리 엄마의 취미는 춤을 추는 것이다. 그녀는 7살부터 지금까지 계속 연습을 하고 있다. 그래서 춤을 매우 잘 춘다. 그녀는 한 가지 일을 정말로 좋아해야지만 비로소 그것을 잘 할 수 있다고 믿는다.

★ 화자의 엄마는:
A 몸이 안 좋다고 느낀다　B 춤을 추는 것에 흥미가 있다　C 다른 사람에게 관심을 기울인다　정답 B

해설 질문이 화자의 엄마에 관하여 물었다. 지문의 **我妈妈的爱好是跳舞**(우리 엄마의 취미는 춤을 추는 것이다)를 통해 알 수 있는 B **对跳舞感兴趣**(춤을 추는 것에 흥미가 있다)를 정답으로 선택한다.

모르는 어휘는 바로 찾고 정확히 해석한다!

HSK 3급 합격을 위해 어휘력은 필수 사항! 모르는 어휘가 나오면 정답 선택이 어렵죠! 때문에 **문제 바로 옆에 어휘를 정리**해 둔 <해커스 HSK 3급 실전모의고사>로 학습하면, 문제를 풀다가 **모르는 어휘가 나와도 바로 찾고 정확히 해석할 수 있습니다. 사전 찾는 시간도 아끼자!**

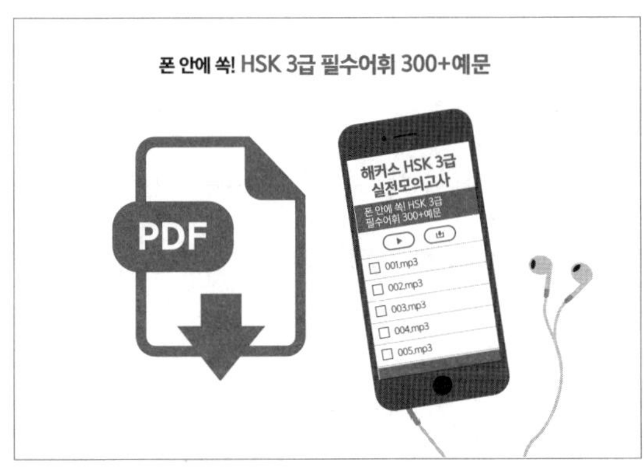

단어는 예문과 MP3로 암기한다!

HSK 3급 합격을 위해 꼭 암기해야 하는 단어는 바로 HSK 3급 필수어휘 300개! 이렇게 중요한 필수어휘를 각 회차별로 핵심어휘만 모은 **부록 「핵심어휘」**로 한번 암기하고, **「폰 안에 쏙! HSK 3급 필수어휘 300+예문(PDF+MP3)」**으로 한번 더 암기한다면 어느새 문제를 술술 풀게 될 것입니다.

* PDF+MP3는 해커스중국어(china.Hackers.com)에서 다운받으실 수 있습니다.

HSK 3급 시험 정보

HSK 시험 접수

1. 인터넷 접수

HSK 한국사무국 홈페이지(http://www.hsk.or.kr)에서 홈페이지 좌측의 [IBT] 또는 [PBT]를 클릭한 후, 홈페이지 중앙의 [인터넷 접수]를 클릭하여 접수합니다.

- 접수 과정: 인터넷 접수 바로가기 → 응시 등급 선택 → 결제 방법 선택 → 고시장 선택 → 개인 정보 입력 → 사진 등록 → 내용 확인 및 결제

* 국내 포털 사이트에서 'HSK 접수'로 검색하면 다른 시험센터에서 고사장을 선택하여 접수 가능합니다.

2. 우편 접수

구비 서류를 동봉하여 등기 우편으로 접수합니다.

- 구비 서류: 응시 원서(사진 1장 부착), 응시 원서에 부착한 사진 외 별도 사진 1장, 응시비 입금 영수증
- 보낼 주소: (06336) 서울시 강남구 강남우체국 사서함 115호 <HSK한국사무국>

3. 방문 접수

준비물을 지참하여 접수처에 방문하여 접수합니다.

- 준비물: 응시원서(사진 1장 부착), 응시원서에 부착한 사진 외 1장, 응시비
- 접수처: 서울 강남구 강남대로92길 31(역삼동 649-8) 민석빌딩 8층 HSK한국사무국
- 접수 시간: 평일 09:00-12:00, 13:00-18:00(토·일요일, 공휴일 휴무)

HSK 시험 당일 준비물

수험표

유효한 신분증

2B 연필, 지우개

시계

HSK 시험 성적 확인

1. 성적 조회

PBT 시험 성적은 시험일로부터 1개월, IBT 시험 성적은 시험일로부터 2주 후 중국고시센터(http://www.chinesetest.cn/goquery.do)에서 조회가 가능합니다.

- 성적 조회 과정: HSK 한국사무국 홈페이지 우측의 [성적조회] 클릭 → 페이지 하단의 [성적조회 바로가기] 클릭
- 입력 정보: 수험번호, 성명, 인증 번호

* 수험 번호는 IBT/PBT [성적조회] 페이지 하단의 [수험번호 조회]를 클릭한 후, 한글 이름, 생년월일, 핸드폰번호, 시험일자를 입력하면 바로 조회 가능합니다.

2. 성적표 수령 방법

- 우편 수령 신청자의 경우, 성적표는 시험일로부터 45일 이후, 등기 우편으로 발송됩니다.
- 방문 수령 신청자의 경우, 성적표는 시험일로부터 45일 이후, 홈페이지 공지 사항에서 해당 시험일 성적표 발송 공지문을 확인한 후, 신분증을 지참하여 HSK 한국사무국으로 방문하여 수령합니다.

3. 성적의 유효 기간

성적은 시험을 본 당일로부터 2년간 유효합니다.

HSK 3급 시험 대상

HSK 3급은 약 3학기 동안 매주 2-3시간씩(120~180시간) 중국어를 학습하고, 600개의 상용어휘와 관련 어법지식을 마스터한 학습자를 대상으로 합니다.

HSK 3급 시험 구성 및 시험 시간

- HSK 3급은 듣기, 독해, 쓰기의 세 영역으로 나뉘며, 총 80문항이 출제됩니다.
- 듣기 영역의 경우, 듣기 시험 시간이 종료된 후 답안 작성시간 5분이 별도로 주어지며, 독해·쓰기 영역은 별도의 답안 작성 시간이 없으므로 해당 영역 시험 시간에 바로 작성해야 합니다.

시험 내용		문항 수		시험 시간
듣기	제1부분	10	40	약 35분
	제2부분	10		
	제3부분	10		
	제4부분	10		
듣기 영역에 대한 답안 작성 시간				5분
독해	제1부분	10	30	30분
	제2부분	10		
	제3부분	10		
쓰기	제1부분	5	10	15분
	제2부분	5		
합계		**80문항**		**약 85분**

* 전체 시험 시간은 응시자 개인정보 기재시간 5분을 포함하여 약 90분입니다.

HSK 3급 합격 기준

孔子学院总部/国家汉办
Confucius Institute Headquarters(Hanban)

汉语水平考试
Chinese Proficiency Test

HSK（三级）成绩报告
HSK(Level 3)Examination Score Report

	满分 Full Score	你的分数 Your Score
听力 Listening	100	100
阅读 Reading	100	100
书写 Writing	100	100
总分 Total Score	300	300

国家汉办 Hanban

<합격 성적표>

- HSK 3급 성적표에는 듣기, 독해, 쓰기 세 영역별 점수와 총점이 기재됩니다. 영역별 만점은 100점이며, 따라서 총점은 300점 만점입니다. 이때, 총점이 180점 이상이면 합격입니다.
- 또한 성적표에는 영역별 점수 및 총점을 기준으로 백분율을 제공하고 있어 자신의 점수가 상위 몇 %에 속하는지를 확인할 수 있습니다.

HSK 3급 출제 형태 및 문제풀이 전략

一、听力 듣기

제1부분 | 대화 듣고 일치하는 사진 선택하기

1. 출제 형태

• 남녀의 대화를 듣고 대화 내용과 일치하는 사진을 선택하는 형태
• 총 문항 수: 10문항(1번-10번)

문제지

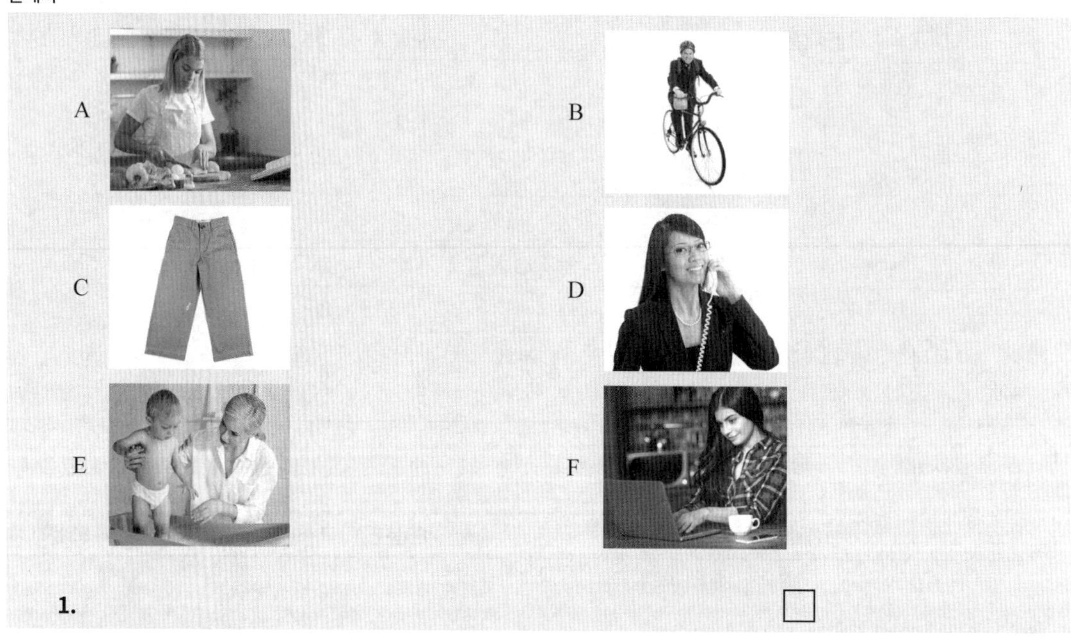

음성

女：你每天怎么去上班？
男：我每天骑自行车去公司。

정답 B

2. 문제풀이 전략

STEP 1 음성과 일치하는 사진 고르기
음성에서 들리는 표현과 일치하거나 들리는 상황과 관련된 사진의 보기를 고른다.

STEP 2 다시 확인하기
음성을 두 번째로 들을 때, 고른 사진이 답이 맞는지 확인하고 정답으로 확정한다.

제2부분 | 음성 내용과 제시된 문장의 일치·불일치 판단하기

1. 출제 형태

- 음성을 듣고 음성의 내용과 제시된 문장의 내용이 일치하는지, 불일치하는지 판단하는 형태
- 총 문항 수: 10문항(11-20번)

문제지

11. ★ 说话人爱看新闻。　　　　（　　　）

음성

我不喜欢看音乐节目，我喜欢看新闻和体育节目。

정답 ✓

2. 문제풀이 전략

STEP 1 제시된 문장 읽기
제시된 문장을 읽고 주의 깊게 들어야 할 내용을 파악한다.

STEP 2 음성을 들으며 제시된 문장과 일치 여부 판단하고 정답 선택하기
STEP 1에서 파악한 제시된 문장의 내용에 유의하며 음성을 듣는다. 음성의 내용이 제시된 문장과 일치하면 ✓, 불일치하면 X를 문제지에 표시한다.

HSK 3급 출제 형태 및 문제풀이 전략

제3·4부분 | 대화 듣고 질문에 답하기

1. 출제 형태

- 제3부분은 남녀가 한 번씩, 제4부분은 남녀가 두 번씩 주고받는 대화를 듣고 관련 질문에 대한 정답을 고르는 형태
- 총 문항 수: 20문항(제3부분: 21-30번 / 제4부분: 31-40번)

[제3부분]

문제지

21. A 鱼　　B 羊肉　　C 牛奶

음성

女：这条鱼看起来好新鲜！
男：那我们买两斤吧。

问：他们要买什么？

정답 A

[제4부분]

문제지

31. A 找老师　　B 不舒服　　C 喜欢运动

음성

男：我们明天去爬山吧。
女：不好意思，我不想去。
男：为什么呢？
女：我身体不太舒服，想在家休息。

问：女的怎么了？

정답 B

2. 문제풀이 전략

STEP 1 보기 읽고 대화 내용과 질문 예상해보기
대화를 듣기 전에 먼저 문제지의 보기를 재빨리 읽고, 대화의 내용과 질문을 미리 예상한다.

STEP 2 대화를 들으면서 대화에서 언급되거나 관련된 보기에 체크해 두기
대화를 들으며, 대화에서 그대로 언급되거나 대화와 관련된 내용의 보기는 정답이 될 가능성이 크기 때문에 그 옆에 살짝 체크해 둔다.

STEP 3 질문 듣고 정답 선택하기
대화가 끝난 후 이어지는 질문을 듣고 보기 옆에 표시해둔 정보를 바탕으로 정답을 선택한다.

二、阅读 독해

제1부분 | 상응하는 문장 고르기

1. 출제 형태

- 제시된 문제에 상응하는 보기를 찾아 정답으로 선택하는 형태
- 총 문항 수: 10문항(41번-50번)

문제지

A 明天要带儿子去动物园，他想看大熊猫。
B 我饿了，有什么吃的东西吗？
C 我觉得还是蓝色的好看。
D 这是我们学校的数学老师。
E 当然，我们先坐公共汽车，然后换地铁。
F 外面下大雨了，你带雨伞了吗？

41. 你觉得我穿这条裙子好看吗？　（　　）

정답 C

2. 문제풀이 전략

STEP 1 문제와 보기에서 의문문을 찾아 먼저 해결한다.
먼저 문제지 아래에서 의문문인 문제를 찾아 상응하는 문장을 보기에서 고르고, 그 다음 문제지 위쪽에서 의문문인 보기를 찾아 상응하는 문장을 문제에서 고른다

STEP 2 남은 평서문과 상응하는 문장 고르기
의문문에 대한 답변을 모두 고른 후, 남은 문제들을 차례로 보면서 핵심어구나 상황을 파악하여 문맥상 어울리는 문장을 보기에서 고른다.

제2부분 | 빈칸 채우기

1. 출제 형태

- 제시된 6개 보기 중 예시 어휘를 제외한 5개의 어휘를 각각 알맞은 빈칸에 고르는 형태
- 서술문(51번-55번) 또는 대화문(56번-60번) 형태의 문장으로 출제
- 총 문항 수: 10문항(51번-60번)

문제지 서술문 형태

A 以前　　B 关　　C 小心　　D 条　　E 声音　　F 生气

51. 你别（　　），他还是个小孩子呢。

정답 F

문제지 대화문 형태

A 过　　B 更　　C 复习　　D 爱好　　E 年轻　　F 草

56. A：你来（　　）这个城市吗？
B：没有，我第一次来这里。

정답 A

2. 문제풀이 전략

STEP 1 제시된 5개의 보기를 읽고 품사와 뜻 적어두기
A부터 F까지 제시된 6개의 어휘 중 예시에서 사용된 어휘에 취소선을 그은 후, 나머지 5개 어휘의 품사와 뜻을 재빨리 적어둔다.

STEP 2 빈칸에 들어갈 품사 또는 문맥에 따라 정답의 후보 고르기
각 문제의 문장을 읽을 때, 빈칸 주변의 문장 성분에 따라 빈칸에 어떤 품사의 어휘가 필요한지를 먼저 파악하거나 또는 문장의 문맥에 적절한 보기가 무엇인지를 파악하여 5개의 보기 중 정답의 후보를 고른다. 정답의 후보가 1개이면 정답으로 결정한다.

STEP 3 정답 후보 중 문맥에 적합한 보기를 정답으로 선택하기
정답의 후보 중 빈칸에 넣었을 때 문맥상 가장 자연스러운 어휘를 정답으로 선택한다. 한 번 선택된 어휘는 다른 문제에서 중복하여 정답이 될 수 없으므로 보기에서 소거해둔다

제3부분 | 지문 읽고 질문에 답하기

1. 출제 형태

- 지문을 읽고 관련된 1개의 질문에 대한 정답을 고르는 형태
- 총 문항 수: 10문항(61번-70번)

문제지

61. 我一般10点就睡觉，但是最近为了准备考试，每天复习到11点，所以很晚才睡觉。

★ 说话人为什么很晚才睡？

A 玩儿游戏　　B 公司很忙　　C 准备考试

정답 C

2. 문제풀이 전략

STEP 1 질문을 먼저 읽고 지문에서 파악해야 할 내용 체크하기

질문을 읽고 지문에서 어떤 내용을 중점적으로 봐야 할지를 파악한다.

STEP 2 지문을 읽고 정답 선택하기

질문의 핵심어구를 지문에서 찾거나, 질문이 묻는 포인트가 언급된 부분을 찾아 그 주변에서 정답의 단서를 찾은 다음, 4개의 보기들 중 정답을 선택한다.

三、书写 쓰기

제1부분 | 제시된 어휘로 문장 완성하기

1. 출제 형태

• 제시된 3~5개의 어휘를 어순에 맞게 배치하여 하나의 문장을 완성하는 형태
• 총 문항 수: 5문항(71번-75번)

문제지

71. 真　　办公室　　我们的　　干净

정답 我们的办公室真干净。

2. 문제풀이 전략

STEP 1 술어 배치하기
제시된 어휘 중 술어가 되는 어휘를 찾아 배치한다. 이때, 동사 是이나 有, 개사 把나 被와 같은어휘가 보이면 관련된 특수 문형의 어순을 떠올리며 술어를 배치한다.

STEP 2 주어와 목적어 배치하기
술어 자리에 배치한 어휘와 문맥적으로 목적어가 될 수 있는 어휘를 술어 다음 목적어 자리에, 주어가 될 수 있는 어휘를 술어 앞 주어 자리에 배치한다.

STEP 3 문장 완성하기
남은 어휘들은 어법이나 문맥에 따라 관형어나 부사어 등의 알맞은 자리에 배치하여 문장을 완성한다. 완성된 문장 끝에 반드시 마침표(。)나 물음표(?)를 붙여 답안지에 옮겨 적는다.

제2부분 | 빈칸에 알맞은 한자 쓰기

1. 출제 형태

- 제시된 병음을 보고 빈칸에 알맞은 한자를 쓰는 형태
- 총 문항 수: 5문항(76번-80번)

문제지

dǎ
76. 你（　　）算什么时候结婚？

정답 打

2. 문제풀이 전략

STEP 1 제시된 병음 확인하고 한자 떠올리기
제시된 병음을 확인하고 빈칸 앞 또는 뒤의 한자를 확인하여 빈칸에 들어갈 한자를 떠올린다.

STEP 2 빈칸에 떠올린 한자 쓰기
떠올린 한자가 문맥상 자연스러운 어휘인지 확인 후, 답안지에 옮겨 적는다.

HSK 3급 합격을 위한 맞춤 학습 플랜

5일 학습 플랜

이전에 HSK 3급을 공부한 경험이 있어, 실전모의고사로 시험 전 5일 동안 최종 마무리하고 싶은 학습자

일차	날짜	학습 내용
1일	/	★ 실전모의고사 **제1회** ☆ <HSK 3급 필수어휘 300+예문> PDF 001번~060번 어휘 암기
2일	/	★ 실전모의고사 **제2회** ☆ <HSK 3급 필수어휘 300+예문> PDF 061번~120번 어휘 암기
3일	/	★ 실전모의고사 **제3회** ☆ <HSK 3급 필수어휘 300+예문> PDF 121번~180번 어휘 암기
4일	/	★ 실전모의고사 **제4회** ☆ <HSK 3급 필수어휘 300+예문> PDF 181번~240번 어휘 암기
5일	/	★ 실전모의고사 **제5회** ☆ <HSK 3급 필수어휘 300+예문> PDF 241번~300번 어휘 암기
시험일	/	시험장에 가져가면 좋을 학습 자료 1. 듣기 문제별 분할 MP3를 담은 휴대폰 - 시험장 가는 길에 계속 들어요~ 2. <폰 안에 쏙! HSK 3급 필수어휘 300+예문> PDF+MP3를 담은 스마트폰 - 시험장에서 잘 안외워지는 단어를 재빨리 체크해요~

실전모의고사 학습법

1. 문제를 풀기 전, p.163의 부록 「핵심어휘」를 MP3와 함께 먼저 익히면 문제를 더 쉽게 풀 수 있어요.
2. 문제집, 문제집에서 분리한 답안지, 연필, 지우개 그리고 시계를 준비하여 실제 시험장처럼 모의고사 문제를 풉니다.
3. 채점 후 점수가 낮은 영역 또는 부분 위주로 집중 복습합니다.
   (1) 듣기 점수가 낮을 경우, 듣기 문제별 분할 MP3를 사용하여 직청직해가 될 때까지 반복해서 듣습니다.
   (2) 독해와 쓰기 점수가 낮을 경우, 틀린 문제 위주로 다시 풀어보되, 잘 모르는 어휘는 바로 찾고 바로 암기합니다.
   이때, 독해·쓰기 영역 학습 도중 어떻게 읽는지 잘 모르거나 읽는 시간이 오래 걸리는 부분은 독해/쓰기 MP3를 들으며 따라 읽으면 지문의 의미를 파악하는데 도움이 돼요.

<폰 안에 쏙! HSK 3급 필수어휘 300+예문> 학습법

1. 스마트폰에 PDF와 MP3를 넣어서 5일 동안 매일 60개씩 집중 암기합니다.
   (1) PDF와 MP3로 단어와 예문을 따라 읽으면서 여러 번 반복하여 암기합니다.
   (2) MP3만 들을 때 뜻이 떠오르지 않으면 폰 안의 PDF로 뜻을 확인하고 반복해서 듣습니다.
2. 시험일 전날에는 먼저 MP3만 들으면서 300개 단어 전체를 복습합니다.
   이때 기억이 잘 안 나는 단어는 PDF를 보면서 한 번 더 암기하고, 잘 안 외워지는 단어는 좀 더 집중적으로 암기합니다.

10일 학습 플랜

중국어 기초 실력을 갖추고 있어서, 실전모의고사만으로 HSK 3급에 단번에 합격하고 싶은 학습자

주/일		날짜	학습 단계	학습 내용
1주	1일	/	제1단계 문제풀이 전략 익히기 ① HSK 3급 문제풀이 전략을 집중적으로 익히는 단계! ② 제1회의 모든 문제 해설을 꼼꼼히 공부하면서 문제풀이 전략을 제대로 익혀 나갑니다.	★ 실전모의고사 **제1회** 풀고 채점하기 ☆ 실전모의고사 **제1회** 듣기 집중 학습 ★ <HSK 3급 필수어휘 300+예문> PDF 001번~030번 어휘 암기
	2일	/		★ 실전모의고사 **제1회** 독해·쓰기 집중 학습 ☆ <HSK 3급 필수어휘 300+예문> PDF 031번~060번 어휘 암기
	3일	/	제2단계 문제 풀이 실력 다지기 ① 1단계에서 익힌 문제풀이 전략을 지속적으로 적용하고 활용하는 단계! ② 공부한 모의고사 회차가 늘수록 문제 풀이에 익숙해지도록 실력을 다져 나갑니다.	★ 실전모의고사 **제2회** 풀기 ☆ <HSK 3급 필수어휘 300+예문> PDF 061번~090번 어휘 암기
	4일	/		★ 실전모의고사 **제2회** 복습 ☆ <HSK 3급 필수어휘 300+예문> PDF 091번~120번 어휘 암기
	5일	/		★ 실전모의고사 **제3회** 풀기 ☆ <HSK 3급 필수어휘 300+예문> PDF 121번~150번 어휘 암기
2주	6일	/		★ 실전모의고사 **제3회** 복습 ☆ <HSK 3급 필수어휘 300+예문> PDF 151번~180번 어휘 암기
	7일	/		★ 실전모의고사 **제4회** 풀기 ☆ <HSK 3급 필수어휘 300+예문> PDF 181번~210번 어휘 암기
	8일	/		★ 실전모의고사 **제4회** 복습 ☆ <HSK 3급 필수어휘 300+예문> PDF 211번~240번 어휘 암기
	9일	/		★ 실전모의고사 **제5회** 풀기 ☆ <HSK 3급 필수어휘 300+예문> PDF 241번~270번 어휘 암기
	10일	/		★ 실전모의고사 **제5회** 복습 ☆ <HSK 3급 필수어휘 300+예문> PDF 271번~300번 어휘 암기
시험일		/	**시험장에 가져가면 좋을 학습 자료** 1. 듣기 문제별 분할 MP3를 담은 휴대폰 - 시험장 가는 길에 계속 들어요~ 2. <폰 안에 쏙! HSK 3급 필수어휘 300+예문> PDF+MP3를 담은 스마트폰 - 시험장에서 잘 안외워지는 단어를 재빨리 체크해요~	

고사장 소음까지 대비하고
듣기 점수 올리려면?

해커스중국어(**china.Hackers.com**)에서
고사장 소음 버전 MP3 무료 다운받기!

실전모의고사

제1회

听力 듣기 / 어휘 · 해석 · 해설

阅读 독해 / 어휘 · 해석 · 해설

书写 쓰기 / 어휘 · 해석 · 해설

一、听力 듣기

문제별 분할 mp3
바로듣기

1-5

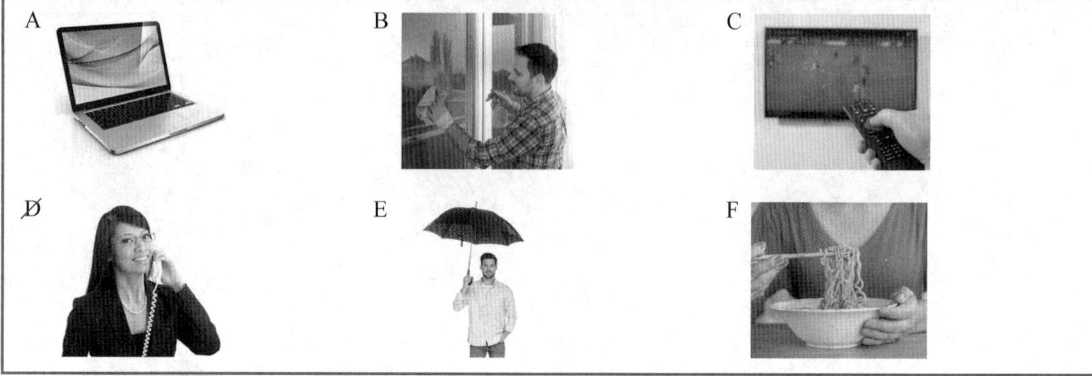

* D는 예시 사진이므로, 이를 제외한 나머지 5개의 사진 중에서 정답을 고른다.

1 중

女: 外面正在下雨呢，我没带伞。
男: 不用担心，我带了，我们一起回家吧。

外面 wàimian 명 밖, 바깥　正在 zhèngzài 부 ~하고 있다
带 dài 동 가지다, 휴대하다　伞 sǎn 명 우산
不用 búyòng 부 ~할 필요 없다　担心 dānxīn 동 걱정하다
一起 yìqǐ 부 같이, 함께
吧 ba 조 [문장 끝에 쓰여 청유·명령·추측을 나타냄]

여: 밖에 비가 내리고 있네요. 저는 우산을 안 가져왔어요.
남: 걱정할 필요 없어요. 제가 가져왔으니 우리 같이 집에 가요.　정답 E

해설 음성에서 下雨(비가 내리다), 伞(우산)이 언급되었으므로 우산을 들고 있는 사람 사진 E가 정답이다.

2 하

男: 生日快乐，这是我和小王给你买的电脑，希望你喜欢。
女: 谢谢你们，这电脑真好看。

生日快乐 shēngrì kuàilè 생일 축하해요
给 gěi 개 ~에게 동 주다　希望 xīwàng 동 바라다, 희망하다
真 zhēn 부 정말　好看 hǎokàn 형 근사하다, 보기 좋다

남: 생일 축하해. 이건 나와 샤오왕이 너에게 주려고 산 컴퓨터야. 네가 마음에 들기를 바라.
여: 고마워. 이 컴퓨터 정말 근사하다.　정답 A

해설 음성에서 电脑(컴퓨터)가 언급되었으므로 노트북이 있는 사진 A가 정답이다.

3 중

女: 你在做什么呢？过来一起吃水果吧。
男: 我在打扫厨房呢。

在 zài 부 ~하고 있다　过来 guòlai 동 오다, 다가오다
一起 yìqǐ 부 같이, 함께　打扫 dǎsǎo 동 청소하다
厨房 chúfáng 명 주방

여: 당신 뭐 하고 있어요? 와서 같이 과일 먹어요.
남: 저는 주방을 청소하고 있어요.　정답 B

해설 음성에서 打扫(청소하다)가 언급되었으므로 청소를 하고 있는 사람 사진 B가 정답이다.

4 상

男：饭好了，快过来吃！
女：等一下，球赛马上就结束了。

快 kuài 부 빨리, 어서 형 빠르다
过来 guòlai 동 오다, 다가오다 等 děng 동 기다리다
一下 yíxià 수량 좀 ~해보다 球赛 qiúsài 축구 경기, 구기 경기
马上 mǎshàng 부 곧, 금방 结束 jiéshù 동 끝나다, 마치다

남: 밥 다 됐어. 빨리 와서 먹어!
여: 좀 기다려 봐, 축구 경기 곧 끝나.

정답 C

해설 음성에서 球赛马上就结束了(축구 경기 곧 끝나)가 언급되었으므로 축구 경기를 보고 있는 사진 C가 정답이다.

5 중

女：你想吃面包还是米饭？
男：两个都不想吃，我想吃好吃的面条。

面包 miànbāo 명 빵 还是 háishi 접 아니면, 또는
两 liǎng 수 2, 둘 好吃 hǎochī 형 맛있다, 먹기 좋다
面条 miàntiáo 명 국수

여: 당신은 빵이 먹고 싶어요? 아니면 쌀밥이 먹고 싶어요?
남: 두 개 다 안 먹고 싶어요. 저는 맛있는 국수가 먹고 싶어요.

정답 F

해설 음성에서 面条(국수)가 언급되었으므로 국수를 들고 있는 사람 사진 F가 정답이다.

6-10

A

B

C

D

E

6 하

男：今年怎么这么冷？
女：对，今年冬天一直在下雪，一个月里只有两天是晴天。

冬天 dōngtiān 명 겨울 一直 yìzhí 부 계속, 줄곧
下雪 xià xuě 눈이 내리다 只 zhǐ 부 겨우, 단지, 다만
两 liǎng 수 2, 둘 晴 qíng 형 (하늘이) 맑다

남: 올해는 왜 이렇게 춥지?
여: 맞아, 올해 겨울엔 계속 눈이 내려서 한 달에 맑은 날이 겨우 이틀뿐이네.

정답 D

해설 음성에서 冷(춥다), 冬天(겨울), 下雪(눈이 내리다)가 언급되었으므로 세 사람이 눈사람과 함께 있는 사진 D가 정답이다.

7 중

女：你能帮我搬一下桌子吗？我一个人搬不动。
男：好的，我马上过去。

搬 bān 동 옮기다, 운반하다 一下 yíxià 수량 좀 ~해보다
马上 mǎshàng 부 금방, 곧 过去 guòqu 동 가다, 지나가다

여: 저를 도와 탁자를 좀 옮겨 줄 수 있어요? 저 혼자서는 옮길 수가 없어요.
남: 알겠어요, 내가 금방 갈게요.

정답 B

해설 음성에서 搬……桌子(탁자를 옮기다)가 언급되었으므로 두 사람이 탁자를 옮기는 사진 B가 정답이다.

8 중

男：我决定每天骑自行车上学。
女：我记得你家离学校很远，没关系吗？

决定 juédìng 동 결정하다 每天 měi tiān 매일
骑 qí 동 (동물이나 자전거 등에) 타다
自行车 zìxíngchē 명 자전거
上学 shàngxué 등교하다, 학교에 다니다
记得 jìde 동 기억하고 있다 离 lí 개 ~에서, ~으로부터
远 yuǎn 형 멀다

남: 나 매일 자전거를 타고 등교하기로 결정했어.
여: 네 집이 학교에서 멀었던 것으로 기억하는데, 괜찮겠어?

정답 A

해설 음성에서 骑自行车(자전거를 타다)가 언급되었으므로 자전거 앞에 서 있는 사람 사진 A가 정답이다.

9 상

女：哥哥，这个题太难了，你能教我吗？
男：好的，让我看看。

哥哥 gēge 명 오빠, 형 题 tí 명 문제 难 nán 형 어렵다
教 jiāo 동 가르치다 让 ràng 동 ~하게 하다

여: 오빠, 이 문제가 너무 어려운데, 나에게 가르쳐줄 수 있어?
남: 그래, 내가 좀 볼게.

정답 C

해설 음성에서 这个题太难了，你能教我吗？(이 문제가 너무 어려운데, 나에게 가르쳐줄 수 있어?)가 언급되었으므로 화자는 공부를 하고 있는 상황임을 알 수 있다. 따라서 두 사람이 함께 공부를 하는 사진 C가 정답이다.

10 중

男：冰箱里怎么有这么多吃的啊！
女：你忘了吗？晚上家里要来客人。

冰箱 bīngxiāng 명 냉장고 忘 wàng 동 잊다
晚上 wǎnshang 명 저녁
要 yào 조동 ~하려고 하다, ~할 것이다 客人 kèrén 명 손님

남: 냉장고 안에 먹을 것이 왜 이렇게 많이 있어요!
여: 잊었어요? 저녁에 집에 손님이 오잖아요.

정답 E

해설 음성에서 冰箱(냉장고)이 언급되었으므로 냉장고가 있는 사진 E가 정답이다.

11 상

★ 儿子爱吃菜。 ( )

儿子，你不能只吃米饭，不吃菜，这是很不好的习惯，多吃菜才会长高。

菜 cài 명 반찬, 채소, 요리 习惯 xíguàn 명 습관
才 cái 부 ~에야, 겨우
长高 zhǎng gāo 키가 자라다, 키가 크다

★ 아들은 반찬 먹는 것을 좋아한다. ( )
아들, 너 밥만 먹고 반찬은 안 먹으면 안 돼. 그건 매우 나쁜 습관이야. 반찬을 많이 먹어야 키가 자란단다.

정답 X

해설 제시된 문장이 儿子爱吃菜。(아들은 반찬 먹는 것을 좋아한다.)이므로 이 내용이 음성에서 언급되는지를 주의 깊게 듣는다. 음성에서 你不能只吃米饭，不吃菜(너 밥만 먹고 반찬은 안 먹으면 안 돼)라고 했으므로, 아들이 반찬 먹는 것을 좋아하지 않는다는 것을 알 수 있다. 따라서 제시된 문장과 음성의 내용은 불일치한다.

12 중

★ 现在离电影开始还有一刻钟。 ( )

现在是下午两点一刻，电影还有十五分钟就开始了，如果我们走过去会迟到的。

离 lí 개 ~까지, ~으로부터 开始 kāishǐ 동 시작하다
还 hái 부 아직, 여전히 一刻 yí kè 15분 两 liǎng 수 2, 둘
如果 rúguǒ 접 만약 走 zǒu 동 걷다, 가다
过去 guòqu 동 가다, 지나가다
迟到 chídào 동 늦다, 지각하다

★ 지금은 영화가 시작하기까지 아직 15분이 남았다. ( )

지금은 오후 2시 15분이고, 영화는 15분 더 있으면 시작해. 만약 우리가 걸어서 간다면 늦을 거야. 정답 ✓

해설 제시된 문장이 现在离电影开始还有一刻钟。(지금은 영화가 시작하기까지 아직 15분이 남았다.)이므로 이 내용이 음성에서 언급되는지를 주의 깊게 듣는다. 음성에서 电影还有十五分钟就开始了(영화는 15분 더 있으면 시작해)라고 했으므로 제시된 문장과 음성의 내용은 일치한다. 참고로, 제시된 문장의 一刻钟(15분)이 음성에서 十五分钟(15분)으로 바뀌어 표현되었음을 알아 둔다.

13 중

★ 说话人不愿意在那儿工作。 ( )

我在这个公司工作两年了。我很喜欢这里，因为工作很有意思，而且经理和同事们都对我很好。

说话人 shuōhuàrén 화자 愿意 yuànyì 동 원하다
公司 gōngsī 명 회사 两 liǎng 수 2, 둘
因为 yīnwèi 접 ~하기 때문에 有意思 yǒuyìsi 재미있다
而且 érqiě 접 게다가, 또한 经理 jīnglǐ 명 사장, 매니저
同事 tóngshì 명 동료 对 duì 개 ~에게, ~에 (대해)

★ 화자는 그곳에서 일하기를 원하지 않는다. ( )

나는 이 회사에서 2년 일했다. 나는 이곳이 매우 좋다. 일이 재미있고, 게다가 사장님과 동료들 모두 나에게 잘해주기 때문이다. 정답 X

해설 제시된 문장이 说话人不愿意在那儿工作。(화자는 그곳에서 일하기를 원하지 않는다.)이므로 이 내용이 음성에서 언급되는지를 주의 깊게 듣는다. 음성에서 我在这个公司工作两年了。我很喜欢这里(나는 이 회사에서 2년 일했다. 나는 이곳이 매우 좋다)라고 했으므로 화자는 이 회사에서 일하는 것에 만족한다는 것을 알 수 있다. 따라서 제시된 문장과 음성의 내용은 불일치한다.

14 하

★ 李老师是体育老师。 ( )

李老师是我们的汉语老师，每次上课的时候，她都会给我们讲一些有趣的历史故事。

体育 tǐyù 명 체육, 스포츠 每 měi 대 번, 매, ~마다
次 cì 양 번, 회 上课 shàngkè 동 수업을 하다, 수업을 듣다
……的时候 ……de shíhou ~할 때
给 gěi 개 ~에게 동 주다 讲 jiǎng 동 말하다, 설명하다
有趣 형 재미있다 历史 lìshǐ 명 역사
故事 gùshi 명 이야기

★ 리 선생님은 체육 선생님이다. ( )

리 선생님은 우리의 중국어 선생님이다. 매번 수업을 할 때마다, 그녀는 우리에게 재미있는 역사 이야기 몇 개를 말해주곤 한다. 정답 X

해설 제시된 문장이 李老师是体育老师。(리 선생님은 체육 선생님이다.)이므로 이 내용이 음성에서 언급되는지를 주의 깊게 듣는다. 음성에서 李老师是我们的汉语老师(리 선생님은 우리의 중국어 선생님이다)이라고 했으므로 제시된 문장과 음성의 내용은 불일치한다.

15 중

★ 这个包是新买的。 ( )

你看，我昨天在商店买了一个红色的包。这个颜色很好看吧？

包 bāo 명 가방 新 xīn 부 새로 형 새롭다
红色 hóngsè 명 빨간색 颜色 yánsè 명 색, 색깔
好看 hǎokàn 형 예쁘다, 보기 좋다

★ 이 가방은 새로 산 것이다. ( )

이것 좀 봐, 나 어제 상점에서 빨간색 가방 하나 샀어. 이 색 예쁘지? 정답 ✓

해설 제시된 문장이 这个包是新买的。(이 가방은 새로 산 것이다.)이므로 이 내용이 음성에서 언급되는지를 주의 깊게 듣는다. 음성에서 我昨天在商店买了一个红色的包(나 어제 상점에서 빨간색 가방 하나 샀어)라고 했으므로 화자는 가방을 새로 샀음을 알 수 있다. 따라서 제시된 문장과 음성의 내용은 일치한다.

16 하

★ 说话人的爱好是踢足球。 ( )

哥哥的爱好是打篮球，弟弟的爱好是游泳。我的爱好很简单，就是读书。

爱好 àihào 명 취미 踢足球 tī zúqiú 축구를 하다
哥哥 gēge 명 오빠, 형 打篮球 dǎ lánqiú 농구를 하다
弟弟 dìdi 명 남동생 游泳 yóuyǒng 동 수영하다 명 수영
简单 jiǎndān 형 간단하다, 단순하다 就 jiù 부 바로, 곧

★ 화자의 취미는 축구를 하는 것이다. ( )

오빠의 취미는 농구를 하는 것이고, 남동생의 취미는 수영을 하는 것이다. 내 취미는 간단한데, 바로 책을 읽는 것이다. 정답 X

해설 제시된 문장이 说话人的爱好是踢足球。(화자의 취미는 축구를 하는 것이다.)이므로 이 내용이 음성에서 언급되는지를 주의 깊게 듣는다. 음성에서 我的爱好……是读书(내 취미 …… 책을 읽는 것이다)가 언급되었으므로 제시된 문장과 음성의 내용은 불일치한다.

17 상

★ 说话人和小李的关系很好。 ( )

小李和我从三岁就开始一起玩儿了，他是我的好朋友。

关系 guānxi 명 사이, 관계 从 cóng 개 ~(에서)부터
开始 kāishǐ 동 시작하다 一起 yìqǐ 부 같이, 함께
玩儿 wánr 동 놀다

★ 화자와 샤오리는 사이가 좋다. ( )

샤오리와 나는 세 살부터 함께 놀기 시작했으며, 그는 내 좋은 친구이다. 정답 ✓

해설 제시된 문장이 说话人和小李的关系很好。(화자와 샤오리는 사이가 좋다.)이므로 이 내용이 음성에서 언급되는지를 주의 깊게 듣는다. 음성에서 小李……他是我的好朋友(샤오리 …… 그는 내 좋은 친구이다)가 언급되었으므로 화자와 샤오리는 사이가 좋다는 것을 추론할 수 있다. 따라서 제시된 문장과 음성의 내용은 일치한다.

18 중

★ 说话人的爸爸每天起床后看新闻。 ( )

我爸爸有一个很好的习惯，就是每天起床后，把那天要做的事情写在本子上。

每天 měi tiān 매일
起床 qǐchuáng 동 일어나다, 기상하다
新闻 xīnwén 명 뉴스 习惯 xíguàn 명 습관
把 bǎ 개 ~을(를)
要 yào 조동 ~해야 한다, ~할 것이다, ~하려고 하다
事情 shìqing 명 일, 사건

★ 화자의 아빠는 매일 일어나면 뉴스를 본다. ( )

우리 아빠는 좋은 습관이 하나 있는데, 바로 매일 일어나면 그날 해야 하는 일을 노트에 적는 것이다. 정답 X

해설 제시된 문장이 说话人的爸爸每天起床后看新闻。(화자의 아빠는 매일 일어나면 뉴스를 본다.)이므로 이 내용이 음성에서 언급되는지를 주의 깊게 듣는다. 음성에서 我爸爸……每天起床后，把那天要做的事情写在本子上(우리 아빠 …… 매일 일어나면 그날 해야 하는 일을 노트에 적는다)이 언급되었으므로 제시된 문장과 음성의 내용은 불일치한다.

19 상

★ 他们一共花了一百多块钱。 ( )

我们三个人昨天去了一家咖啡店，点了两个蛋糕和三杯咖啡，一共花了一百四十五块钱。

一共 yígòng 부 총, 모두 花 huā 동 쓰다, 소비하다
百 bǎi 수 100, 백 咖啡店 kāfēidiàn 카페
点 diǎn 동 시키다, 주문하다 蛋糕 dàngāo 명 케이크

★ 그들은 총 100위안을 넘게 썼다. ( )

우리 세 명은 어제 카페에 가서 케이크 두 개와 커피 세 잔을 시켰고, 총 145위안을 썼다. 정답 ✓

해설 제시된 문장이 他们一共花了一百多块钱。(그들은 총 100위안을 넘게 썼다.)이므로 이 내용이 음성에서 언급되는지를 주의 깊게 듣는다. 음성에서 我们……一共花了一百四十五块钱(우리 …… 총 145위안을 썼다)이 언급되었으므로 그들은 총 100위안을 넘게 썼음을 알 수 있다. 따라서 제시된 문장과 음성의 내용은 일치한다.

20 상

★ 张先生还没有写自己的名字。 ( )

张先生，您看完觉得没问题的话，就在这里写上您的名字，然后给我就可以了。

还 hái 부 아직, 여전히 自己 zìjǐ 대 자신, 자기
您 nín 대 당신[你의 존칭]
觉得 juéde 동 생각하다, ~이라고 여기다
问题 wèntí 명 문제, 질문
然后 ránhòu 접 그런 후에, 그 다음에
给 gěi 동 주다 개 ~에게
可以 kěyǐ 조동 ~해도 된다, ~할 수 있다

★ 장 선생님은 아직 자신의 이름을 적지 않았다. ( )

장 선생님, 다 보시고 문제없다고 생각되신다면, 여기에 이름을 적어 주세요. 그런 후에 저에게 주시면 됩니다.

정답 ✓

해설 제시된 문장이 张先生还没有写自己的名字。(장 선생님은 아직 자신의 이름을 적지 않았다.)이므로 이 내용이 음성에서 언급되는지를 주의 깊게 듣는다. 음성에서 张先生，您看完觉得没问题的话，就在这里写上您的名字(장 선생님, 다 보시고 문제없다고 생각되신다면, 여기에 이름을 적어 주세요)가 언급되었으므로 장 선생님은 아직 자신의 이름을 적지 않았음을 알 수 있다. 따라서 제시된 문장과 음성의 내용은 일치한다.

21 상

A 火车站 B 汽车站 C 地铁站

女：您好，请给我三张去北京的火车票。
男：三点的可以吗？一共是110块。

问：他们可能在哪儿？

火车站 huǒchēzhàn 명 기차역
汽车站 qìchēzhàn 버스 정류장, 터미널
地铁 dìtiě 명 지하철 站 zhàn 명 역, 정거장
给 gěi 동 주다 개 ~에게
张 zhāng 양 장[종이·책상 등을 세는 단위]
票 piào 명 표, 티켓 可以 kěyǐ 조동 ~해도 좋다, ~할 수 있다
一共 yígòng 부 총, 모두

A 기차역 B 버스 정류장 C 지하철역

여: 안녕하세요. 베이징 가는 기차표 세 장 주세요.
남: 세시 것 괜찮으세요? 총 110위안입니다.
질문: 그들은 아마도 어디에 있겠는가? 정답 A

해설 제시된 보기가 모두 장소 관련 표현이므로 장소와 관련된 내용에 유의하며 대화를 듣는다. 대화에서 여자가 请给我三张去北京的火车票(베이징 가는 기차표 세 장 주세요)라고 한 내용을 듣고 A 火车站(기차역)을 정답의 후보로 체크해 둔다. 질문이 그들이 아마도 어디에 있겠는지 물었으므로 A 火车站(기차역)을 정답으로 선택한다.

22 하

A 190元　　B 200元　　C 300元

男: 这是你新买的钱包吗? 真漂亮啊, 应该很贵吧?

女: 不贵, 才190块。

问: 女的的钱包多少钱?

新 xīn 부 새로 형 새롭다　真 zhēn 부 정말, 진짜로
啊 a 조 [문장 끝에 쓰여 긍정·감탄·찬탄을 나타냄]
应该 yīnggāi 조동 아마도, 마땅히 ~해야 한다
贵 guì 형 비싸다, 귀하다
吧 ba 조 [문장 끝에 쓰여 청유·명령·추측을 나타냄]
才 cái 부 겨우, ~에야

A 190위안　　B 200위안　　C 300위안

남: 이거 네가 새로 산 지갑이야? 정말 예쁘다. 아마 비싸겠지?
여: 비싸지 않아. 겨우 190위안이야.

질문: 여자의 지갑은 얼마인가?　　정답 A

해설 제시된 보기가 모두 숫자 표현이므로 숫자에 유의하며 대화를 듣는다. 대화에서 남자가 **你新买的钱包……应该很贵吧?**(네가 새로 산 지갑 …… 아마 비싸겠지?)라고 묻자, 여자가 **190块**(190위안이야)라고 답했다. 질문이 여자의 지갑은 얼마인지 물었으므로 A 190元(190위안)을 정답으로 선택한다.

23 상

A 医院　　B 银行　　C 办公室

女: 上午你来办公室了吗?

男: 没有, 我上午有事去银行了。

问: 男的上午去哪儿了?

银行 yínháng 명 은행
办公室 bàngōngshì 명 사무실

A 병원　　B 은행　　C 사무실

여: 오전에 사무실 왔었어요?
남: 아니요. 저는 오전에 일이 있어서 은행에 갔었어요.

질문: 남자는 오전에 어디에 갔었는가?　　정답 B

해설 제시된 보기가 모두 장소 관련 표현이므로 장소와 관련된 내용에 유의하며 대화를 듣는다. 대화에서 남자가 **我上午有事去银行了**(저는 오전에 일이 있어서 은행에 갔었어요)라고 한 내용을 듣고 B 银行(은행)을 정답의 후보로 체크해 둔다. 질문이 남자는 오전에 어디에 갔었는지 물었으므로 B 银行(은행)을 정답으로 선택한다.

24 중

A 洗澡　　B 换鞋　　C 刷牙

男: 我们去跑步怎么样?

女: 好啊, 等我一下, 我先回家换鞋。

问: 女的为什么要回家?

洗澡 xǐzǎo 동 샤워하다, 목욕하다
换 huàn 동 바꾸다, 교환하다　鞋 xié 명 신발
刷牙 shuāyá 동 이를 닦다, 양치질하다
跑步 pǎobù 동 달리다, 뛰다　等 děng 동 기다리다
一下 yíxià 수량 좀 ~해보다　先 xiān 부 우선, 먼저
为什么 wèishénme 대 왜

A 샤워하다　　B 신발을 갈아 신다　　C 이를 닦다

남: 우리 달리기하러 가는 거 어때?
여: 좋아, 나를 좀 기다려줘. 나 우선 집에 가서 신발 갈아 신을게.

질문: 여자는 왜 집에 가려고 하는가?　　정답 B

해설 제시된 보기가 모두 행동 표현이므로 행동과 관련된 내용에 유의하며 대화를 듣는다. 대화에서 여자가 **我先回家换鞋**(나 우선 집에 가서 신발 갈아 신을게)라고 했고, 질문이 여자는 왜 집에 가려고 하는지 물었으므로 B 换鞋(신발을 갈아 신다)를 정답으로 선택한다.

25 중

A 英语　　B 历史　　C 体育

女: 这次考试，你数学又考了第一名!
男: 但是我的历史没考好，真难过。

问: 男的什么没考好?

英语 yīngyǔ 명 영어　历史 lìshǐ 명 역사
体育 tǐyù 명 체육　次 cì 양 번, 회
考试 kǎoshì 명 시험 동 시험을 보다(치다)
数学 shùxué 명 수학　又 yòu 부 또, 다시
第一名 dì-yī míng 일등　但是 dànshì 접 그런데, 하지만
真 zhēn 부 정말, 진짜로　难过 nánguò 형 슬프다, 괴롭다

A 영어　　B 역사　　C 체육

여: 이번 시험에서 네가 수학 또 일등 했네!
남: 그런데 역사 시험을 잘 못 봤어. 정말 슬퍼.

질문: 남자는 어떤 시험을 잘 못 봤는가?　　정답 B

해설 제시된 보기가 모두 특정 명사이므로 보기에서 언급되는 특정 명사에 유의하며 대화를 듣는다. 대화에서 남자가 我的历史没考好(역사 시험을 잘 못 봤어)라고 했고, 질문이 남자는 어떤 시험을 잘 못 봤는지 물었으므로 B 历史(역사)을 정답으로 선택한다.

26 하

A 很好看　　B 很便宜　　C 太贵了

男: 这双蓝色的皮鞋怎么样? 我觉得很不错。
女: 这双皮鞋一千块，太贵了吧。

问: 女的觉得这双皮鞋怎么样?

便宜 piányi 형 (값이) 싸다　太……了 tài……le 너무 ~하다
贵 guì 형 비싸다　双 shuāng 양 켤레, 쌍
蓝色 lánsè 명 파란색　皮鞋 píxié 명 가죽 구두
觉得 juéde 동 생각하다, ~이라고 여기다
不错 búcuò 형 괜찮다, 좋다　千 qiān 수 1000, 천

A 예쁘다　　B 싸다　　C 너무 비싸다

남: 이 파란색 가죽 구두 어때요? 저는 괜찮다고 생각해요.
여: 이 가죽 구두 1000위안이네요. 너무 비싸네요.

질문: 여자는 이 가죽 구두가 어떻다고 생각하는가?　　정답 C

해설 제시된 보기가 모두 상태·상황 관련 표현이므로 상태·상황과 관련된 내용에 유의하며 대화를 듣는다. 대화에서 여자가 这双皮鞋……太贵了(이 가죽 구두 …… 너무 비싸다)라고 했고, 질문이 여자는 이 가죽 구두가 어떻다고 생각하는지 물었으므로 C 太贵了(너무 비싸다)를 정답으로 선택한다.

27 중

A 做饭　　B 休息　　C 买牛奶

女: 家里没有牛奶了，你回来的时候去超市买两瓶吧。
男: 知道了。

问: 女的让男的做什么?

休息 xiūxi 동 쉬다, 휴식하다　牛奶 niúnǎi 명 우유
超市 chāoshì 명 마트, 슈퍼마켓　两 liǎng 수 2, 둘
瓶 píng 양 병 명 병　知道 zhīdào 동 알다
让 ràng 동 ~하게 하다

A 밥을 하다　　B 쉬다　　C 우유를 사다

여: 집에 우유가 없는데, 당신이 돌아올 때 마트에 가서 두 병 사 와요.
남: 알겠어요.

질문: 여자는 남자에게 무엇을 하라고 하는가?　　정답 C

해설 제시된 보기가 모두 행동 관련 표현이므로 행동과 관련된 내용에 유의하며 대화를 듣는다. 대화에서 여자가 没有牛奶了，你回来的时候去超市买两瓶吧(우유가 없는데, 당신이 돌아올 때 마트에 가서 두 병 사 와요)라고 한 내용을 듣고 C 买牛奶(우유를 사다)를 정답의 후보로 체크해 둔다. 질문이 여자는 남자에게 무엇을 하라고 하는지 물었으므로 C 买牛奶(우유를 사다)를 정답으로 선택한다.

28 상

A 儿子过生日　　B 儿子生病了　　C 儿子出院了

男：儿子的生日快到了，我们给他送什么好呢？
女：他喜欢照相，就送照相机吧。

问：他们为什么要给儿子送礼物？

过 guò 동 지내다, 보내다　生日 shēngrì 명 생일
生病 shēngbìng 동 아프다, 병이 나다
出院 chūyuàn 퇴원하다
快……了 kuài……le 곧 ~하려고 하다
到 dào 동 이르다, 도착하다　给 gěi 개 ~에게 동 주다
送 sòng 동 선물하다, 주다　照相 zhàoxiàng 동 사진을 찍다
照相机 zhàoxiàngjī 명 카메라
为什么 wèishénme 대 왜
要 yào 조동 ~하려고 하다, ~해야 한다, ~할 것이다
礼物 lǐwù 명 선물

A 아들 생일이다　　B 아들이 아프다　　C 아들이 퇴원했다

남: 곧 아들 생일이 다가오는데, 우리 그에게 무엇을 선물하는 게 좋을까요?
여: 그가 사진 찍는 것을 좋아하니까 카메라를 선물해요.

질문: 그들은 왜 아들에게 선물을 주려고 하는가?　　정답 A

해설 제시된 보기가 모두 상태·상황 관련 표현이므로 상태·상황과 관련된 내용에 유의하며 대화를 듣는다. 대화에서 남자가 **儿子的生日快到了，我们给他送什么好呢？**(곧 아들 생일이 다가오는데, 우리 그에게 무엇을 선물하는 게 좋을까요?)라고 한 내용을 듣고 A **儿子过生日**(아들 생일이다)을 정답의 후보로 체크해 둔다. 질문이 그들은 왜 아들에게 선물을 주려고 하는지 물었으므로 A **儿子过生日**(아들 생일이다)을 정답으로 선택한다.

29 상

A 牙疼　　B 迟到了　　C 身体不好

女：我今天身体不舒服，你帮我请个假好吗？
男：好的，你记得去医院看医生啊。

问：女的怎么了？

牙 yá 명 이, 치아　疼 téng 형 아프다
迟到 chídào 동 지각하다　身体 shēntǐ 명 몸, 신체
舒服 shūfu 형 편안하다　请假 qǐngjià 동 휴가를 신청하다
记得 jìde 동 기억하고 있다

A 이가 아프다　　B 지각했다　　C 몸이 안 좋다

여: 저 오늘 몸이 안 좋은데, 저 대신 휴가를 신청해 줄 수 있어요?
남: 네, 병원 가서 진료 받는 거 기억하세요.

질문: 여자는 무슨 일인가?　　정답 C

해설 제시된 보기가 모두 상태·상황 관련 표현이므로 상태·상황과 관련된 내용에 유의하며 대화를 듣는다. 대화에서 여자가 **我今天身体不舒服**(저 오늘 몸이 안 좋아요)라고 한 내용을 듣고 C **身体不好**(몸이 안 좋다)를 정답의 후보로 체크해 둔다. 질문이 여자는 무슨 일인지 물었으므로 C **身体不好**(몸이 안 좋다)를 정답으로 선택한다. 참고로, 보기의 **身体不好**(몸이 안 좋다)가 대화에서 **身体不舒服**(몸이 안 좋다)로 바뀌어 표현되었음을 알아 둔다.

30 중

A 钱包　　B 帽子　　C 裤子

男：我买了新帽子，你觉得怎么样？
女：真好看，我也想买一个。

问：男的买了什么？

帽子 màozi 명 모자　裤子 kùzi 명 바지
新 xīn 형 새롭다 부 새로
觉得 juéde 동 ~라고 생각하다, ~이라고 여기다
真 zhēn 부 정말, 진짜로
好看 hǎokàn 형 예쁘다, 보기 좋다　也 yě 부 ~도, 또한

A 지갑　　B 모자　　C 바지

남: 저 새 모자 샀는데, 어떻다고 생각해요?
여: 정말 예쁘네요. 저도 하나 사고 싶어요.

질문: 남자는 무엇을 샀는가?　　정답 B

해설 제시된 보기가 모두 특정 명사이므로 언급되는 특정 명사에 유의하며 대화를 듣는다. 대화에서 남자가 我买了新帽子(저 새 모자 샀어요)라고 했고, 질문이 남자는 무엇을 샀는지 물었으므로 B 帽子(모자)를 정답으로 선택한다.

31 하

A 一楼　　B 三楼　　C 四楼

男：您好，去几楼能买到运动鞋？
女：三楼卖运动鞋和包，您去三楼就可以了。
男：三楼有吃饭的地方吗？
女：没有，您得去五楼。

问：去几楼可以买到运动鞋？

楼 lóu 명 층, 건물, 빌딩
运动 yùndòng 명 운동 동 운동하다　鞋 xié 명 신발
卖 mài 동 팔다, 판매하다　包 bāo 명 가방
可以 kěyǐ 조동 ~해도 된다, ~할 수 있다
地方 dìfang 명 곳, 장소　得 děi 조동 ~해야 한다

A 1층　　B 3층　　C 4층

남: 안녕하세요. 몇 층으로 가야 운동화를 살 수 있나요?
여: 3층에서 운동화와 가방을 팔아요. 3층으로 가시면 됩니다.
남: 3층에 밥 먹을 곳도 있나요?
여: 없어요. 5층으로 가셔야 돼요.

질문: 몇 층으로 가야 운동화를 살 수 있는가?　　정답 B

해설 제시된 보기가 모두 숫자 표현이므로 숫자에 유의하며 대화를 듣는다. 남자가 去几楼能买到运动鞋?(몇 층으로 가야 운동화를 살 수 있나요?)라고 묻자, 여자가 三楼卖运动鞋(3층에서 운동화를 팔아요)라고 답했다. 질문이 몇 층으로 가야 운동화를 살 수 있는지 물었으므로 B 三楼(3층)를 정답으로 선택한다.

32 중

A 家里　　B 教室　　C 图书馆

女：我借给你的那本书看完了吗？
男：对不起，我已经看完了，但忘在家里了。
女：李晴也想看呢，明天能拿过来吗？
男：好的，没问题，我明天一定还给你。

问：男的把那本书忘在哪儿了？

教室 jiàoshì 명 교실　图书馆 túshūguǎn 명 도서관
借 jiè 동 빌려 주다, 빌리다　已经 yǐjīng 부 이미, 벌써
忘在 wàngzài ~에 두고 오다　也 yě 부 ~도, 또한
拿 ná 동 가지다, 잡다, 쥐다　没问题 méiwèntí 문제없다
一定 yídìng 부 꼭, 반드시　还 huán 동 돌려주다, 갚다
把 bǎ 개 ~을(를)

A 집　　B 교실　　C 도서관

여: 내가 너에게 빌려준 그 책 다 봤어?
남: 미안해. 이미 다 봤는데, 집에 두고 나왔어.
여: 리칭이도 보고 싶대. 내일 가져와줄 수 있어?
남: 응. 문제없어. 내가 내일 꼭 너에게 돌려줄게.

질문: 남자는 그 책을 어디에 두고 왔는가?　　정답 A

해설 제시된 보기가 모두 장소 관련 표현이므로 장소와 관련된 내용에 유의하며 대화를 듣는다. 여자가 那本书看完了吗?(그 책 다 봤어?)라고 묻자, 남자가 忘在家里了(집에 두고 나왔어)라고 답했다. 질문이 남자는 그 책을 어디에 두고 왔는지 물었으므로 A 家里(집)를 정답으로 선택한다.

33 중

A 认真听课　　B 课前自学　　C 买很多书

男：你这次的数学成绩提高了不少啊，你是怎么做到的？
女：每次上课的时候，我都会认真听课。
男：除了这个，还有别的吗？
女：下课后，我还会认真复习那天学的东西。

问：为了提高成绩，女的做了什么？

认真 rènzhēn 형 열심이다, 성실하다　课 kè 명 수업, 강의
自学 zìxué 스스로 공부하다, 독학하다　次 cì 양 번, 회
数学 shùxué 명 수학　成绩 chéngjì 명 성적
提高 tígāo 동 향상시키다, 높이다　每 měi 대 ~마다, 매
除了 chúle 개 ~외에, ~을(를) 제외하고
别的 biéde 다른 것　复习 fùxí 동 복습하다
为了 wèile 개 ~을 위해

A 수업을 열심히 듣는다　　B 수업 전에 스스로 공부한다　　C 많은 책을 산다

남: 너 이번 수학 성적이 많이 향상되었는데, 어떻게 한 거야?
여: 매번 수업할 때마다, 항상 수업을 열심히 들었어.
남: 이거 외에 다른 것 더 있어?
여: 수업이 끝난 후에 그날 배운 것을 열심히 복습했어.

질문: 성적 향상을 위해, 여자는 무엇을 했는가?　　정답 A

해설 제시된 보기가 모두 행동 표현이므로 행동과 관련된 내용에 유의하며 대화를 듣는다. 남자가 여자에게 어떻게 성적을 향상시켰는지 묻자, 여자가 **认真听课**(수업을 열심히 듣다), **认真复习**(열심히 복습하다)라고 답했다. 질문이 성적 향상을 위해 여자는 무엇을 했는지 물었으므로 A **认真听课**(수업을 열심히 듣는다)를 정답으로 선택한다.

34 하

A 帽子　　B 鞋子　　C 裙子

女：你好，请问这个多少钱？
男：你说的是这件蓝色的裤子吗？
女：不是，我想买的是旁边那件白色的裙子。
男：这件裙子300块。

问：女的想买什么？

帽子 màozi 명 모자　鞋子 xiézi 명 신발
裙子 qúnzi 명 치마
件 jiàn 양 벌, 건, 개[옷, 일 등을 세는 단위]
蓝色 lánsè 명 파란색　裤子 kùzi 명 바지
旁边 pángbiān 명 옆　白色 báisè 명 흰색

A 모자　　B 신발　　C 치마

여: 안녕하세요. 실례지만 이건 얼마예요?
남: 말씀하신 것이 이 파란색 바지인가요?
여: 아니요. 제가 사려고 하는 것은 옆에 있는 그 흰색 치마예요.
남: 이 치마는 300위안입니다.

질문: 여자는 무엇을 사려고 하는가?　　정답 C

해설 제시된 보기가 모두 특정 명사이므로 언급되는 특정 명사에 유의하며 대화를 듣는다. 여자가 **我想买的是……裙子**(제가 사려고 하는 것은 …… 치마예요)라고 했고, 질문이 여자는 무엇을 사려고 하는지 물었으므로 C **裙子**(치마)를 정답으로 선택한다.

35 중

A 生病了　　B 搬家了　　C 没睡好

男：你最近怎么了？为什么每天都迟到？
女：我搬家了，新家离公司太远了。
男：那你应该早点儿出来啊，不要再迟到了。
女：好的，明天开始我一定早点儿出门。

问：女的为什么每天都迟到？

生病 shēngbìng 동 병이 나다, 아프다
搬家 bānjiā 동 이사하다　最近 zuìjìn 명 요즘, 최근
每天 měi tiān 매일　迟到 chídào 동 지각하다
新 xīn 형 새롭다 부 새로　离 lí 개 ~에서, ~으로부터
公司 gōngsī 명 회사　远 yuǎn 형 멀다
应该 yīnggāi 조동 ~해야 한다　再 zài 부 다시, 재차
开始 kāishǐ 동 시작하다　一定 yídìng 부 반드시, 필히
出门 chūmén 동 문을 나서다, 외출하다

A 병이 났다　　B 이사했다　　C 잠을 잘 못 잤다

남: 당신 요즘 무슨 일 있어요? 왜 매일 지각해요?
여: 제가 이사를 했는데, 새집이 회사에서 너무 멀어요.
남: 그러면 좀 더 일찍 나와야죠. 다시는 늦지 마세요.
여: 네, 내일부터는 반드시 좀 더 일찍 집을 나설게요.

질문: 여자는 왜 매일 지각하는가?　　정답 B

해설 제시된 보기가 모두 상태·상황 관련 표현이므로 상태·상황과 관련된 내용에 유의하며 대화를 듣는다. 남자가 **为什么每天都迟到?**(왜 매일 지각해요?)라고 묻자, 여자가 **我搬家了**(제가 이사를 했어요)라고 답했다. 질문이 여자는 왜 매일 지각하는지 물었으므로 B **搬家了**(이사했다)를 정답으로 선택한다.

36 상

A 小晴　　B 不认识的人　　C 小晴的妹妹

女：你看那个人是你的女朋友吗？
男：哪个人啊？
女：那边那个高个子穿蓝色衣服的女孩儿！
男：那不是我的女朋友，是小晴的妹妹。

问：穿蓝色衣服的女孩儿是谁？

妹妹 mèimei 명 여동생　高 gāo 형 (키가) 크다, 높다
个子 gèzi 명 키　穿 chuān 동 입다, 신다
蓝色 lánsè 명 파란색

A 샤오칭　　B 모르는 사람　　C 샤오칭의 여동생

여: 저 사람이 당신 여자 친구예요?
남: 누구요?
여: 저기 저 키가 크고 파란색 옷을 입은 여자요!
남: 저 사람은 제 여자 친구가 아니고, 샤오칭의 여동생이에요.

질문: 파란색 옷을 입은 여자는 누구인가?　　정답 C

해설 제시된 보기가 모두 특정 대상을 나타내는 표현이므로 언급되는 대상에 유의하며 대화를 듣는다. 여자가 **穿蓝色衣服的女孩儿**(파란색 옷을 입은 여자)이 누구인지 묻자, 남자가 **是小晴的妹妹**(샤오칭의 여동생이에요)라고 답했다. 질문이 파란색 옷을 입은 여자는 누구인지 물었으므로 C **小晴的妹妹**(샤오칭의 여동생)를 정답으로 선택한다.

37 중

A 腿疼　　B 在等朋友　　C 爱坐电梯

男: 这里的电梯坏了, 我们走上去吧。
女: 我的腿有点儿疼, 走不了了。
男: 你的腿怎么了?
女: 昨天和朋友去爬山, 爬了三个多小时。

问: 女的为什么走不了了?

腿 tuǐ 명 다리　疼 téng 형 아프다　等 děng 동 기다리다
电梯 diàntī 명 엘리베이터
坏 huài 동 고장 나다, 상하다 형 나쁘다
走 zǒu 동 걷다, 가다　爬山 páshān 동 등산하다
小时 xiǎoshí 명 시간[시간의 단위]
为什么 wèishénme 대 왜, 어째서

A 다리가 아프다　　B 친구를 기다리고 있다　　C 엘리베이터 타는 것을 좋아하다

남: 여기 엘리베이터가 고장 났어요. 우리 걸어서 올라가요.
여: 다리가 조금 아파서 못 걷겠어요.
남: 다리가 왜 그래요?
여: 어제 친구와 등산을 갔는데, 세 시간 동안 올라갔어요.

질문: 여자는 왜 걷지 못하는가?　　정답 A

해설 제시된 보기가 모두 상태·상황 관련 표현이므로 상태·상황과 관련된 내용에 유의하며 대화를 듣는다. 여자가 **我的腿有点儿疼, 走不了了。**(다리가 조금 아파서 못 걷겠어요.)라고 한 내용을 듣고 A **腿疼**(다리가 아프다)을 정답의 후보로 체크해 둔다. 질문이 여자는 왜 걷지 못하는지 물었으므로 A **腿疼**(다리가 아프다)을 정답으로 선택한다.

38 중

A 写信　　B 听中文歌　　C 玩儿游戏

女: 你的作业写完了吗?
男: 还没有呢, 我在听中文歌。
女: 那就别听音乐了, 好好儿写作业吧。
男: 不行, 这是我们的汉语老师让我们听的。

问: 男的在做什么?

信 xìn 명 편지　中文 Zhōngwén 고유 중국어
歌 gē 명 노래　玩儿 wánr 동 놀다
游戏 yóuxì 명 게임, 놀이　写作业 xiě zuòyè 숙제를 하다
完 wán 동 다하다, 끝내다, 마치다　还 hái 부 아직, 여전히
别 bié 부 ~하지 마라　音乐 yīnyuè 명 음악
好好儿 hǎohāor 부 제대로, 잘　让 ràng 동 ~하게 하다

A 편지를 쓰다　　B 중국 노래를 듣다　　C 게임을 하다

여: 너 숙제 다 했니?
남: 아직이요. 저는 중국 노래를 듣고 있어요.
여: 그럼 음악 듣지 말고, 숙제 제대로 해.
남: 안 돼요, 이건 우리 중국어 선생님이 우리에게 들으라고 한 거예요.

질문: 남자는 무엇을 하고 있는가?　　정답 B

해설 제시된 보기가 모두 행동 표현이므로 행동과 관련된 내용에 유의하며 대화를 듣는다. 남자가 **我在听中文歌**(저는 중국 노래를 듣고 있어요)라고 했고, 질문이 남자는 무엇을 하고 있는지 물었으므로 B **听中文歌**(중국 노래를 듣다)를 정답으로 선택한다.

39 중

A 阿姨　B 爷爷　C 奶奶

男：你知道小马去哪儿了吗？
女：我看见奶奶带他去公园了。
男：他们什么时候出去的？
女：就在你回来之前。

问：小马和谁出去了？

阿姨 āyí 명 아주머니, 이모　爷爷 yéye 명 할아버지
奶奶 nǎinai 명 할머니　知道 zhīdào 동 알다
带 dài 동 데리다, 가지다, 휴대하다
公园 gōngyuán 명 공원

A 아주머니　B 할아버지　C 할머니

남: 당신 샤오마 어디 갔는지 알아요?
여: 할머니가 그를 데리고 공원에 가는 걸 봤어요.
남: 그들은 언제 나갔어요?
여: 당신이 돌아오기 바로 전에요.

질문: 샤오마는 누구와 나갔는가?　정답 C

해설 제시된 보기가 모두 신분 표현이므로 대화에서 언급되는 신분 표현에 유의하며 대화를 듣는다. 남자가 小马去哪儿了(샤오마 어디 갔어요)라고 묻자, 여자가 奶奶带他去公园了(할머니가 그를 데리고 공원에 갔어요)라고 답했다. 질문이 샤오마는 누구와 나갔는지 물었으므로 C 奶奶(할머니)를 정답으로 선택한다.

40 상

A 搬椅子　B 打扫房间　C 准备会议

女：都这么晚了，怎么还不睡觉呢？
男：我在准备明天的电话会议。
女：你这样会不会太累？要注意休息。
男：好的，我马上就去睡。

问：男的为什么还不睡觉？

搬 bān 동 옮기다, 운반하다　打扫 dǎsǎo 동 청소하다
房间 fángjiān 명 방　准备 zhǔnbèi 동 준비하다
会议 huìyì 명 회의　都 dōu 부 벌써
晚 wǎn 형 (시간이) 늦다　还 hái 부 아직, 여전히
累 lèi 형 피곤하다　注意 zhùyì 동 주의하다, 조심하다
休息 xiūxi 동 휴식하다, 쉬다　马上 mǎshàng 부 곧, 금방

A 의자를 옮기다　B 방을 청소하다　C 회의를 준비하다

여: 벌써 이렇게 늦었는데, 어째서 아직 안 자고 있어요?
남: 저는 내일 전화 회의를 준비하고 있어요.
여: 이러면 너무 피곤하지 않겠어요? 휴식에 주의해야 해요.
남: 네, 곧 자러 갈게요.

질문: 남자는 왜 아직 잠을 자지 않는가?　정답 C

해설 제시된 보기가 모두 행동 표현이므로 행동과 관련된 내용에 유의하며 대화를 듣는다. 여자가 怎么还不睡觉(어째서 아직 안 자고 있어요)라고 묻자, 남자가 准备明天的电话会议(내일 전화 회의를 준비하고 있어요)라고 답했다. 질문이 남자는 왜 아직 잠을 자지 않는지 물었으므로 C 准备会议(회의를 준비하다)를 정답으로 선택한다.

二、阅读 독해

독해 mp3
바로듣기

41-45

A 没关系，这个句子是有点儿难读，你再试试吧。 B 他在医院照顾生病的妈妈。 C 出门的时候记得带伞，听说今天要下雨。 D 五个工作日以后。 ~~E~~ 我们先坐地铁2号线，然后换公共汽车。 F 我现在就过去接你们。	句子 jùzi 명 문장 难 nán 형 어렵다, 힘들다 再 zài 부 다시, 재차 试 shì 동 시험 삼아 해 보다 照顾 zhàogù 동 돌보다, 보살피다 生病 shēngbìng 동 아프다, 병이 나다 出门 chūmén 동 외출하다, 문을 나서다 记得 jìde 동 기억하고 있다 带 dài 동 가지다, 휴대하다 伞 sǎn 명 우산 要 yào 조동 ~할 것이다, ~하려고 하다 工作日 gōngzuòrì 명 영업일 先 xiān 부 먼저 地铁 dìtiě 명 지하철 然后 ránhòu 접 그 다음에 换 huàn 동 갈아타다, 바꾸다 公共汽车 gōnggòng qìchē 명 버스 过去 guòqu 동 가다, 지나가다 接 jiē 동 마중하다

A 괜찮아요. 이 문장은 조금 읽기 어려우니, 다시 한번 해 보세요.
B 그는 병원에서 아픈 엄마를 돌보고 있어요.
C 외출할 때 우산 가지고 가는 거 기억하렴. 듣자 하니 오늘 비가 온대.
D 5영업일 이후에요.
~~E~~ 우리 먼저 지하철 2호선을 타고, 그 다음에 버스로 갈아타자.
F 제가 지금 당신들을 마중하러 갈게요.

* E는 예시 보기이므로 취소선을 그은 후, 이를 제외한 나머지 5개의 보기 중에서 정답을 고른다.

41 상

我和妹妹马上就到你家旁边的地铁站了。	妹妹 mèimei 명 여동생 马上 mǎshàng 부 곧, 금방 到 dào 동 도착하다 旁边 pángbiān 명 옆, 근처 地铁 dìtiě 명 지하철 站 zhàn 명 역, 정거장

저와 여동생은 곧 당신 집 옆 지하철역에 도착해요. 정답 F

해설 문제가 马上就到你家旁边的地铁站了(곧 당신 집 옆 지하철역에 도착해요)라고 했으므로, 도착했으면 마중하러 가겠다는 상황으로 연결되는 보기 F 我现在就过去接你们。(제가 지금 당신들을 마중하러 갈게요.)을 정답으로 선택한다.

42 중

我要出门了。	要 yào 조동 ~하려고 하다, ~할 것이다 出门 chūmén 동 외출하다, 나가다, 문을 나서다

저 외출해요. 정답 C

해설 문제가 我要出门了。(저 외출해요.)라고 했으므로, 외출할 때 우산을 챙기라는 상황으로 연결되는 보기 C 出门的时候记得带伞，听说今天要下雨。(외출할 때 우산 가지고 가는 거 기억하렴. 듣자 하니 오늘 비가 온대.)를 정답으로 선택한다.

43 중

小王为什么没来上课?	为什么 wèishénme 대 왜, 어째서 上课 shàngkè 동 수업을 하다, 수업을 듣다

샤오왕은 왜 수업에 안 왔어요? 정답 B

해설 문제가 为什么(왜)를 사용한 의문문이므로 수업에 오지 않은 이유로 연결되는 보기 B 他在医院照顾生病的妈妈。(그는 병원에서 아픈 엄마를 돌보고 있어요.)를 정답으로 선택한다.

44 중

请问我的签证什么时候能拿到?	签证 qiānzhèng 명 비자 拿到 nádào 받다
실례지만 제 비자는 언제 받을 수 있나요?	정답 D

해설 문제가 什么时候(언제)를 사용한 의문문이므로 什么时候에 해당하는 답변인 五个工作日(5영업일)을 언급한 보기 D 五个工作日以后。(5영업일 이후에요.)를 정답으로 선택한다.

45 하

不好意思，我刚才读错了，能再读一次吗?	不好意思 bùhǎoyìsi 죄송합니다 刚才 gāngcái 명 방금 错 cuò 형 잘못하다, 틀리다 再 zài 부 다시, 재차 次 cì 양 번, 회
죄송합니다. 제가 방금 잘못 읽었어요. 다시 한번 읽을 수 있나요?	정답 A

해설 문제의 핵심어구가 读(읽다)이므로 读가 언급된 보기 A 没关系，这个句子是有点儿难读，你再试试吧。(괜찮아요. 이 문장은 조금 읽기 어려우니, 다시 한번 해 보세요.)를 정답으로 선택한다.

46-50

A 这么可爱的小动物，谁不喜欢呢? B 你终于要运动了! C 好的，那你快点儿。 D 最近天冷，给你送些热牛奶。 E 不能穿了，所以我准备给他买几条新的。	可爱 kě'ài 형 귀엽다 动物 dòngwù 명 동물 终于 zhōngyú 부 드디어, 마침내 要 yào 조동 ~하려고 하다, ~할 것이다 运动 yùndòng 동 운동하다 명 운동 最近 zuìjìn 명 요즘, 최근 给 gěi 개 ~에게 동 주다 送 sòng 동 주다, 선물하다 牛奶 niúnǎi 명 우유 穿 chuān 동 (옷·신발·양말 등을) 입다, 신다 所以 suǒyǐ 접 그래서 准备 zhǔnbèi 동 ~하려고 하다, 준비하다 条 tiáo 양 [가늘고 긴 것을 세는 단위] 新 xīn 형 새롭다 부 새로

A 이렇게 귀여운 작은 동물을 누가 안 좋아하겠어?
B 너 드디어 운동을 하려고 하는구나!
C 좋아요, 그럼 당신 좀 서두르세요.
D 요즘 날이 추워서, 너에게 따뜻한 우유를 좀 주려고 한단다.
E 입을 수 없어요. 그래서 제가 그에게 새것을 몇 벌 사주려고 해요.

46 중

你是不是喜欢小猫?	喜欢 xǐhuan 동 좋아하다
너 고양이 좋아하는 것 맞지?	정답 A

해설 문제의 핵심어구가 小猫(고양이)이므로 같은 주제로 연결되는 小动物(작은 동물)가 언급된 보기 A 这么可爱的小动物，谁不喜欢呢?(이렇게 귀여운 작은 동물을 누가 안 좋아하겠어?)를 정답으로 선택한다.

47 하

儿子最近胖了不少，这些裤子还能穿吗？	最近 zuìjìn 명 최근, 요즘 胖 pàng 형 통통하다, 뚱뚱하다 裤子 kùzi 명 바지 还 hái 부 아직, 여전히 穿 chuān 동 (옷·신발·양말 등을) 입다, 신다
아들이 최근에 많이 통통해졌는데, 이 바지들을 아직 입을 수 있을까요?	정답 E

해설 문제의 핵심어구가 裤子(바지), 穿(입다)이므로 같은 주제로 연결되는 穿, 几条(몇 벌)가 언급된 보기 E 不能穿了, 所以我准备给他买几条新的。(입을 수 없어요. 그래서 제가 그에게 새것을 몇 벌 사주려고 해요.)를 정답으로 선택한다.

48 중

我先去一下洗手间，你在门口等我吧。	先 xiān 부 먼저, 우선 一下 yíxià 수량 좀 ~해보다 洗手间 xǐshǒujiān 명 화장실 门口 ménkǒu 명 입구 等 děng 동 기다리다
먼저 화장실 좀 다녀올게요. 입구에서 저를 기다리세요.	정답 C

해설 문제가 我先去一下洗手间(먼저 화장실 좀 다녀올게요)이라고 했으므로, 好的(좋아요)라고 답변한 후 서두르라는 상황으로 연결되는 보기 C 好的，那你快点儿。(좋아요, 그럼 당신 좀 서두르세요.)을 정답으로 선택한다. 참고로, 문장이 吧로 끝나면 청유, 명령을 나타낸다는 것을 알아 둔다.

49 하

因为我总是生病，所以医生让我做一些简单的运动。	因为 yīnwèi 접 ~하기 때문에 总是 zǒngshì 부 항상, 늘, 언제나 生病 shēngbìng 동 아프다, 병이 나다 所以 suǒyǐ 접 그래서 让 ràng 동 ~하게 하다 简单 jiǎndān 형 간단하다 运动 yùndòng 명 운동 동 운동하다
내가 항상 아프기 때문에, 그래서 의사 선생님이 나에게 간단한 운동들을 하라고 했어.	정답 B

해설 문제의 핵심어구가 运动(운동)이므로 运动이 언급된 보기 B 你终于要运动了！(너 드디어 운동을 하려고 하는구나!)를 정답으로 선택한다.

50 중

叔叔，下这么大的雪，您怎么来了？	叔叔 shūshu 명 삼촌, 아저씨 雪 xuě 명 눈 您 nín 대 당신[你의 존칭]
삼촌, 눈이 이렇게나 많이 오는데, 어떻게 오셨어요?	정답 D

해설 문제의 핵심어구가 雪(눈)이므로, 같은 주제로 연결되는 冷(춥다)이 언급된 보기 D 最近天冷，给你送些热牛奶。(요즘 날이 추워서, 너에게 따뜻한 우유를 좀 주려고 한단다.)를 정답으로 선택한다.

51-55

A 清楚 B 检查 C 害怕 D 把 ~~E~~ 声音 F 附近	清楚 qīngchu 형 뚜렷하다, 명확하다 检查 jiǎnchá 동 검사하다, 점검하다 害怕 hàipà 동 두려워하다, 무서워하다 把 bǎ 개 ~을(를) 양 [손잡이가 있는 기구를 세는 단위] 声音 shēngyīn 명 목소리, 소리 附近 fùjìn 명 근처
A 뚜렷하다 B 검사하다 C 두려워하다 D ~을/를 ~~E~~ 목소리 F 근처	

* E 声音(목소리)은 예시 어휘이므로, 이를 제외한 나머지 5개의 보기 중에서 정답을 고른다.

51 상

客人一会儿就来，你（D 把）水果洗好放在桌子上。	客人 kèrén 명 손님 一会儿 yíhuìr 수량 이따가, 잠시, 곧 就 jiù 부 곧, 바로 把 bǎ 개 ~을(를) 양 [손잡이가 있는 기구를 세는 단위] 洗 xǐ 동 씻다, 빨다 放 fàng 동 두다, 놓다, 넣다
손님이 이따가 곧 오니, 과일(D 을)잘 씻어서 탁자 위에 두세요.	정답 D

해설 빈칸 뒤에 명사 水果(과일)와 술어인 동사 洗(씻다)가 있다. 따라서 빈칸에는 술어 앞에서 '把+행위의 대상' 형태의 부사어로 자주 쓰이는 개사 D 把(~을/를)를 정답으로 선택한다.

52 중

每天早晨，老师都会让班长（B 检查）大家的作业。	每天 měi tiān 매일 早晨 zǎochen 명 아침, 새벽 让 ràng 동 ~하게 하다 班长 bānzhǎng 명 반장 检查 jiǎnchá 동 검사하다, 점검하다 大家 dàjiā 대 모든 사람, 여러분 作业 zuòyè 명 숙제, 과제
매일 아침에 선생님은 반장에게 모두의 숙제를 (B 검사하게) 한다.	정답 B

해설 빈칸 뒤에 목적어가 되는 大家的作业(모두의 숙제)가 있으므로 빈칸에는 술어가 되는 동사 B 检查(검사하다), C 害怕(두려워하다)가 정답의 후보이다. '모두의 숙제를 ______ 한다'라는 문맥에 어울리는 동사 B 检查(검사하다)를 정답으로 선택한다.

53 중

很多人都（C 害怕）在不认识的人面前说话。	害怕 hàipà 동 두려워하다, 무서워하다 说话 shuōhuà 동 말하다, 이야기하다
많은 사람은 모르는 사람 앞에서 말하는 것을 (C 두려워한다).	정답 C

해설 빈칸 앞에는 주어 很多人(많은 사람)이 있고, 문장에는 술어가 없다. 빈칸 뒤에 있는 在不认识的人面前说话(모르는 사람 앞에서 말하는 것)를 목적어로 가질 수 있고, 문장의 술어가 될 수 있는 동사 C 害怕(두려워하다)를 정답으로 선택한다.

54 상

我们家（F 附近）没有超市，所以很不方便。	附近 fùjìn 명 근처 超市 chāoshì 명 마트, 슈퍼마켓 所以 suǒyǐ 접 그래서 方便 fāngbiàn 형 편리하다
우리 집 (F 근처)에는 마트가 없다. 그래서 불편하다.	정답 F

해설 빈칸 앞의 我们家(우리 집) 뒤에 올 수 있는 방위명사 F 附近(근처)을 정답으로 선택한다. 참고로 방위명사는 주로 단독으로 쓰이지 않고, 일반명사나 장소명사 뒤에 붙어서 쓰인다는 것을 알아 둔다.

55 중

黑板离我太远了，我看不（A 清楚）上面的字。	黑板 hēibǎn 명 칠판 离 lí 개 ~에서, ~으로부터 远 yuǎn 형 멀다 清楚 qīngchu 형 뚜렷하다, 명확하다
나에게서 칠판이 너무 멀어서 위의 글자를 (A 뚜렷하게) 볼 수 없다.	정답 A

해설 빈칸 앞의 '동사+不' 형태인 看不와 함께 看不清楚(뚜렷하게 볼 수 없다)의 형태가 될 수 있는 형용사 A 清楚(뚜렷하다)를 정답으로 선택한다. 참고로, 清楚는 '看+得/不+清楚'(뚜렷하게 볼 수 있다/없다)의 형태인 가능보어로 자주 쓰인다.

56-60

A 筷子	B 解决	C 除了	筷子 kuàizi 명 젓가락 解决 jiějué 동 해결하다, 풀다 除了 chúle 개 ~을(를) 제외하고, ~외에 爱好 àihào 명 취미 突然 tūrán 부 갑자기 熊猫 xióngmāo 명 판다
~~D~~ 爱好	E 突然	F 熊猫	
A 젓가락	B 해결하다	C ~을(를) 제외하고	
~~D~~ 취미	E 갑자기	F 판다	

* D 爱好(취미)는 예시 어휘이므로, 이를 제외한 나머지 5개의 보기 중에서 정답을 고른다.

56 하

A: 服务员，这一双（A 筷子）一个长，一个短，我用不了啊！

B: 对不起，我马上给您换一双。

服务员 fúwùyuán 명 종업원
双 shuāng 양 쌍, 켤레[짝을 이룬 물건을 세는 단위]
筷子 kuàizi 명 젓가락 长 cháng 형 길다
短 duǎn 형 짧다 用 yòng 동 쓰다, 사용하다
马上 mǎshàng 부 바로, 금방 给 gěi 개 ~에게 동 주다
换 huàn 동 바꾸다, 교환하다

A: 종업원, 이 (A 젓가락) 한 쌍이 하나는 길고, 하나는 짧아서, 제가 쓸 수가 없어요!
B: 죄송합니다, 바로 바꿔 드리겠습니다.

정답 A

해설 빈칸 앞에 '지시대사+수사+양사' 형태인 관형어 这一双(이 한 쌍)이 있으므로, 관형어의 수식을 받을 수 있는 명사 A 筷子(젓가락), F 熊猫(판다)가 정답의 후보이다. 지문에서 '하나는 길고, 하나는 짧다' 라고 했으므로 문맥에 어울리는 A 筷子(젓가락)를 정답으로 선택한다.

57 중

A: 你（E 突然）不去的话，我怎么办？

B: 别担心，我已经和小李说了，他会和你一起去。

突然 tūrán 부 갑자기 怎么办? zěnmebàn? 어떡하죠?
别 bié 부 ~하지 마라 担心 dānxīn 동 걱정하다
已经 yǐjīng 부 이미, 벌써 一起 yìqǐ 부 함께, 같이

A: 너 (E 갑자기) 안 가면, 나는 어떡해?
B: 걱정하지마. 내가 이미 샤오리에게 말했어. 그가 너와 함께 갈 거야.

정답 E

해설 빈칸이 주어 你(너)와 술어 去(가다) 사이에 있으므로, 보기 중 유일한 부사이면서 '너 ______ 안 가면, 나는 어떡해?'라는 문맥에도 어울리는 부사 E 突然(갑자기)을 정답으로 선택한다.

58 하

A: 我想再喝几瓶啤酒。

B: 别再喝了，你觉得喝酒能（B 解决）问题吗？

啤酒 píjiǔ 명 맥주 别 bié 부 ~하지 마라
再 zài 부 더, 다시
觉得 juéde 동 생각하다, ~이라고 여기다
解决 jiějué 동 해결하다, 풀다 问题 wèntí 명 문제, 질문

A: 나 맥주 몇 병 더 마시고 싶어.
B: 더 마시지 마. 너는 술을 마시는 게 문제를 (B 해결할) 수 있을 거라고 생각해?

정답 B

해설 빈칸 앞에 조동사 能(~할 수 있다)이 있으므로, 술어로 쓰일 수 있는 동사 B 解决(해결하다)를 정답으로 선택한다. 참고로, 조동사는 동사 앞에 온다는 것을 알아 둔다.

59 하

A: 你去北京动物园看过（F 熊猫）吗？
B: 当然了，我小学一年级的时候去看过。

动物园 dòngwùyuán 명 동물원
过 guo 조 ~한 적이 있다 熊猫 xióngmāo 명 판다
当然 dāngrán 형 당연하다, 물론이다
年级 niánjí 명 학년

A: 너 베이징 동물원에 가서 (F 판다)를 본 적 있어?
B: 당연하지. 나 초등학교 1학년 때 가서 본 적 있어. 정답 F

해설 빈칸 앞에 '동사+过' 형태의 看过(본 적 있다)가 있으므로 술어 看(보다)의 목적어이면서 문맥에도 어울리는 명사 F 熊猫(판다)를 정답으로 선택한다.

60 중

A: 叔叔你看，我画的这个马怎么样？
B:（C 除了）有点儿胖，其他的都很好。

叔叔 shūshu 명 삼촌, 아저씨
画 huà 동 (그림을) 그리다 명 그림 马 mǎ 명 말
除了 chúle 개 ~을(를) 제외하고, ~외에
胖 pàng 형 뚱뚱하다 其他 qítā 대 다른 것, 그 외

A: 보세요 삼촌. 제가 그린 이 말 어때요?
B: 조금 뚱뚱한 것을 (C 제외하고는), 다른 건 모두 좋네. 정답 C

해설 '조금 뚱뚱한 것을 ______, 다른 건 모두 좋네'라는 문맥에 어울리는 개사 C 除了(~을 제외하고)를 정답으로 선택한다.

61 하

我和最好的朋友不在一个城市，她在离我很远的地方上大学，所以我们很少有机会见面，一年最多能见两次。

★ 说话人为什么不能经常见朋友？
A 搬家了
B 觉得很累
C 不在一个地方

最 zuì 부 제일, 가장 城市 chéngshì 명 도시
离 lí 개 ~에서, ~으로부터 远 yuǎn 형 멀다
地方 dìfang 명 곳, 장소
上大学 shàng dàxué 대학교를 다니다
所以 suǒyǐ 접 그래서 机会 jīhuì 명 기회
见面 jiànmiàn 동 만나다 次 cì 양 번, 회
经常 jīngcháng 부 자주, 늘 搬家 bānjiā 동 이사하다
累 lèi 형 피곤하다

나와 제일 친한 친구는 한 도시에 있지 않다. 그녀는 나와 먼 곳에서 대학교를 다니고 있다. 그래서 우리는 만날 기회가 적다. 1년에 제일 많아도 두 번 볼 수 있다.

★ 화자는 왜 친구를 자주 볼 수 없는가?
A 이사 갔다 B 피곤하다고 느낀다 C 한 곳에 있지 않다 정답 C

해설 질문이 화자는 왜 친구를 자주 볼 수 없는지 물었다. 지문의 我和最好的朋友不在一个城市……所以我们很少有机会见面(나와 제일 친한 친구는 한 도시에 있지 않다 …… 그래서 우리는 만날 기회가 적다)을 통해 알 수 있는 C 不在一个地方(한 곳에 있지 않다)을 정답으로 선택한다.

62 중

我妹妹比我小两岁，个子矮矮的，瘦瘦的，头发很长，还长着一双大大的眼睛，看起来又漂亮又可爱。

★ 说话人的妹妹：

A 眼睛大

B 很热情

C 不爱吃鱼

妹妹 mèimei 명 여동생 比 bǐ 개 ~보다
两 liǎng 수 둘, 2 个子 gèzi 명 키 矮 ǎi 형 (키가) 작다
瘦 shòu 형 마르다 头发 tóufa 명 머리카락
长 cháng 형 길다 还 hái 부 게다가, 또
长 zhǎng 동 자라다, 나다 着 zhe 조 ~한 채로 있다
双 shuāng 양 [짝을 이루는 것을 세는 단위]
眼睛 yǎnjing 명 눈 看起来 kànqǐlai ~해 보이다
又…… 又…… yòu…… yòu…… ~하고 ~하다
可爱 kě'ài 형 귀엽다 热情 rèqíng 형 친절하다, 열정적이다
鱼 yú 명 생선, 물고기

내 여동생은 나보다 두 살 어린데, 키는 작고 말랐으며, 머리카락은 길고 게다가 큰 눈을 갖고 있어서, 예쁘고 귀여워 보인다.

★ 화자의 여동생은:

A 눈이 크다 B 친절하다 C 생선 먹는 것을 좋아하지 않는다 정답 A

해설 질문이 화자의 여동생에 대해 물었다. 지문의 **我妹妹……长着一双大大的眼睛**(내 여동생 …… 큰 눈을 갖고 있다)을 통해 알 수 있는 A **眼睛大**(눈이 크다)를 정답으로 선택한다.

63 중

因为工作的时候需要用汉语，所以我参加了中文学习班。学了三个月后，我觉得自己的汉语水平比以前提高了不少。

★ 说话人为了工作：

A 读了很多书

B 参加了学习班

C 看了很多电影

因为 yīnwèi 접 ~하기 때문에 需要 xūyào 동 필요하다
用 yòng 동 쓰다, 사용하다 所以 suǒyǐ 접 그래서
参加 cānjiā 동 등록하다, 참석하다, 참가하다
中文 Zhōngwén 고유 중국어 学习班 xuéxíbān 학원
觉得 juéde 동 생각하다, ~이라고 여기다 自己 zìjǐ 대 자신
水平 shuǐpíng 명 수준, 능력 比 bǐ 개 ~보다
以前 yǐqián 명 예전, 이전
提高 tígāo 동 향상시키다, 높이다
为了 wèile 개 ~을 위해서

일할 때 중국어를 쓰는 것이 필요하기 때문에, 그래서 나는 중국어 학원을 등록했다. 삼 개월을 배운 후, 나는 내 자신의 중국어 수준이 예전보다 많이 향상되었다고 생각한다.

★ 화자는 일을 위해:

A 많은 책을 읽었다 B 학원을 등록했다 C 많은 영화를 봤다 정답 B

해설 질문이 화자는 일을 위해 무엇을 하는지 물었다. 지문의 **因为工作的时候需要用汉语，所以我参加了中文学习班。**(일할 때 중국어를 쓰는 것이 필요하기 때문에, 그래서 나는 중국어 학원을 등록했다.)을 통해 알 수 있는 B **参加了学习班**(학원을 등록했다)을 정답으로 선택한다.

64 중

上海有很多有名的学校，外国留学生也很多。所以我在那里上学时，不但认识了一些外国朋友，还了解到了不同的文化。

★ 说话人在上海：

A 工作了很久

B 学习了数学

C 有了外国朋友

上海 Shànghǎi 고유 상하이, 상해
有名 yǒumíng 형 유명하다 外国 wàiguó 명 외국
留学生 liúxuéshēng 명 유학생 所以 suǒyǐ 접 그래서
上学 shàngxué 학교에 다니다, 등교하다
不但 búdàn 접 ~할 뿐만 아니라 还 hái 부 게다가, 더
了解 liǎojiě 동 이해하다
不同 bùtóng 형 다르다, 같지 않다
文化 wénhuà 명 문화 久 jiǔ 형 오래되다, 시간이 길다
数学 shùxué 명 수학

상하이에는 유명한 학교가 많이 있어서 외국 유학생도 많다. 그래서 내가 그곳에서 학교를 다닐 때, 몇몇 외국 친구를 알게 되었을 뿐만 아니라, 게다가 다른 문화도 이해하게 되었다.

★ 화자는 상하이에서:

A 오래 일했다 B 수학을 공부했다 C 외국 친구가 생겼다 정답 C

해설 질문이 화자는 상하이에서 무엇을 했는지 물었다. 지문의 **上海……我在那里……认识了一些外国朋友**(상하이 …… 내가 그곳에서 …… 몇몇 외국 친구를 알게 되었다)를 통해 알 수 있는 C **有了外国朋友**(외국 친구가 생겼다)를 정답으로 선택한다.

65 상

你放心，我刚才上网查过了，现在还有很多去南京的机票，所以不用着急买票，过几天再说吧。

★ 根据这段话，可以知道他们：

A 还没买票
B 在找地图
C 在写作业

放心 fàngxīn 동 안심하다, 마음을 놓다
刚才 gāngcái 명 방금
上网 shàngwǎng 동 인터넷을 하다
查 chá 동 찾다, 검사하다 南京 Nánjīng 고유 난징, 남경
机票 jīpiào 명 비행기 표 所以 suǒyǐ 접 그래서
不用 búyòng 부 ~할 필요 없다
着急 zháojí 형 급하다, 초조하다
过 guò 동 지나다, 보내다 再 zài 부 다시, 재차
根据 gēnjù 개 ~에 근거하여
可以 kěyǐ 조동 ~할 수 있다, ~해도 좋다
知道 zhīdào 동 알다, 이해하다 找 zhǎo 동 찾다, 구하다
地图 dìtú 명 지도 写作业 xiě zuòyè 숙제를 하다

안심해, 내가 방금 인터넷으로 찾아봤는데, 지금은 난징 가는 비행기 표가 아직 많이 있어. 그래서 급하게 표를 살 필요 없어. 며칠 지나고 다시 이야기하자.

★ 지문에 근거하여, 그들에 대해 알 수 있는 것은:
A 아직 표를 안 샀다 B 지도를 찾고 있다 C 숙제를 하고 있다 정답 A

해설 각 보기의 **票**(표), **地图**(지도), **作业**(숙제) 중 보기 A의 **票**(표)와 관련하여 지문에서 **现在还有很多去南京的机票，所以不用着急买票**(지금은 난징 가는 비행기 표가 아직 많이 있어. 그래서 급하게 표를 살 필요 없어)가 언급되었으므로, 이를 통해 그들에 대해 알 수 있는 A **还没买票**(아직 표를 안 샀다)를 정답으로 선택한다.

66 하

我们家附近有个小公园，那里有很多花，非常漂亮，所以很受欢迎。我经常看到邻居们在那里跑步、休息或者聊天。

★ 说话人经常看到邻居们在公园：

A 聊天
B 唱歌
C 旅游

附近 fùjìn 명 근처 公园 gōngyuán 명 공원
花 huā 명 꽃 非常 fēicháng 부 매우, 아주
所以 suǒyǐ 접 그래서
受欢迎 shòu huānyíng 인기가 있다, 환영받다
经常 jīngcháng 부 자주, 늘 邻居 línjū 명 이웃
跑步 pǎobù 동 달리다, 뛰다 休息 xiūxi 동 쉬다, 휴식하다
或者 huòzhě 접 혹은, ~이거나
聊天 liáotiān 동 이야기하다
唱歌 chànggē 동 노래를 부르다 旅游 lǚyóu 동 여행하다

우리 집 근처에는 작은 공원이 있다. 그곳에는 많은 꽃이 있고 매우 예뻐서 인기가 많다. 나는 그곳에서 달리거나, 쉬거나 혹은 이야기를 하는 이웃들을 자주 본다.

★ 화자는 공원에서 이웃들이 무엇을 하는 것을 자주 보는가:
A 이야기하다 B 노래를 부르다 C 여행하다 정답 A

해설 질문이 화자는 공원에서 이웃들이 무엇을 하는 것을 자주 보는지 물었다. 지문의 **小公园……我经常看到邻居们在那里……聊天**(작은 공원 …… 나는 그곳에서 …… 이야기를 하는 이웃들을 자주 본다)을 통해 알 수 있는 A **聊天**(이야기하다)을 정답으로 선택한다.

67 중

小明一开始做工作特别认真，但是最近不知道怎么了，他总是在重要的地方出错。所以经理想了解他最近遇到了什么问题。

★ 小明最近：
A 爱踢球
B 总是出错
C 不努力学习

一开始 yì kāishǐ 처음에　特别 tèbié 부 아주, 특히
认真 rènzhēn 형 열심이다, 성실하다
但是 dànshì 접 하지만, 그러나　最近 zuìjìn 명 최근, 요즘
总是 zǒngshì 부 항상, 늘, 언제나
重要 zhòngyào 형 중요하다　地方 dìfang 명 부분, 곳
出错 chūcuò 실수하다, 착오가 발생하다
所以 suǒyǐ 접 그래서　经理 jīnglǐ 명 사장, 매니저
了解 liǎojiě 동 분명히 알다, 이해하다
遇到 yùdào 동 맞닥뜨리다, 만나다, 마주치다
问题 wèntí 명 문제, 질문　努力 nǔlì 동 노력하다

샤오밍은 처음에 일을 아주 열심히 했다. 하지만 최근 무슨 일인지는 모르겠지만 그는 항상 중요한 부분에서 실수를 한다. 그래서 사장님은 그가 최근 어떤 문제에 맞닥뜨렸는지 알고 싶어 한다.

★ 샤오밍은 최근에:
A 축구하는 것을 좋아한다　B 항상 실수를 한다　C 열심히 공부하지 않는다　정답 B

해설 질문이 샤오밍은 최근에 어떤지 물었다. 지문의 **小明……最近……他总是在重要的地方出错**(샤오밍 …… 최근 …… 그는 항상 중요한 부분에서 실수를 한다)를 통해 알 수 있는 B **总是出错**(항상 실수를 한다)를 정답으로 선택한다.

68 하

我朋友住的房子还不错。那个房子在四层，很安静，而且里面电视、冰箱、空调什么都有，附近还有地铁站，去哪儿都很方便。

★ 那个房子：
A 很旧
B 没有电梯
C 附近有地铁站

房子 fángzi 명 집　不错 búcuò 형 괜찮다, 좋다
层 céng 양 층　安静 ānjìng 형 조용하다
而且 érqiě 접 게다가, 또한　冰箱 bīngxiāng 명 냉장고
空调 kōngtiáo 명 에어컨　附近 fùjìn 명 근처, 부근
地铁 dìtiě 명 지하철　站 zhàn 명 역, 정거장
方便 fāngbiàn 형 편리하다　旧 jiù 형 낡다
电梯 diàntī 명 엘리베이터

내 친구가 사는 집은 꽤 괜찮다. 그 집은 4층에 있으며, 조용하다. 게다가 안에 텔레비전, 냉장고, 에어컨 뭐든지 다 있다. 근처에 지하철역도 있어서 어디를 가든지 편리하다.

★ 그 집은:
A 낡았다　B 엘리베이터가 없다　C 근처에 지하철역이 있다　정답 C

해설 질문이 그 집에 관하여 물었다. 지문의 **那个房子……附近还有地铁站**(그 집 …… 근처에 지하철역도 있다)을 통해 알 수 있는 C **附近有地铁站**(근처에 지하철역이 있다)을 정답으로 선택한다.

69 중

我的小学同学上个月结婚了，我去看他的时候才发现，他的妻子是我以前的邻居。

★ 小学同学的妻子是我：
A 以前的邻居
B 以前的同学
C 以前的同事

结婚 jiéhūn 동 결혼하다　才 cái 부 비로소, ~에야
发现 fāxiàn 동 알아차리다, 발견하다
妻子 qīzi 명 아내, 부인　以前 yǐqián 명 예전, 이전
邻居 línjū 명 이웃　同事 tóngshì 명 동료

내 초등학교 동창은 지난 달에 결혼을 했다. 내가 그를 보러 갔을 때에 비로소 알아차렸는데, 그의 아내는 나의 예전 이웃이었다.

★ 초등학교 동창의 아내는 나의:
A 예전 이웃　B 예전 동창　C 예전 동료　정답 A

해설 질문이 초등학교 동창의 아내는 나와 어떤 관계인지 물었다. 지문의 **我的小学同学……他的妻子是我以前的邻居**(내 초등학교 동창 …… 그의 아내는 나의 예전 이웃이었다)를 통해 알 수 있는 A **以前的邻居**(예전 이웃)를 정답으로 선택한다.

70 중

我妈妈的爱好是跳舞，她从七岁到现在一直都在练习，所以跳得非常好。她相信只有真的喜欢才能做好一件事。

★ 说话人的妈妈：

A 觉得不舒服

B 对跳舞感兴趣

C 很会关心别人

爱好 àihào 명 취미 跳舞 tiàowǔ 동 춤을 추다
从…… 到…… cóng…… dào…… ~(에서)부터 ~까지
一直 yìzhí 부 계속, 줄곧 练习 liànxí 동 연습하다
所以 suǒyǐ 접 그래서 非常 fēicháng 부 매우, 아주
相信 xiāngxìn 동 믿다 只有 zhǐyǒu 접 ~해야만
真 zhēn 부 정말, 진짜로 才 cái 부 ~해야만 비로소
件 jiàn 건, 벌, 개[일, 옷 등을 세는 단위]
觉得 juéde 동 ~이라고 느끼다, 생각하다
不舒服 bù shūfu 몸이 안 좋다 对 duì 개 ~에 (대해), ~에게
感兴趣 gǎn xìngqù 흥미가 있다, 관심이 있다
关心 guānxīn 동 관심을 기울이다
别人 biérén 대 다른 사람, 타인

우리 엄마의 취미는 춤을 추는 것이다. 그녀는 7살부터 지금까지 계속 연습을 하고 있다. 그래서 춤을 매우 잘 춘다. 그녀는 한 가지 일을 정말로 좋아해야지만 비로소 그것을 잘 할 수 있다고 믿는다.

★ 화자의 엄마는:

A 몸이 안 좋다고 느낀다 B 춤을 추는 것에 흥미가 있다 C 다른 사람에게 관심을 기울인다 정답 B

해설 질문이 화자의 엄마에 관하여 물었다. 지문의 **我妈妈的爱好是跳舞**(우리 엄마의 취미는 춤을 추는 것이다)를 통해 알 수 있는 B **对跳舞感兴趣**(춤을 추는 것에 흥미가 있다)를 정답으로 선택한다.

三、书写 쓰기

쓰기 mp3
바로듣기

71 중

吃草呢　动物园里的　正在　熊猫

草 cǎo 명 풀　动物园 dòngwùyuán 명 동물원
正在 zhèngzài 부 ~하고 있다
熊猫 xióngmāo 명 판다

➡

명사+的	명사	부사	동사+명사+呢
动物园里的	**熊猫**	**正在**	**吃草呢。**
관형어	주어	부사어	술어+목적어+呢

해석 : 동물원의 판다는 풀을 먹고 있다.

해설 제시된 어휘 중 '동사+목적어+呢' 형태인 **吃草呢**(풀을 먹고 있다)를 술어로 배치한 후, **熊猫**(판다)를 주어로 배치한다. 남은 어휘 중 **的**가 붙은 **动物园里的**(동물원의)를 주어 앞에 관형어로, 부사 **正在**(~하고 있다)를 술어 앞에 부사어로 배치하여 문장을 완성한다.

어법체크 부사 正在/在/正(~하고 있다)은 동사 앞에서 동작이 진행되고 있음을 나타낸다. 이때 문장 뒤에는 呢가 오기도 한다.

72 상

发现　很年轻　其实张经理　我

发现 fāxiàn 동 알아차리다, 발견하다
年轻 niánqīng 형 젊다, 어리다　其实 qíshí 부 사실
经理 jīnglǐ 명 사장

➡

대사	동사	부사+명사	정도부사+형용사
我	**发现**	**其实张经理**	**很年轻。**
주어1	술어1	부사어+주어2	부사어+술어2
		목적어(주술구)	

해석 : 나는 사실 장 사장님이 젊다는 것을 알아차렸다.

해설 동사 **发现**(알아차리다)과 형용사 **年轻**(젊다) 중 동사 **发现**을 술어 자리에 바로 배치한다. 참고로 **发现**은 술목구, 주술구를 목적어로 취할 수 있으므로 다른 형용사나 동사와 함께 제시되더라도 술어 자리에 바로 배치할 수 있다. 술어1이 **发现**이므로 주술구 또는 술목구 목적어를 완성한다. 형용사 **年轻**(젊다)이 포함된 **很年轻**(젊다)을 술어2로, 명사 **张经理**(장 사장님)가 포함된 **其实张经理**(사실 장 사장님)를 주어2로 배치하여 주술구 형태로 연결한 후 술어1 **发现** 뒤 목적어 자리에 배치한다. 남은 어휘 대사 **我**(나)는 술어1 앞에 주어1로 배치하여 문장을 완성한다.

어법체크 3급 시험에서 동사 发现(알아차리다), 喜欢(좋아하다), 觉得(~라고 생각하다)는 주술구, 술목구를 목적어로 취할 수 있다.

73 상

打扫得　她　把　办公室　特别干净

打扫 dǎsǎo 동 청소하다　把 bǎ 개 ~을/를
办公室 bàngōngshì 명 사무실
特别 tèbié 부 아주, 특히　干净 gānjìng 형 깨끗하다

➡

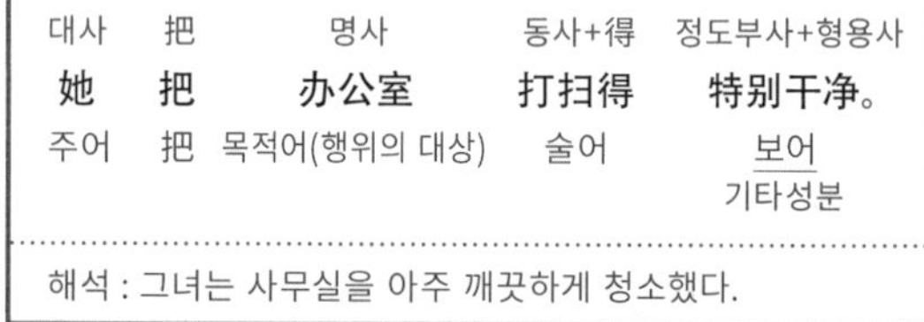

대사	把	명사	동사+得	정도부사+형용사
她	**把**	**办公室**	**打扫得**	**特别干净。**
주어	把	목적어(행위의 대상)	술어	보어
				기타성분

해석 : 그녀는 사무실을 아주 깨끗하게 청소했다.

해설 제시된 어휘 중 **把**가 있으므로 **把**자문을 완성한다. 동사 **打扫**(청소하다)가 포함된 **打扫得**를 술어로 배치하고, **把**(~을)를 술어 앞에 배치한다. '정도부사+형용사' 형태인 **特别干净**(아주 깨끗하다)을 술어 뒤에 보어로 배치한다. 대사 **她**(그녀)와 명사 **办公室**(사무실) 중, 술어 **打扫**와 문맥상 주어로 어울리는 **她**를 주어 자리에 배치하고, **办公室**을 목적어 자리에 배치하여 문장을 완성한다.

어법체크 제시된 어휘 중 把나 把로 시작하는 어휘가 보이면 술어 앞에 배치하고, 행위의 결과를 나타내는 어휘를 술어 뒤 기타성분으로 배치한다.

74 중

词典 老师 查一下 让我
词典 cídiǎn 명 사전 查 chá 동 찾다 一下 yíxià 수량 ~해보다 让 ràng 동 ~하게 하다

➡

명사	동사+대사	동사+수량사	명사
老师	让我	查一下	词典。
주어1	술어1+겸어 목적어1/주어2	술어2+보어	목적어2

해석 : 선생님은 나에게 사전을 찾아보게 했다.

해설 제시된 어휘 중 사역동사 让이 있으므로, 겸어문을 완성해야 한다. 따라서 让(~하게 하다)이 포함된 让我(나를 ~하게 하다)를 '술어1+겸어' 자리에 배치한다. 술어2가 될 수 있는 동사 查(찾다)가 포함된 查一下(찾아보다)를 술어2 자리에 배치하고, 남은 어휘인 명사 老师(선생님)과 词典(사전) 중 문맥상 술어2 查의 목적어로 어울리는 词典을 목적어2 자리에 배치하고, 老师을 술어1 让 앞 주어 자리에 배치하여 문장을 완성한다.

✅ **어법체크** 제시된 어휘 중 让(~를 ~하게 하다)과 동사 또는 형용사가 1개 있으면 让을 술어1 자리에, 동사 또는 형용사를 술어2 자리에 배치한다.

75 중

名字 什么 这种草的 叫
种 zhǒng 양 종류, 부류, 가지 草 cǎo 명 풀

➡

대사+양사+명사+的	명사	동사	대사
这种草的	名字	叫	什么?
관형어	주어	술어	목적어

해석 : 이런 종류의 풀은 이름이 무엇인가요?

해설 제시된 어휘 중 유일한 동사 叫(~라고 부르다)를 술어 자리에 바로 배치한다. 명사 名字(이름)와 대사 什么(무엇) 중 문맥상 목적어로 어울리는 什么를 목적어 자리에 배치하고, 주어로 어울리는 名字를 주어 자리에 배치한다. 남은 어휘인 '대사+양사+명사+的' 형태의 这种草的(이런 종류의 풀)를 주어 名字 앞에 관형어로 배치한다. 의문사 什么가 있으므로 문장 끝에 물음표를 붙여 문장을 완성한다.

✅ **어법체크** 문장에 什么(무엇), 什么时候(언제)와 같이 의문대명사가 포함되어 있을 경우, 문장 끝에 물음표를 추가한다.

76 상

kū 我不知道他为什么突然（哭）了。	知道 zhīdào 동 알다 为什么 wèishénme 대 왜, 어째서 突然 tūrán 부 갑자기 哭 kū 동 울다

나는 그가 왜 갑자기 우는지 모르겠다.

해설 제시된 병음 kū를 보고 哭를 떠올린다. '나는 그가 왜 갑자기 (　　)지 모르겠다.'라는 문맥에도 어울리므로 哭(kū, 울다)를 정답으로 쓴다.

77 상

téng 昨天我睡得晚，所以现在头很（疼）。	得 de 조 [술어와 정도보어를 연결함] 所以 suǒyǐ 접 그래서 疼 téng 형 아프다

저는 어제 늦게 잤어요. 그래서 지금 머리가 아파요.

해설 빈칸 앞에 头很(머리가 (매우))이 있고, 제시된 병음이 téng이므로, 头很疼(머리가 아프다)이라는 어구의 疼을 정답으로 쓴다.

78 중

qù 姐姐经常去国外旅游，她（去）过很多地方。	姐姐 jiějie 명 누나, 언니 经常 jīngcháng 부 자주 国外 guówài 외국, 국외 旅游 lǚyóu 동 여행하다 过 guo 조 ~한 적이 있다 地方 dìfang 명 곳, 장소

누나는 자주 외국에 가서 여행을 하는데, 그녀는 많은 곳을 가 본 적이 있다.

해설 빈칸 뒤에 过(~한 적이 있다)가 있고, 제시된 병음이 qù이므로, 去过(가 본적 있다)라는 어구의 去를 정답으로 쓴다.

79
하

zhī
爸爸很喜欢看历史书，所以他（知）道很多历史故事。

历史 lìshǐ 명 역사　所以 suǒyǐ 접 그래서
知道 zhīdào 동 알다　故事 gùshi 명 이야기

아빠는 역사 책 보는 것을 매우 좋아한다. 그래서 그는 많은 역사 이야기를 안다.

해설 빈칸 뒤에 道가 있고, 제시된 병음이 zhī이므로, 知道(알다)라는 단어의 知을 정답으로 쓴다. 병음이 같은 只을 쓰지 않도록 주의한다.

80
하

niú
你渴了的话，可以喝冰箱里的水和（牛）奶。

渴 kě 형 목마르다
……的话 ……dehuà 조 ~하다면, ~이면
可以 kěyǐ 조동 ~해도 된다, ~할 수 있다
冰箱 bīngxiāng 명 냉장고　牛奶 niúnǎi 명 우유

만약 목이 마르면, 냉장고 안의 물과 우유를 마셔도 돼요.

해설 빈칸 뒤에 奶가 있고, 제시된 병음이 niú이므로, 牛奶(우유)라는 단어의 牛를 정답으로 쓴다. 모양이 비슷한 午를 쓰지 않도록 주의한다.

제1회
쓰기
제2회
제3회
제4회
제5회

본 교재 동영상강의 · 무료 학습자료 제공
china.Hackers.com

시험에 나올 어휘를
효과적으로 공부하려면?

실전모의고사

제2회

听力 듣기 / 어휘 · 해석 · 해설

阅读 독해 / 어휘 · 해석 · 해설

书写 쓰기 / 어휘 · 해석 · 해설

一、听力 듣기

문제별 분할 mp3
바로듣기

1-5

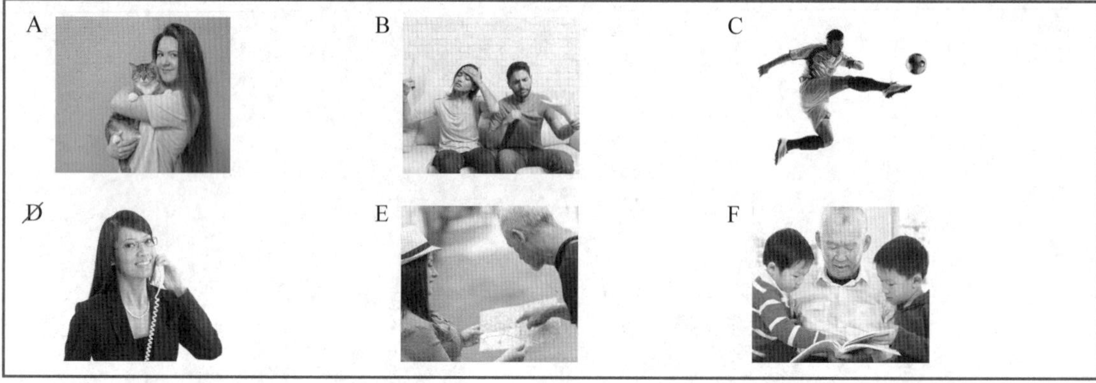

* D는 예시 사진이므로, 이를 제외한 나머지 5개의 사진 중에서 정답을 고른다.

1 중

女: 我姐姐家有一只白猫，可爱又聪明。
男: 我特别喜欢小动物，下次你能带我去看吗?

姐姐 jiějie 명 언니, 누나　只 zhī 양 마리
白 bái 형 하얗다, 희다　可爱 kě'ài 형 귀엽다
又 yòu 부 ~고, 또　聪明 cōngming 형 똑똑하다
特别 tèbié 부 아주, 특히　动物 dòngwù 명 동물
下次 xiàcì 다음번　带 dài 동 데리다, 가지다

여: 우리 언니 집에 하얀색 고양이가 한 마리 있는데, 귀엽고 똑똑해.
남: 나 작은 동물을 아주 좋아해. 다음번에 나 데려가서 보여줄 수 있어?

정답 A

해설 음성에서 猫(고양이)가 언급되었으므로 고양이를 안고 있는 사람 사진 A가 정답이다.

2 상

男: 您好，请问火车站怎么走?
女: 一直向前走，然后往左边走五百米就可以了。

火车站 huǒchēzhàn 명 기차역　走 zǒu 동 가다, 걷다
一直 yìzhí 부 곧장, 계속　向 xiàng 개 ~으로, ~을 향해
然后 ránhòu 접 그 다음에, 그런 후에
往 wǎng 개 ~쪽으로　左边 zuǒbian 명 왼쪽, 왼편
百 bǎi 수 100, 백　米 mǐ 양 미터(m)
可以 kěyǐ 조동 ~해도 된다, ~할 수 있다

남: 안녕하세요. 실례지만 기차역은 어떻게 가나요?
여: 곧장 앞으로 가서, 그 다음에 왼쪽으로 500미터만 걸어가시면 돼요.

정답 E

해설 음성에서 火车站怎么走?(기차역은 어떻게 가나요?), 一直向前走，然后往左边走五百米(곧장 앞으로 가서, 그 다음에 왼쪽으로 500미터만 걸어간다)가 언급되었으므로 두 사람이 지도를 가리키고 있는 사진 E가 정답이다.

3 중

女: 你的房间怎么这么热?
男: 妈妈一直说要给我买空调，到现在都没有买。

房间 fángjiān 명 방　一直 yìzhí 부 계속, 줄곧
给 gěi 개 ~에게 동 주다　空调 kōngtiáo 명 에어컨
到 dào 동 ~까지, 도착하다

여: 네 방은 왜 이렇게 더워?
남: 엄마가 나에게 에어컨을 사주겠다고 계속 말하셨는데, 지금까지도 안 사주셨어.

정답 B

해설 음성에서 热(덥다)가 언급되었으므로 두 사람이 더워하고 있는 사진 B가 정답이다.

4 상

男: 你们想听什么故事呢? 女: 爷爷, 可以给我们讲白雪公主的故事吗?	故事 gùshi 명 이야기 爷爷 yéye 명 할아버지 可以 kěyǐ 조동 ~할 수 있다, ~해도 좋다 给 gěi 개 ~에게 동 주다 讲 jiǎng 동 말하다, 설명하다 白雪公主 báixuě gōngzhǔ 백설공주

남: 너희 무슨 이야기가 듣고 싶니?
여: 할아버지, 저희에게 백설공주 이야기 해 주실 수 있어요? 정답 F

해설 음성에서 想听什么故事呢?(무슨 이야기가 듣고 싶니?)가 언급되었으므로 남자가 이야기를 들려줄 것임을 알 수 있다. 따라서 아이들에게 책을 읽어주는 사람 사진 F가 정답이다.

5 하

女: 你有什么爱好吗? 男: 有啊, 我最喜欢踢足球了。	爱好 àihào 명 취미 啊 a 조 [문장 끝에 쓰여 긍정·감탄·찬탄을 나타냄] 最 zuì 부 제일, 가장 踢足球 tī zúqiú 축구를 하다

여: 너는 무슨 취미가 있니?
남: 있지, 나는 축구를 하는 것을 제일 좋아해. 정답 C

해설 음성에서 踢足球(축구를 하다)가 언급되었으므로 축구를 하고 있는 사람 사진 C가 정답이다.

6-10

A
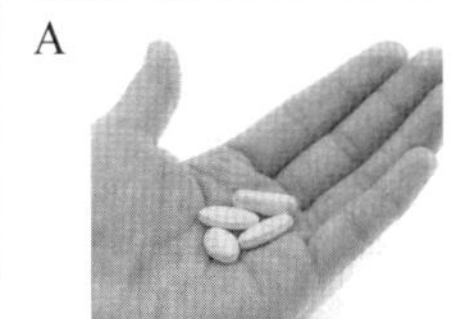

B

C

D

E

6 중

男: 你是怎么过来的? 女: 我是坐公共汽车过来的。	过来 guòlai 동 오다, 다가오다 公共汽车 gōnggòng qìchē 명 버스

남: 당신은 어떻게 왔어요?
여: 저는 버스를 타고 왔어요. 정답 C

해설 음성에서 坐公共汽车(버스를 타다)가 언급되었으므로 버스에 탄 사람 사진 C가 정답이다.

7 상

女: 先生您好, 您的房间是7楼704, 现在就可以上去了。
男: 谢谢您, 我吃完饭再上去。

房间 fángjiān 명 방 楼 lóu 명 층, 건물
就 jiù 부 바로, 곧, 즉시
可以 kěyǐ 조동 ~해도 된다, ~할 수 있다
完 wán 동 다하다, 끝내다 再 zài 부 ~한 뒤에, ~하고 나서

여: 선생님 안녕하세요. 당신의 방은 7층 704호입니다. 지금 바로 올라가셔도 됩니다.
남: 감사합니다. 밥을 다 먹은 뒤에 올라갈게요. 정답 B

해설 음성에서 您的房间是7楼704(당신의 방은 7층 704호입니다)가 언급되었으므로 대화는 호텔 프런트에서 진행됨을 알 수 있다. 따라서 두 사람이 호텔 프런트에서 이야기를 나누고 있는 사진 B가 정답이다.

8 하

男: 张阿姨, 您没事吧?
女: 我这几天穿得太少, 不小心感冒了。医生让我多休息, 好好儿吃药。

阿姨 āyí 명 아주머니, 이모
穿 chuān 동 (옷·신발·양말 등을) 입다, 신다
小心 xiǎoxīn 동 조심하다, 주의하다
感冒 gǎnmào 동 감기에 걸리다 명 감기
让 ràng 동 ~하게 하다 休息 xiūxi 동 휴식하다, 쉬다
好好儿 hǎohāor 부 잘, 푹 药 yào 명 약

남: 장 아주머니, 괜찮으세요?
여: 내가 요 며칠 옷을 너무 적게 입었더니 조심하지 않아 감기에 걸렸네. 의사 선생님이 나에게 휴식을 많이 하고, 약을 잘 먹으라고 했어. 정답 A

해설 음성에서 吃药(약을 먹다)가 언급되었으므로 손 위에 약이 있는 사진 A가 정답이다.

9 하

女: 你想喝咖啡还是果汁?
男: 其实我想喝牛奶。

咖啡 kāfēi 명 커피 还是 háishi 접 아니면, 또는
果汁 guǒzhī 명 과일 주스 其实 qíshí 부 사실, 실은
牛奶 niúnǎi 명 우유

여: 너 커피 마실래? 아니면 과일 주스 마실래?
남: 사실 나는 우유 마시고 싶어. 정답 E

해설 음성에서 喝牛奶(우유를 마시다)가 언급되었으므로 우유가 있는 사진 E가 정답이다.

10 중

男: 这个裙子好漂亮啊! 谁送你的?
女: 这是我为妈妈准备的生日礼物。

裙子 qúnzi 명 치마 送 sòng 동 선물하다, 주다
为 wèi 개 ~을 위해, ~에게 准备 zhǔnbèi 동 준비하다
生日 shēngrì 명 생일 礼物 lǐwù 명 선물

남: 이 치마 정말 예쁘다! 누가 너에게 선물한 거야?
여: 이건 내가 엄마를 위해 준비한 생일 선물이야. 정답 D

해설 음성에서 裙子(치마)가 언급되었으므로 치마를 들고 있는 사람 사진 D가 정답이다.

11 중

★ 说话人要给小狗洗澡。 ( )

你刚才给小猫喝牛奶了吗? 它鼻子和嘴上都是牛奶, 我要给它洗澡了。

说话人 shuōhuàrén 화자
要 yào 조동 ~하려고 하다, ~할 것이다
给 gěi 개 ~에게 동 주다 洗澡 xǐzǎo 동 목욕하다, 씻다
刚才 gāngcái 명 방금, 지금, 막 牛奶 niúnǎi 명 우유
它 tā 대 그, 그것[사람 이외의 것을 가리킴]
鼻子 bízi 명 코 嘴 zuǐ 명 입

★ 화자는 강아지를 목욕시키려고 한다. ( )
당신 방금 고양이에게 우유 마시게 했어요? 코와 입에 다 우유가 있어요. 제가 목욕시킬게요. 정답 X

해설 제시된 문장이 **说话人要给小狗洗澡。**(화자는 강아지를 목욕시키려고 한다.)이므로 이 내용이 음성에서 언급되는지를 주의 깊게 듣는다. 음성에서 **小猫……我要给它洗澡了**(고양이 …… 제가 목욕시킬게요)라고 했으므로 화자는 강아지가 아닌 고양이를 목욕시키려는 것을 알 수 있다. 따라서 제시된 문장과 음성의 내용은 불일치한다.

12 중

★ 那个行李箱卖两千多块钱。 (　)

这个行李箱漂亮是漂亮，但是太贵了，要两千多块钱，我们去别的地方看看吧，可能还有更便宜的呢。

行李箱 xínglǐxiāng 명 캐리어, 여행용 가방
卖 mài 동 팔다, 판매하다 千 qiān 수 1000, 천
多 duō 수 넘다, 여 但是 dànshì 접 그런데, 하지만
贵 guì 형 비싸다 别的 biéde 다른 것
地方 dìfang 명 곳, 장소
可能 kěnéng 조동 아마도 (~일 것이다)
更 gèng 부 더, 더욱 便宜 piányi 형 (값이) 싸다

★ 그 캐리어는 2천 위안이 넘는다. (　)

이 캐리어는 예쁘긴 예쁜데, 너무 비싸네요. 2천 위안이 넘어요. 우리 다른 곳 가서 좀 봐요. 아마도 더 싼 게 있을 거예요.

정답 ✓

해설 제시된 문장이 **那个行李箱卖两千多块钱。**(그 캐리어는 2천 위안이 넘는다.)이므로 이 내용이 음성에서 언급되는지를 주의 깊게 듣는다. 음성에서 **行李箱……要两千多块钱**(캐리어 …… 2천 위안이 넘어요)이라고 했으므로 제시된 문장과 음성의 내용은 일치한다.

13 중

★ 说话人的同事英语很好。 (　)

坐在我旁边的同事是我们公司英语最好的，大家经常会找她问一些英语问题。

同事 tóngshì 명 동료 英语 yīngyǔ 명 영어
旁边 pángbiān 명 옆 公司 gōngsī 명 회사
最 zuì 부 제일, 가장 大家 dàjiā 대 모두, 모든 사람
经常 jīngcháng 부 자주, 늘 找 zhǎo 동 찾다, 구하다
问 wèn 동 묻다, 질문하다 一些 yìxiē 수량 몇, 조금, 약간
问题 wèntí 명 문제, 질문

★ 화자의 동료는 영어를 잘한다. (　)

내 옆에 앉은 동료는 우리 회사에서 영어를 제일 잘하는데, 모두들 그녀에게 찾아가 몇몇 영어 문제를 자주 물어본다.

정답 ✓

해설 제시된 문장이 **说话人的同事英语很好。**(화자의 동료는 영어를 잘한다.)이므로 이 내용이 음성에서 언급되는지를 주의 깊게 듣는다. 음성에서 **同事是我们公司英语最好的**(동료는 우리 회사에서 영어를 제일 잘한다)라고 했으므로 제시된 문장과 음성의 내용은 일치한다.

14 상

★ 公园在公司附近。 (　)

那个公园离我家很近，但是离我公司很远。

公园 gōngyuán 명 공원 公司 gōngsī 명 회사
附近 fùjìn 명 근처, 부근 离 lí 개 ~에서, ~으로부터
近 jìn 형 가깝다 但是 dànshì 접 그러나, 하지만
远 yuǎn 형 멀다

★ 공원은 회사 근처에 있다. (　)

그 공원은 우리 집에서 가깝다. 그러나 우리 회사에서는 멀다.

정답 X

해설 제시된 문장이 **公园在公司附近。**(공원은 회사 근처에 있다.)이므로 이 내용이 음성에서 언급되는지를 주의 깊게 듣는다. 음성에서 **公园……离我公司很远**(공원 …… 우리 회사에서는 멀다)이라고 했으므로 공원은 회사 근처에 있지 않다는 것을 알 수 있다. 따라서 제시된 문장과 음성의 내용은 불일치한다.

15 하

★ 儿子喜欢画画儿。 ( )

儿子喜欢画画儿，也喜欢体育，该给他选什么课呢？

画 huà 동 (그림을) 그리다 명 그림 也 yě 부 ~도, 또한
体育 tǐyù 명 체육, 스포츠 该 gāi 조동 ~해야 한다
给 gěi 개 ~에게 동 주다 选 xuǎn 동 고르다, 선택하다
课 kè 명 수업, 과목

★ 아들은 그림 그리는 것을 좋아한다. ( )

아들은 그림 그리는 것을 좋아하고, 체육도 좋아해요. 그에게 어떤 수업을 골라 주어야 좋을까요? 정답 ✓

해설 제시된 문장이 儿子喜欢画画儿。(아들은 그림 그리는 것을 좋아한다.)이므로 이 내용이 음성에서 언급되는지를 주의 깊게 듣는다. 음성에서 儿子喜欢画画儿(아들은 그림 그리는 것을 좋아한다)이라고 했으므로 제시된 문장과 음성의 내용은 일치한다.

16 중

★ 坐地铁过去会迟到。 ( )

那条路上车太多了，你打车去的话会迟到的，还是坐地铁过去吧。

地铁 dìtiě 명 지하철 过去 guòqu 동 가다, 지나가다
迟到 chídào 동 늦다, 지각하다
条 tiáo 양 [가늘고 긴 것을 세는 단위] 路 lù 명 길, 도로
打车 dǎchē 택시를 타다, 택시를 잡다
……的话 ……dehuà 조 ~이면, ~하다면
会……的 huì……de ~할 것이다
还是 háishi 부 ~하는 것이 (더) 좋다

★ 지하철을 타고 가면 늦을 것이다. ( )

그 길에는 차가 너무 많아서, 택시를 타고 가면 늦을 거예요. 지하철을 타고 가는 것이 더 좋겠어요. 정답 X

해설 제시된 문장이 坐地铁过去会迟到。(지하철을 타고 가면 늦을 것이다.)이므로 이 내용이 음성에서 언급되는지를 주의 깊게 듣는다. 음성에서 打车去的话会迟到的(택시를 타고 가면 늦을 거예요)라고 했으므로 지하철이 아닌 택시를 타고 가면 늦을 것임을 알 수 있다. 따라서 제시된 문장과 음성의 내용은 불일치한다.

17 하

★ 图书馆的书可以借两个星期。 ( )

校长说，老师和学生都可以在学校图书馆借书，一次最多可以借五本，每本书能借两个星期。

图书馆 túshūguǎn 명 도서관
可以 kěyǐ 조동 ~할 수 있다, ~해도 좋다
借 jiè 동 빌리다, 빌려 주다 校长 xiàozhǎng 명 교장
次 cì 양 번, 회 最多 zuìduō 최대 每 měi 대 각, 매

★ 도서관 책은 2주 동안 빌릴 수 있다. ( )

교장 선생님께서 선생님과 학생 모두 학교 도서관에서 책을 빌릴 수 있고, 한 번에 최대 다섯 권까지 빌릴 수 있으며, 책 한 권당 각각 2주 동안 빌릴 수 있다고 하셨다. 정답 ✓

해설 제시된 문장이 图书馆的书可以借两个星期。(도서관 책은 2주 동안 빌릴 수 있다.)이므로 이 내용이 음성에서 언급되는지를 주의 깊게 듣는다. 음성에서 图书馆……每本书能借两个星期(도서관 …… 책 한 권당 각각 2주 동안 빌릴 수 있다)라고 했으므로 제시된 문장과 음성의 내용은 일치한다.

18 상

★ 爸爸今天晚上在家。 ( )

爸爸今天不回家，我们去外面吃饭吧。

晚上 wǎnshang 명 저녁 外面 wàimian 명 밖, 바깥
吧 ba 조 [문장 끝에 쓰여 청유·명령·추측을 나타냄]

★ 아빠는 오늘 저녁에 집에 계신다. ( )

아빠는 오늘 집에 오지 않으시니, 우리 밖에 나가서 밥 먹자. 정답 X

해설 제시된 문장이 爸爸今天晚上在家。(아빠는 오늘 저녁에 집에 계신다.)이므로 이 내용이 음성에서 언급되는지를 주의 깊게 듣는다. 음성에서 爸爸今天不回家(아빠는 오늘 집에 오지 않는다)라고 했으므로 아빠는 오늘 저녁에 집에 안 계신다는 것을 알 수 있다. 따라서 제시된 문장과 음성의 내용은 불일치한다.

19 중

★ 那家银行离这儿很远。 ( )

那家银行离这儿很近，你一直往前走，在红绿灯那儿过马路就能看到。

家 jiā ⓐ [가게나 집·점포·공장 등을 세는 단위]
银行 yínháng ⓜ 은행 离 lí ⓖ ~에서, ~으로부터
远 yuǎn ⓗ 멀다 近 jìn ⓗ 가깝다
一直 yìzhí ⓟ 곧장, 줄곧 往 wǎng ⓖ ~으로
走 zǒu ⓓ 가다, 걷다 红绿灯 hónglǜdēng ⓜ 신호등
过 guò ⓓ 건너다, 지나다 马路 mǎlù ⓜ 길, 도로

★ 그 은행은 여기에서 멀다. ( )

그 은행은 여기에서 가까워요. 곧장 앞으로 가서 신호등에서 길을 건너면 바로 보여요. 정답 X

해설 제시된 문장이 那家银行离这儿很远。(그 은행은 여기에서 멀다.)이므로 이 내용이 음성에서 언급되는지를 주의 깊게 듣는다. 음성에서 那家银行离这儿很近(그 은행은 여기에서 가까워요)이라고 했으므로 제시된 문장과 음성의 내용은 불일치한다.

20 중

★ 说话人明天下午要开会。 ( )

明天下午我有一个很重要的会议，所以不能离开公司，你可以接儿子回家吗？

要 yào 조동 ~할 것이다, ~하려고 하다, ~해야 한다
开会 kāihuì ⓓ 회의를 하다 重要 zhòngyào ⓗ 중요하다
会议 huìyì ⓜ 회의 所以 suǒyǐ ⓙ 그래서
离开 líkāi ⓓ 떠나다, 벗어나다 公司 gōngsī ⓜ 회사
可以 kěyǐ 조동 ~할 수 있다, ~해도 좋다
接 jiē ⓓ 데리러 가다, 마중하다

★ 화자는 내일 오후에 회의를 할 것이다. ( )

내일 오후에 제가 중요한 회의가 하나 있어요. 그래서 회사를 떠날 수 없으니 당신이 아들을 데리고 집에 갈 수 있어요? 정답 ✓

해설 제시된 문장이 说话人明天下午要开会。(화자는 내일 오후에 회의를 할 것이다.)이므로 이 내용이 음성에서 언급되는지를 주의 깊게 듣는다. 음성에서 明天下午我有……会议(내일 오후에 제가 …… 회의가 있어요)라고 했으므로 화자는 내일 오후에 회의를 할 것임을 알 수 있다. 따라서 제시된 문장과 음성의 내용은 일치한다.

21 하

A 照相机 B 手表 C 电脑

女：女儿下个月就生日了，要给她送什么礼物呢？
男：她不是喜欢玩儿游戏吗？我们给她买新电脑吧。
问：他们要送女儿什么？

照相机 zhàoxiàngjī ⓜ 카메라
手表 shǒubiǎo ⓜ 손목시계 下个月 xià ge yuè 다음 달
生日 shēngrì ⓜ 생일 给 gěi ⓖ ~에게 ⓓ 주다
送 sòng ⓓ 주다, 선물하다 礼物 lǐwù ⓜ 선물
玩儿 wánr ⓓ 놀다 游戏 yóuxì ⓜ 게임, 놀이
新 xīn ⓗ 새것의, 새롭다

A 카메라 B 손목시계 C 컴퓨터

여: 다음 달이 바로 딸 생일인데, 그녀에게 무슨 선물을 줘야 할까요?
남: 그녀가 게임하는 거 좋아하지 않아요? 우리 그녀에게 새 컴퓨터를 사줍시다.
질문: 그들은 딸에게 무엇을 선물하려고 하는가? 정답 C

해설 제시된 보기가 모두 특정 명사이므로 언급되는 특정 명사에 유의하며 대화를 듣는다. 대화에서 남자가 给她买新电脑吧(그녀에게 새 컴퓨터를 사줍시다)라고 했고, 질문이 그들은 딸에게 무엇을 선물하려고 하는지 물었으므로 C 电脑(컴퓨터)를 정답으로 선택한다.

22 중

A 100年　　B 120年　　C 150年

男: 我们学校应该有很长的历史了吧?
女: 是啊, 到今年已经有一百五十年了。

问: 他们学校有多少年历史了?

应该 yīnggāi 조동 아마도, 마땅히 ~해야 한다
长 cháng 형 길다　历史 lìshǐ 명 역사　到 dào 동 ~까지
已经 yǐjīng 부 벌써, 이미　百 bǎi 수 100, 백

A 100년　　B 120년　　C 150년

남: 우리 학교는 아마 긴 역사가 있겠지?
여: 맞아. 올해까지 벌써 150년이 됐어.

질문: 그들의 학교는 몇 년의 역사가 있는가?

정답 C

해설 제시된 보기가 모두 숫자 표현이므로 숫자에 유의하며 대화를 듣는다. 대화에서 남자가 **我们学校应该有很长的历史了吧?**(우리 학교는 아마 긴 역사가 있겠지?)라고 묻자 여자가 **有一百五十年了**(150년이 됐어)라고 답했다. 질문이 그들의 학교는 몇 년의 역사가 있는지 물었으므로 C 150年(150년)을 정답으로 선택한다.

23 상

A 老师　　B 服务员　　C 医生

女: 您好, 请在2点前帮我打扫一下房间。
男: 好的。一会儿就为您打扫房间。

问: 男的是做什么的?

服务员 fúwùyuán 명 종업원　帮 bāng 동 돕다, 거들다
打扫 dǎsǎo 동 청소하다　一下 yíxià 수량 좀 ~해보다
房间 fángjiān 명 방　一会儿 yíhuìr 수량 이따가, 곧, 잠시
为 wèi 개 ~에게, ~을 위해

A 선생님　　B 종업원　　C 의사

여: 안녕하세요. 두 시 전에 방 청소 좀 해주세요.
남: 네, 이따가 바로 방 청소 해 드리겠습니다.

질문: 남자는 무슨 일을 하는가?

정답 B

해설 제시된 보기가 모두 신분 표현이므로 대화에서 언급되는 신분 표현에 유의하며 대화를 듣는다. 대화에서 여자가 **帮我打扫一下房间**(방 청소 좀 해주세요)이라고 하자 남자가 **一会儿就为您打扫房间。**(이따가 바로 방 청소 해 드리겠습니다.)이라고 답했다. 질문이 남자는 무슨 일을 하는지 물었으므로 남자는 방을 청소하는 종업원임을 알 수 있다. 따라서 B 服务员(종업원)을 정답으로 선택한다.

24 하

A 工作难　　B 太忙了　　C 钱太少

男: 你觉得现在的工作怎么样?
女: 这个工作虽然比较简单, 但是给的钱太少了。

问: 女的觉得现在的工作怎么样?

难 nán 형 어렵다　忙 máng 형 바쁘다
觉得 juéde 동 ~라고 생각하다, ~이라고 여기다
虽然 suīrán 접 비록　比较 bǐjiào 부 비교적, 상대적으로
简单 jiǎndān 형 간단하다, 단순하다
但是 dànshì 접 하지만, 그러나　给 gěi 동 주다 개 ~에게

A 일이 어렵다　　B 너무 바쁘다　　C 돈이 너무 적다

남: 너는 지금 일이 어떻다고 생각해?
여: 이 일은 비록 비교적 간단하지만, 주는 돈이 너무 적어.

질문: 여자는 지금 일이 어떻다고 생각하는가?

정답 C

해설 제시된 보기가 모두 상태·상황 관련 표현이므로 상태·상황과 관련된 내용에 유의하며 대화를 듣는다. 대화에서 남자가 지금 일이 어떻다고 생각하는지 묻자 여자가 **工作……给的钱太少了**(일 …… 주는 돈이 너무 적어)라고 답했다. 질문이 여자는 지금 일이 어떻다고 생각하는지 물었으므로 C 钱太少(돈이 너무 적다)를 정답으로 선택한다.

25 중

A 吃饭　　B 看书　　C 洗澡

女: 不好意思, 刚才我在图书馆看书, 没接到电话。
男: 没关系, 我快到了, 你出来吧。

问: 女的刚才在做什么?

洗澡 xǐzǎo 동 샤워하다, 목욕하다
不好意思 bùhǎoyìsi 죄송합니다
刚才 gāngcái 명 방금, 지금
图书馆 túshūguǎn 명 도서관
接 jiē 동 (전화를) 받다, 마중하다
快……了 kuài……le 곧 ~하려고 하다　到 dào 동 도착하다

A 밥을 먹는다　　B 책을 본다　　C 샤워한다

여: 죄송합니다. 방금 제가 도서관에서 책을 보느라 전화를 못 받았어요.
남: 괜찮아요. 제가 곧 도착하니, 나오세요.

질문: 여자는 방금 무엇을 하고 있었는가?　　정답 B

해설 제시된 보기가 모두 행동 관련 표현이므로 행동과 관련된 내용에 유의하며 대화를 듣는다. 대화에서 여자가 刚才我……看书(방금 제가 …… 책을 봤다)라고 했고, 질문이 여자는 방금 무엇을 하고 있었는지 물었으므로 B 看书(책을 본다)를 정답으로 선택한다.

26 상

A 开车　　B 爬山　　C 踢足球

男: 前面人很多, 你开慢点儿。
女: 知道了, 我会注意的。

问: 女的最可能在做什么?

开车 kāichē 동 차를 운전하다　爬山 páshān 동 등산하다
踢足球 tī zúqiú 축구를 하다　开 kāi 동 운전하다
慢 màn 형 느리다　知道 zhīdào 동 알다
注意 zhùyì 동 주의하다, 조심하다

A 차를 운전한다　　B 등산한다　　C 축구를 한다

남: 앞에 사람 많으니 천천히 운전하세요.
여: 알겠어요. 주의할게요.

질문: 여자는 아마도 무엇을 하고 있겠는가?　　정답 A

해설 제시된 보기가 모두 행동 관련 표현이므로 행동과 관련된 내용에 유의하며 대화를 듣는다. 대화에서 남자가 开慢点儿(천천히 운전하세요)이라고 한 내용을 듣고 A 开车(차를 운전한다)를 정답의 후보로 체크해 둔다. 질문이 여자는 아마도 무엇을 하고 있는지 물었으므로 A 开车(차를 운전한다)를 정답으로 선택한다. 참고로, 开는 '열다, 켜다'라는 뜻 이외에 '운전하다'라는 뜻으로도 자주 쓰임을 알아 둔다.

27 중

A 有点忙　　B 有时间　　C 不在家

女: 小新, 你现在有时间吗? 我想问你一些问题。
男: 不好意思, 我现在有点儿忙, 一会儿给你讲可以吗?

问: 男的现在怎么样?

有点(儿) yǒudiǎn(r) 부 조금, 약간　忙 máng 형 바쁘다
时间 shíjiān 명 시간　问 wèn 동 묻다, 질문하다
问题 wèntí 명 문제, 질문
不好意思 bùhǎoyìsi 미안합니다, 죄송합니다
一会儿 yíhuìr 수량 이따가, 곧, 잠시
给 gěi 개 ~에게　동 주다　讲 jiǎng 동 설명하다, 말하다
可以 kěyǐ 조동 ~해도 되다, ~할 수 있다

A 조금 바쁘다　　B 시간이 있다　　C 집에 없다

여: 샤오신, 너 지금 시간 있니? 나 너에게 몇몇 문제를 물어보고 싶어.
남: 미안, 내가 지금 조금 바빠서 이따가 네게 설명해 줘도 될까?

질문: 남자는 지금 어떠한가?　　정답 A

해설 제시된 보기가 모두 상태·상황 관련 표현이므로 상태·상황과 관련된 내용에 유의하며 대화를 듣는다. 대화에서 남자가 我现在有点儿忙(내가 지금 조금 바쁘다)이라고 했고, 질문이 남자는 지금 어떠한지 물었으므로 A 有点忙(조금 바쁘다)을 정답으로 선택한다.

28 상

A 天阴了　　B 快结婚了　　C 今天是周末

男: 快起床吧, 都快八点了, 再不起来就要迟到了。
女: 你忘了吗? 今天是星期六, 不用上班。

问: 女的为什么还没起床?

阴 yīn 형 (하늘이) 흐리다
快……了 kuài……le 곧 ~하려고 하다
结婚 jiéhūn 동 결혼하다　周末 zhōumò 명 주말
起床 qǐchuáng 동 일어나다, 기상하다
都 dōu 부 벌써, 이미　再 zài 부 ~한다면
起来 qǐlai 동 일어나다, 일어서다
迟到 chídào 동 지각하다　忘 wàng 동 잊다
不用 búyòng 부 ~할 필요 없다
上班 shàngbān 동 출근하다

A 날이 흐려졌다　　B 곧 결혼한다　　C 오늘은 주말이다

남: 빨리 일어나세요. 벌써 여덟 시가 다 되어 가요. 더 이상 일어나지 않으면 지각이에요.
여: 당신 잊었어요? 오늘 토요일이잖아요. 출근할 필요 없어요.

질문: 여자는 왜 아직 일어나지 않았는가?

정답 C

해설 제시된 보기가 모두 상태·상황 관련 표현이므로 상태·상황과 관련된 내용에 유의하며 대화를 듣는다. 대화에서 남자가 快起床吧(빨리 일어나세요)라고 하자, 여자가 今天是星期六, 不用上班。(오늘 토요일이잖아요. 출근할 필요 없어요.)이라고 답했다. 질문이 여자는 왜 아직 일어나지 않았는지 물었으므로 C 今天是周末(오늘은 주말이다)를 정답으로 선택한다. 참고로, 보기의 周末(주말)가 대화에서 星期六(토요일)로 바뀌어 표현되었음을 알아 둔다.

29 중

A 公园　　B 银行　　C 教室

女: 您好, 先生, 有什么可以帮您的吗?
男: 我的银行卡找不到了, 我想办一张新的。

问: 他们最可能在哪儿?

公园 gōngyuán 명 공원　银行 yínháng 명 은행
教室 jiàoshì 명 교실　银行卡 yínhángkǎ 은행 카드
找 zhǎo 동 찾다　办 bàn 동 발급하다, 처리하다
张 zhāng 양 장[종이나 가죽 등을 세는 단위]
新 xīn 형 새롭다 부 새로

A 공원　　B 은행　　C 교실

여: 안녕하세요 선생님, 무엇을 도와 드릴까요?
남: 제 은행 카드를 찾을 수 없어서, 새로 한 장 발급받고 싶어요.

질문: 그들은 어디에 있을 가능성이 가장 큰가?

정답 B

해설 제시된 보기가 모두 장소 관련 표현이므로 장소와 관련된 내용에 유의하며 대화를 듣는다. 대화에서 남자가 银行卡……想办一张新的(은행 카드 …… 새로 한 장 발급받고 싶어요)라고 한 내용을 듣고 B 银行(은행)을 정답의 후보로 체크해 둔다. 질문이 그들은 어디에 있을 가능성이 가장 큰지 물었으므로 은행 카드를 발급받을 수 있는 장소인 B 银行(은행)을 정답으로 선택한다.

30 하

A 锻炼　　B 工作　　C 睡觉

男: 坐了这么长时间的火车, 累了吧?
女: 还好, 没那么累, 我一上火车就睡觉了。

问: 女的在火车上做了什么?

锻炼 duànliàn 동 단련하다　这么 zhème 대 이렇게, 이런
长 cháng 형 길다　时间 shíjiān 명 시간
累 lèi 형 피곤하다　还好 hái hǎo (그런대로, 대체로) 괜찮다
那么 nàme 대 그렇게, 그런
一……就…… yī…… jiù…… ~하자마자 ~하다
上 shàng 동 타다, 오르다

A 단련한다　　B 일한다　　C 잠을 잔다

남: 이렇게 오랜 시간 기차를 타다니, 피곤하시죠?
여: 괜찮아요. 그렇게 피곤하지 않아요. 저는 기차에 타자마자 잠을 잤어요.

질문: 여자는 기차에서 무엇을 했는가?

정답 C

해설 제시된 보기가 모두 행동 관련 표현이므로 행동과 관련된 내용에 유의하며 대화를 듣는다. 대화에서 여자가 **我一上火车就睡觉了**(저는 기차에 타자마자 잠을 잤어요)라고 했고, 질문이 여자는 기차에서 무엇을 했는지 물었으므로 C **睡觉**(잠을 잔다)를 정답으로 선택한다.

31 중

A 六层　　B 七层　　C 八层

男: 我已经到你家附近了, 你家在五层吧?
女: 不是, 在六层, 是605, 电梯右边第三家就是。
男: 好的, 我马上就上去。
女: 知道了, 我给你开门。

问: 女的家在第几层?

层 céng 양 층　已经 yǐjīng 부 벌써, 이미
到 dào 동 도착하다　附近 fùjìn 명 근처
电梯 diàntī 명 엘리베이터　右边 yòubian 명 오른쪽
马上 mǎshàng 부 곧, 금방
上去 shàngqu 동 올라가다, 오르다　知道 zhīdào 동 알다
门 mén 명 문

A 6층　　B 7층　　C 8층

남: 나 벌써 너희 집 근처에 도착했어. 너희 집 5층이지?
여: 아니, 6층이야. 605호. 바로 엘리베이터 오른쪽 세 번째 집이야.
남: 응. 나 곧 올라갈게.
여: 알겠어. 문 열어 줄게.

질문: 여자의 집은 몇 층인가?　　정답 A

해설 제시된 보기가 모두 숫자 표현이므로 숫자에 유의하며 대화를 듣는다. 남자가 **你家在五层吧?**(너희 집 5층이지?)라고 묻자 여자가 **不是, 在六层**(아니, 6층이야)이라고 답했다. 질문이 여자의 집은 몇 층인지 물었으므로 A **六层**(6층)을 정답으로 선택한다.

32 중

A 很着急　　B 发烧了　　C 耳朵疼

女: 王老师, 您好, 我是张东的妈妈。
男: 您好, 您来学校有什么事吗?
女: 张东昨天晚上开始发烧了, 我想给他请一天假。
男: 好的, 没问题。希望他能快点儿好起来。

问: 张东怎么了?

着急 zháojí 형 조급하다, 초조하다
发烧 fāshāo 동 열이 나다　耳朵 ěrduo 명 귀
疼 téng 형 아프다　事 shì 명 일
晚上 wǎnshang 명 저녁　开始 kāishǐ 동 시작하다
请假 qǐngjià 동 결석, 휴가를 신청하다
没问题 méiwèntí 문제없다
希望 xīwàng 동 바라다, 희망하다
好起来 hǎo qǐlai 낫다, 좋아지다

A 조급하다　　B 열이 난다　　C 귀가 아프다

여: 왕 선생님, 안녕하세요. 저는 장둥의 엄마입니다.
남: 안녕하세요. 무슨 일이 있으셔서 학교에 오셨나요?
여: 장둥이 어제 저녁부터 열이 나기 시작해서, 하루 결석 신청을 하려고 합니다.
남: 네, 문제없어요, 그가 빨리 나을 수 있기를 바라요.

질문: 장둥은 무슨 일인가?　　정답 B

해설 제시된 보기가 모두 상태·상황 관련 표현이므로 상태·상황과 관련된 내용에 유의하며 대화를 듣는다. 여자가 **张东……发烧了**(장둥이 …… 열이 났다)라고 했고, 질문이 장둥은 무슨 일인지 물었으므로 B **发烧了**(열이 난다)를 정답으로 선택한다.

33 상

A 张老师　　B 妹妹　　C 奶奶

男: 张老师, 照片上的小女孩儿真可爱, 是你女儿吗?
女: 不是, 照片上的人是我啊!
男: 真的吗? 你女儿和小时候的你长得太像了。
女: 是的, 很多人都这么说。

问: 照片上的女孩儿是谁?

妹妹 mèimei 명 여동생　奶奶 nǎinai 명 할머니
照片 zhàopiàn 명 사진　女孩儿 nǚháir 여자 아이
真 zhēn 부 정말, 진짜로　可爱 kě'ài 형 귀엽다
小时候 xiǎoshíhou 어릴 때
长 zhǎng 동 생기다, 자라다, 나다
像 xiàng 동 닮다, ~와 같다

A 장 선생님　　B 여동생　　C 할머니

남: 장 선생님, 사진 속 여자 아이 정말 귀엽네요. 당신의 딸이에요?
여: 아니에요. 사진 속 사람은 저예요!
남: 정말요? 딸이 어릴 때의 장 선생님과 생긴 것이 너무 닮았어요.
여: 맞아요. 많은 사람들이 그렇게 말해요.

질문: 사진 속 여자 아이는 누구인가?

정답 A

해설 제시된 보기가 모두 신분 표현이므로 대화에서 언급되는 신분 표현에 유의하며 대화를 듣는다. 남자가 **张老师, 照片上的小女孩儿……是你女儿吗?**(장 선생님, 사진 속 여자 아이 …… 당신의 딸이에요?)라고 묻자, 여자가 **照片上的人是我啊!**(사진 속 사람은 저예요!)라고 답했다. 질문이 사진 속 여자 아이는 누구인지 물었으므로 A **张老师**(장 선생님)을 정답으로 선택한다.

34 상

A 电影院　　B 办公室　　C 饭店

女: 小月, 我准备去看中国电影, 你要不要一起去?
男: 我不去了, 我要去图书馆复习。而且中国电影对我来说太难了。
女: 那我看完电影之后找你, 晚上我们一起吃饭吧。
男: 好, 我知道一家很好吃的饭店。

问: 他们晚上要去哪儿?

电影院 diànyǐngyuàn 명 영화관
办公室 bàngōngshì 명 사무실
准备 zhǔnbèi 동 ~하려고 하다, 준비하다
一起 yìqǐ 부 같이　图书馆 túshūguǎn 명 도서관
复习 fùxí 동 복습하다　而且 érqiě 접 게다가, 또한
对……来说 duì…láishuō ~에게 있어서
难 nán 형 어렵다, 힘들다　找 zhǎo 동 찾다, 구하다
晚上 wǎnshang 명 저녁　知道 zhīdào 동 알다
家 jiā 양 [가게나 집·점포·공장 등을 세는 단위]
好吃 hǎochī 형 맛있다

A 영화관　　B 사무실　　C 식당

여: 샤오위에, 나 중국 영화 보러 가려고 하는데, 너 같이 갈래?
남: 나는 안 갈래. 나는 도서관에 가서 복습할 거야. 게다가 중국 영화는 나에게 너무 어려워.
여: 그러면 내가 영화 끝나고 너를 찾아올게, 저녁에 우리 같이 밥 먹자.
남: 좋아, 나 맛있는 식당을 하나 알고 있어.

질문: 그들은 저녁에 어디에 가려고 하는가?

정답 C

해설 제시된 보기가 모두 장소 관련 표현이므로 장소와 관련된 내용에 유의하며 대화를 듣는다. 여자가 **晚上我们一起吃饭吧**(저녁에 우리 같이 밥 먹자)라고 하자, 남자가 **我知道一家很好吃的饭店**(나 맛있는 식당을 하나 알고 있어)이라고 했다. 질문이 그들은 저녁에 어디에 가려고 하는지 물었으므로 C **饭店**(식당)을 정답으로 선택한다.

35 하

A 做蛋糕　　B 听音乐　　C 吃面包

男: 今天的比赛结束了吗?
女: 还没有, 大家都很热情, 现在还在聊天。
男: 你在做什么呢?
女: 我在给大家做蛋糕呢。

问: 女的在做什么?

蛋糕 dàngāo 명 케이크　音乐 yīnyuè 명 음악
面包 miànbāo 명 빵　比赛 bǐsài 명 시합, 경기
结束 jiéshù 동 끝나다, 마치다
大家 dàjiā 대 모두들, 여러분
热情 rèqíng 형 열정적이다, 친절하다
还 hái 부 아직, 여전히　聊天 liáotiān 동 이야기하다
给 gěi 개 ~를 위하여, ~에게 동 주다

A 케이크를 만든다　　B 음악을 듣는다　　C 빵을 먹는다

남: 오늘 시합 끝났어요?
여: 아직이요. 모두들 매우 열정적이에요. 지금 아직도 이야기하고 있어요.
남: 당신은 무엇을 하고 있어요?
여: 저는 여러분을 위해 케이크를 만들고 있어요.

질문: 여자는 무엇을 하고 있는가?　　정답 A

해설 제시된 보기가 모두 행동 관련 표현이므로 행동과 관련된 내용에 유의하며 대화를 듣는다. 남자가 여자에게 무엇을 하고 있냐고 묻자, 여자가 **我在给大家做蛋糕呢。**(저는 여러분을 위해 케이크를 만들고 있어요.)라고 답했다. 질문이 여자는 무엇을 하고 있는지 물었으므로 A **做蛋糕**(케이크를 만든다)를 정답으로 선택한다.

36 하

A 家人　　B 天气　　C 环境

女: 新闻里说明天要下雨。
男: 不会吧, 我和我女朋友明天要去爬山呢。
女: 最近天气一直不太好, 你们还是下次再去吧。
男: 这个天气真让人头疼。

问: 他们在说什么?

家人 jiārén 명 가족, 한 집안 식구　环境 huánjìng 명 환경
新闻 xīnwén 명 뉴스　爬山 páshān 동 등산하다
最近 zuìjìn 명 요즘, 최근　一直 yìzhí 부 계속, 줄곧
不太 bú tài 별로 ~지 않다
还是 háishi 부 ~하는 것이 (더) 좋다　下次 xiàcì 다음번
再 zài 부 다시, 재차　让 ràng 동 ~하게 하다
头疼 tóuténg 형 머리가 아프다

A 가족　　B 날씨　　C 환경

여: 뉴스에서 내일 비가 온다고 하네요.
남: 그럴 리가 없어요. 저와 제 여자친구는 내일 등산 가기로 했는데요.
여: 요즘 날씨가 계속 별로 안 좋은데, 다음번에 다시 가는 것이 좋겠어요.
남: 날씨가 정말 사람 머리 아프게 하네요.

질문: 그들은 무엇을 이야기하고 있는가?　　정답 B

해설 제시된 보기가 모두 특정 명사이므로 보기에서 언급되는 특정 명사에 유의하며 대화를 듣는다. 여자의 말에서 **下雨**(비가 오다), **天气一直不太好**(날씨가 계속 별로 안 좋다)가 언급되었고, 남자의 말에서 **天气**(날씨)가 언급되었다. 질문이 그들은 무엇을 이야기하고 있는지 물었으므로 B **天气**(날씨)를 정답으로 선택한다.

37 중

A 教历史　　B 很热情　　C 变化很大

男：我刚才在学校遇到高老师了。
女：我好多年没见到他了，他最近怎么样？
男：他现在还在教六年级的历史课呢。
女：是吗？听说他快70岁了，但身体一直都很不错。

问：关于高老师，可以知道什么？

教 jiāo 동 가르치다　历史 lìshǐ 명 역사
热情 rèqíng 형 친절하다, 열정적이다
变化 biànhuà 명 변화 동 변화하다
刚才 gāngcái 명 방금　遇到 yùdào 동 마주치다, 만나다
最近 zuìjìn 명 요즘, 최근　还 hái 부 여전히, 아직
年级 niánjí 명 학년　课 kè 명 수업, 강의
听说 tīngshuō 동 듣자 하니
快……了 kuài……le 곧 ~하려고 하다
身体 shēntǐ 명 건강, 몸, 신체　一直 yìzhí 부 줄곧, 계속
不错 búcuò 형 좋다, 괜찮다　关于 guānyú 개 ~에 관해

A 역사를 가르친다　　B 친절하다　　C 변화가 크다

남: 나 방금 학교에서 까오 선생님을 마주쳤어.
여: 나는 그를 여러 해 동안 뵙지 못했어. 그는 요즘 어떠셔?
남: 그는 지금 여전히 6학년 역사 수업을 가르치셔.
여: 그래? 듣자 하니 곧 70세가 다 되어 가신다던데, 줄곧 건강이 좋으시네.

질문: 까오 선생님에 관해, 알 수 있는 것은?　　정답 A

해설 제시된 보기가 모두 상태·상황 관련 표현이므로 상태·상황과 관련된 내용에 유의하며 대화를 듣는다. 남자가 **高老师……教……历史课**(까오 선생님 …… 가르친다 …… 역사 수업)라고 했고, 질문이 까오 선생님에 관해 알 수 있는 것은 무엇인지 물었으므로 A **教历史**(역사를 가르친다)을 정답으로 선택한다.

38 중

A 搬家　　B 找同学　　C 去买菜

女：我想这周末请几个同事来家里吃饭。
男：可以啊，给他们准备什么菜好呢？
女：我还不知道他们喜欢吃什么，明天得先问问他们了。
男：好的，明天晚上我们一起去超市买菜吧。

问：男的想和女的做什么？

搬家 bānjiā 동 이사하다　找 zhǎo 동 찾다, 구하다
周末 zhōumò 명 주말　同事 tóngshì 명 동료
给 gěi 개 ~에게 동 주다　准备 zhǔnbèi 동 준비하다
知道 zhīdào 동 알다　得 děi 조동 ~해야 한다
先 xiān 부 먼저, 우선　问 wèn 동 묻다, 질문하다
晚上 wǎnshang 명 저녁　一起 yìqǐ 부 같이
超市 chāoshì 명 마트, 슈퍼마켓

A 이사한다　　B 동창을 찾는다　　C 채소를 사러 간다

여: 나는 이번 주말에 동료 몇 명을 집으로 초대해서 밥을 먹으려고 해.
남: 좋지. 그들에게 어떤 요리를 준비해 줘야 좋을까?
여: 나는 그들이 무엇을 먹는 것을 좋아하는지 아직 모르겠어. 내일 그들에게 먼저 물어봐야 겠어.
남: 좋아. 내일 저녁에 우리 같이 마트에 채소를 사러 가자.

질문: 남자는 여자와 무엇을 하려고 하는가?　　정답 C

해설 제시된 보기가 모두 행동 관련 표현이므로 행동과 관련된 내용에 유의하며 대화를 듣는다. 남자가 **明天晚上我们一起去超市买菜吧**(내일 저녁에 우리 같이 마트에 채소를 사러 가자)라고 했고, 질문이 남자는 여자와 무엇을 하려고 하는지 물었으므로 C **去买菜**(채소를 사러 간다)를 정답으로 선택한다.

39 중

A 不愿意吃饭　B 想点便宜的　C 不想喝甜的

男: 服务员, 你们这儿有什么饮料?
女: 除了咖啡和茶, 我们还有牛奶和奶茶。
男: 我不太想喝甜的, 给我来杯牛奶吧。
女: 好的, 先生, 我们马上给您送来。

问: 男的为什么选择了牛奶?

愿意 yuànyì 동 ~하고 싶다, 원하다　点 diǎn 동 주문하다
便宜 piányi 형 (값이) 싸다　甜 tián 형 달다
服务员 fúwùyuán 명 종업원　饮料 yǐnliào 명 음료
除了 chúle 개 ~외에, ~을(를) 제외하고
咖啡 kāfēi 명 커피　牛奶 niúnǎi 명 우유
奶茶 nǎichá 명 밀크티　给 gěi 개 ~에게 동 주다
来 lái 동 어떤 동작을 하다[의미가 구체적인 동사를 대체함]
马上 mǎshàng 부 곧, 금방　送 sòng 동 주다, 선물하다
选择 xuǎnzé 동 선택하다, 고르다

A 밥을 먹고 싶지 않다　B 싼 것을 주문하려고 한다　C 단 것을 마시고 싶지 않다

남: 종업원, 여기에는 어떤 음료가 있나요?
여: 커피와 차 이외에, 우유와 밀크티도 있습니다.
남: 저는 단 것은 그다지 마시고 싶지 않아요. 우유 한 잔 주세요.
여: 네, 선생님. 곧 가져다 드릴게요.

질문: 남자는 왜 우유를 선택하였는가?　정답 C

해설 제시된 보기가 모두 상태·상황 관련 표현이므로 상태·상황과 관련된 내용에 유의하며 대화를 듣는다. 남자가 **我不太想喝甜的, 给我来杯牛奶吧。**(저는 단 것은 그다지 마시고 싶지 않아요, 우유 한 잔 주세요.)라고 했고, 질문이 남자는 왜 우유를 선택하였는지 물었으므로 C **不想喝甜的**(단 것을 마시고 싶지 않다)를 정답으로 선택한다.

40 중

A 红色　B 黑色　C 白色

女: 老李, 桌子上的那个黑色的杯子是你的吗?
男: 我的杯子不是黑色的, 是蓝色的。
女: 那会是谁的呢?
男: 应该是经理的, 他昨天用的杯子就是黑色的。

问: 经理的杯子可能是什么颜色的?

红色 hóngsè 명 빨간색　黑色 hēisè 명 검은색
白色 báisè 명 흰색　蓝色 lánsè 명 파란색
应该 yīnggāi 조동 아마도, 마땅히 ~해야 한다
经理 jīnglǐ 명 사장, 매니저　用 yòng 동 사용하다, 쓰다
就 jiù 부 바로, 곧　颜色 yánsè 명 색, 색깔

A 빨간색　B 검은색　C 흰색

여: 라오리, 탁자 위의 저 검은색 컵은 당신 것이에요?
남: 제 컵은 검은색이 아니고 파란색이에요.
여: 그럼 누구의 것일까요?
남: 아마 사장님 것일 거예요. 그가 어제 사용한 컵이 바로 검은색이었어요.

질문: 사장님의 컵은 아마도 무슨 색인가?　정답 B

해설 제시된 보기가 모두 색깔을 나타내는 표현이므로 보기에서 언급된 색깔에 유의하며 대화를 듣는다. 여자가 **黑色的杯子是你的吗?**(검은색 컵은 당신 것이에요?)라고 묻자, 남자가 **应该是经理的**(아마 사장님 것일 거예요)라고 답했다. 질문이 사장님의 컵은 아마도 무슨 색인지 물었으므로 B **黑色**(검은색)를 정답으로 선택한다.

二、阅读 독해

독해 mp3
바로듣기

41-45

A 我记得车里没东西啊，你要不要再找一下？
B 我们上周还一起喝过咖啡呢。
C 是啊，去年我和丈夫带孩子来这儿旅游过。
D 因为我找不到今天要穿的衣服了。
~~E~~ 我们先坐地铁2号线，然后换公共汽车。
F 放心吧，我会好好照顾它的。

记得 jìde 동 기억하고 있다　再 zài 부 다시, 재차
找 zhǎo 동 찾다　一下 yíxià 수량 한번 ~해보다
上周 shàngzhōu 지난주　一起 yìqǐ 부 같이, 함께
过 guo 조 ~한 적이 있다　咖啡 kāfēi 명 커피
去年 qùnián 명 작년　丈夫 zhàngfu 명 남편
带 dài 동 데리다, 가지다　孩子 háizi 명 아이, 애
旅游 lǚyóu 동 여행하다　因为 yīnwèi 접 ~하기 때문에
找不到 zhǎo bu dào 찾을 수 없다
穿 chuān 동 (옷·신발·양말 등을) 입다, 신다
先 xiān 부 먼저　地铁 dìtiě 명 지하철
然后 ránhòu 접 그 다음에　换 huàn 동 갈아타다, 바꾸다
公共汽车 gōnggòng qìchē 명 버스
放心 fàngxīn 동 마음을 놓다, 안심하다
会 huì 조동 ~할 것이다　好好 hǎohāo 부 잘, 푹
照顾 zhàogù 동 돌보다, 보살피다
它 tā 대 그, 그것[사람 이외의 것을 가리킴]

A 제가 기억하기로는 차 안에 물건이 없었는데, 다시 한번 찾아 보실래요?
B 우리 지난주에 같이 커피도 마신 적이 있는걸요.
C 네, 작년에 저와 남편이 아이를 데리고 여기에 와서 여행한 적이 있어요.
D 오늘 입을 옷을 찾을 수 없기 때문이에요.
~~E~~ 우리 먼저 지하철 2호선을 타고, 그 다음에 버스로 갈아타자.
F 마음 놓으세요. 제가 그를 잘 돌볼게요.

* E는 예시 보기이므로 취소선을 그은 후, 이를 제외한 나머지 5개의 보기 중에서 정답을 고른다.

41 상

你们两个人多久没见面了？

两 liǎng 수 둘, 2　久 jiǔ 형 오래되다
见面 jiànmiàn 동 만나다, 대면하다

너희 두 사람 얼마나 오래 안 만났어?　정답 B

해설 문제가 你们两个人多久没见面了？(너희 두 사람 얼마나 오래 안 만났어?)라고 했으므로, 지난주에도 만났다는 상황으로 연결되는 보기 B 我们上周还一起喝过咖啡呢。(우리 지난주에 같이 커피도 마신 적이 있는걸요.)를 정답으로 선택한다.

42 하

我的钱包找不到了，是不是放在你的车上了？

找不到 zhǎo bu dào 찾을 수 없다
放 fàng 동 두다, 놓다, 넣다

제 지갑을 못 찾겠어요. 당신 차에 두고 온 것 아닐까요?　정답 A

해설 문제의 핵심어구가 车(차)이므로 车(차)가 언급된 보기 A 我记得车里没东西啊，你要不要再找一下？(제가 기억하기로는 차 안에 물건이 없었는데, 다시 한번 찾아 보실래요?)를 정답으로 선택한다.

43 중

你怎么还在家?

还 hái 부 아직, 여전히

당신 왜 아직 집에 있어요?

정답 D

해설 문제가 怎么(왜)를 사용한 의문문이고, 아직 집에 있는 이유로 연결되는 보기 D 因为我找不到今天要穿的衣服了。(오늘 입을 옷을 찾을 수 없기 때문이에요.)를 정답으로 선택한다.

44 상

你以前来过这个地方吗?

以前 yǐqián 명 예전, 이전 过 guo 조 ~한 적이 있다
地方 dìfang 명 곳, 장소

당신 예전에 이곳에 와 본 적 있어요?

정답 C

해설 문제가 你以前来过这个地方吗?(당신 예전에 이곳에 와 본 적 있어요?)라고 했으므로, 是啊(네)라고 답변한 후 이곳에 와서 여행한 적이 있다는 상황으로 연결되는 보기 C 是啊，去年我和丈夫带孩子来这儿旅游过。(네, 작년에 저와 남편이 아이를 데리고 여기에 와서 여행한 적이 있어요.)를 정답으로 선택한다.

45 중

我要出去五天，请你帮我照顾一下小狗。

要 yào 조동 ~해야 한다, ~할 것이다, ~하려고 하다
出去 chūqu 동 나가다 帮 bāng 동 돕다
照顾 zhàogù 동 돌보다, 보살피다
一下 yíxià 수량 좀 ~해보다

제가 5일간 나가 있어야 하는데, 제 강아지 좀 돌봐 주세요.

정답 F

해설 문제의 핵심어구가 小狗(강아지)이므로 它(그)가 언급된 보기 F 放心吧，我会好好照顾它的。(마음 놓으세요. 제가 그를 잘 돌볼게요.)를 정답으로 선택한다.

46-50

A 这几天我太忙了，都没有休息过。
B 我喜欢打篮球，踢足球和看书。
C 一天两次，而且要在吃饭前吃。
D 后面的那个红色笔记本是你的吗?
E 不，他以前不喜欢吃面条。

这几天 zhè jǐ tiān 요 며칠 太……了 tài……le 너무 ~하다
忙 máng 형 바쁘다 休息 xiūxi 동 쉬다, 휴식하다
过 guo 조 ~한 적이 있다 打篮球 dǎ lánqiú 농구를 하다
踢足球 tī zúqiú 축구를 하다 两 liǎng 수 둘, 2
次 cì 양 번, 회 而且 érqiě 접 또한, 게다가
红色 hóngsè 명 빨간색 笔记本 bǐjìběn 명 노트, 노트북
以前 yǐqián 명 예전, 이전 面条 miàntiáo 명 국수

A 요 며칠 제가 너무 바빠서, 쉰 적도 없어요.
B 저는 농구 하는 것, 축구 하는 것과 책 읽는 것을 좋아해요.
C 하루에 두 번이요. 또한 밥 먹기 전에 먹어야 해요.
D 뒤의 저 빨간색 노트는 당신 것인가요?
E 아뇨, 그는 예전에 국수 먹는 것을 좋아하지 않았어요.

46 하

我的不是红色的，而是黑色的。

不是……而是…… búshì……érshì…… ~가 아니라 ~이다
红色 hóngsè 명 빨간색 黑色 hēisè 명 검은색

제 것은 빨간색이 아니라, 검은색이에요.

정답 D

해설 문제의 핵심어구가 红色(빨간색)이므로, 红色(빨간색)가 언급된 보기 D 后面的那个红色笔记本是你的吗?(뒤의 저 빨간색 노트는 당신 것인가요?)를 정답으로 선택한다.

47 중	你的爱好是什么?	爱好 àihào 명 취미
	당신의 취미는 무엇인가요?	정답 B

해설 문제가 你的爱好是什么?(당신의 취미는 무엇인가요?)라고 했으므로, 취미를 묻는 질문에 대한 답변으로 연결되는 보기 B 我喜欢打篮球, 踢足球和看书。(저는 농구 하는 것, 축구 하는 것과 책 읽는 것을 좋아해요.)를 정답으로 선택한다.

48 중	这种药每天要吃几次?	种 zhǒng 양 종류, 가지 药 yào 명 약 每天 měi tiān 매일 要 yào 조동 ~해야 한다, ~할 것이다 次 cì 양 번, 회
	이런 종류의 약은 매일 몇 번 먹어야 하나요?	정답 C

해설 문제가 几次(몇 번)를 사용한 의문문이므로, 几次에 해당하는 답변인 两次(두 번)가 언급된 보기 C 一天两次, 而且要在吃饭前吃。(하루에 두 번이요. 또한 밥 먹기 전에 먹어야 해요.)을 정답으로 선택한다.

49 하	你弟弟一直都喜欢吃面条吗?	弟弟 dìdi 명 남동생 一直 yìzhí 부 줄곧, 계속 面条 miàntiáo 명 국수
	당신의 남동생은 줄곧 국수 먹는 것을 좋아했어요?	정답 E

해설 문제의 핵심어구가 面条(국수)이므로 面条(국수)가 언급된 보기 E 不, 他以前不喜欢吃面条。(아뇨, 그는 예전에 국수 먹는 것을 좋아하지 않았어요.)를 정답으로 선택한다.

50 상	你最近看起来很累啊。	最近 zuìjìn 명 요즘, 최근 看起来 kànqǐlai ~해 보이다, 보기에 累 lèi 형 피곤하다, 지치다
	당신 요즘 피곤해 보여요.	정답 A

해설 문제가 你最近看起来很累啊。(당신 요즘 피곤해 보여요.)라고 했으므로, 요즘 피곤한 이유를 설명하는 상황으로 연결되는 보기 A 这几天我太忙了, 都没有休息过。(요 며칠 제가 너무 바빠서, 쉰 적도 없어요.)를 정답으로 선택한다.

51-55

A 复习	B 一定	C 有名	复习 fùxí 동 복습하다 一定 yídìng 부 반드시, 꼭 有名 yǒumíng 형 유명하다 别人 biérén 대 다른 사람, 타인 声音 shēngyīn 명 목소리, 소리 影响 yǐngxiǎng 동 영향을 주다 명 영향
D 别人	~~E~~ 声音	F 影响	
A 복습하다	B 반드시	C 유명하다	
D 다른 사람	~~E~~ 목소리	F 영향을 주다	

* E 声音(목소리)은 예시 어휘이므로, 이를 제외한 나머지 5개의 보기 중에서 정답을 고른다.

51 중

为了准备明天的考试，他一直在图书馆（A 复习）。

为了 wèile 개 ~을 하기 위하여, ~을 위해서
准备 zhǔnbèi 동 준비하다
考试 kǎoshì 명 시험 동 시험을 보다(치다)
一直 yìzhí 부 줄곧, 계속 图书馆 túshūguǎn 명 도서관
复习 fùxí 동 복습하다

내일의 시험을 준비하기 위해, 그는 줄곧 도서관에서 (A 복습한다). 정답 A

해설 빈칸 앞에 주어 他(그)가 있고, 문장에 술어가 없으므로 술어가 될 수 있으면서 문맥에도 알맞은 동사 A 复习(복습하다)를 정답으로 선택한다.

52 하

我打扫房间会不会（F 影响）你写作业？

打扫 dǎsǎo 동 청소하다 房间 fángjiān 명 방
影响 yǐngxiǎng 동 영향을 주다 명 영향
写作业 xiě zuòyè 숙제를 하다

내가 방을 청소하는 것이 네가 숙제를 하는 것에 (F 영향을 주)니? 정답 F

해설 빈칸 앞에 조동사 会(~할 것 이다)가 있으므로 술어로 쓰일 수 있는 동사 F 影响(영향을 주다)을 정답으로 선택한다. 참고로, 조동사는 동사 앞에 온다는 것을 알아 둔다.

53 중

如果想要过得快乐一点儿，就不要总是把自己和（D 别人）做比较。

如果 rúguǒ 접 만약
想要 xiǎngyào 동 ~하고 싶다, ~하려고 하다
过 guò 동 지내다, 보내다
得 de 조 [술어와 정도보어를 연결함]
快乐 kuàilè 형 즐겁다, 행복하다
不要 búyào 부 ~해서는 안 된다
总是 zǒngshì 부 늘, 언제나 把 bǎ 개 ~을(를)
自己 zìjǐ 대 자신, 스스로 和 hé 개 ~와/과
别人 biérén 대 다른 사람, 타인
比较 bǐjiào 동 비교하다 부 비교적

만약 좀 더 즐겁게 지내고 싶다면, 자신을 늘 (D 다른 사람)과 비교해서는 안 된다. 정답 D

해설 빈칸 앞에 개사 和(~와/과)가 있으므로 대명사 D 别人(다른 사람)을 정답으로 선택한다. 참고로, 개사 뒤에는 주로 명사가 온다.

54 하

这家面包店非常（C 有名），不到下午两点，面包就都卖完了。

家 jiā 양 [집·점포·공장 등을 세는 단위]
面包 miànbāo 명 빵 非常 fēicháng 부 매우, 아주
有名 yǒumíng 형 유명하다
不到 búdào 되지 않다, 이르지 못하다
卖 mài 동 팔다, 판매하다

이 빵집은 매우 (C 유명해서) 오후 2시가 되기도 전에 빵이 다 팔렸다. 정답 C

해설 빈칸 앞에 정도부사 非常(매우)이 있으므로 형용사 C 有名(유명하다)을 정답으로 선택한다. 참고로, 정도부사 뒤에는 주로 형용사가 온다.

55 중

你这么努力，相信这次（B 一定）能考出好成绩。	努力 nǔlì 형 열심이다 相信 xiāngxìn 동 믿다 次 cì 양 번, 회 一定 yídìng 부 반드시, 꼭 考出 kǎo chū (성적이) 나오다 成绩 chéngjì 명 성적
네가 이렇게 열심히 하니, 이번에는 (B 반드시) 좋은 성적이 나올 수 있을 거라고 믿어.	정답 B

해설 빈칸 뒤에 술어가 되는 동사 考(시험을 보다)가 있으므로 부사 B 一定(반드시)을 정답으로 선택한다. 참고로, 부사는 술어를 수식하는 부사어 역할을 한다.

56-60

A 半	B 关于	C 简单	半 bàn 수 반, 2분의 1, 절반 关于 guānyú 개 ~에 관해, ~에 관한 简单 jiǎndān 형 간단하다, 단순하다 爱好 àihào 명 취미 游戏 yóuxì 명 게임, 놀이 习惯 xíguàn 동 익숙하다, 습관이 되다 명 습관
~~D~~ 爱好	E 游戏	F 习惯	
A 반	B ~에 관해	C 간단하다	
~~D~~ 취미	E 게임	F 익숙하다	

* D 爱好(취미)는 예시 어휘이므로, 이를 제외한 나머지 5개의 보기 중에서 정답을 고른다.

56 중

A：这个菜很好吃，只是我不太（F 习惯）用筷子，所以吃得慢。 B：慢慢来，不着急。	好吃 hǎochī 형 맛있다, 먹기 좋다 只 zhǐ 부 단지 不太 bú tài 그다지 ~하지 않다 习惯 xíguàn 동 익숙하다, 습관이 되다 명 습관 用 yòng 동 사용하다, 쓰다 筷子 kuàizi 명 젓가락 所以 suǒyǐ 접 그래서 慢 màn 형 느리다 慢慢来 mànmān lái 천천히 하세요 着急 zháojí 형 급하다, 초조하다
A: 이 요리 맛있다. 단지 내가 젓가락을 사용하는 것이 그다지 (F 익숙하지) 않아. 그래서 천천히 먹는 거야. B: 천천히 먹어. 급하지 않아.	정답 F

해설 빈칸 앞에 동사/형용사를 수식할 수 있는 不太(그다지 ~하지 않다)가 있으므로, 형용사 C 简单(간단하다), 동사 F 习惯(익숙하다) 중 '젓가락을 사용하는 것이 그다지 ______하지 않다'라는 문맥에 어울리는 F 习惯(익숙하다)을 정답으로 선택한다.

57 하

A：这个（E 游戏）真好玩儿，我可以再玩儿一会儿吗？ B：不可以，你已经玩儿了一个小时了，明天再玩儿吧。	游戏 yóuxì 명 게임, 놀이 真 zhēn 부 정말, 진짜로 好玩儿 hǎowánr 형 재미있다, 흥미있다 可以 kěyǐ 조동 ~해도 되다, ~할 수 있다 再 zài 부 더, 다시, 재차 一会儿 yíhuìr 수량 잠시, 곧 已经 yǐjīng 부 벌써, 이미 小时 xiǎoshí 명 시간[시간의 단위]
A: 이 (E 게임) 정말 재미있는데, 저 잠시만 더 놀아도 돼요? B: 안 돼. 너 벌써 한 시간 동안 놀았으니 내일 다시 놀아.	정답 E

해설 빈칸 앞에 '대사+양사' 형태의 관형어 这个(이)가 있고, 문장에 주어가 없다. 따라서 관형어의 수식을 받을 수 있고, 문장의 주어가 될 수 있는 명사 E 游戏(게임)를 정답으로 선택한다.

58 하

A: 你星期六有时间的话，可以教我游泳吗？
B: 没问题，游泳很（C 简单）的，你很快就能学会。

时间 shíjiān 명 시간
……的话 ……dehuà 조 ~이면, ~한다면
教 jiāo 동 가르치다 游泳 yóuyǒng 명 수영 동 수영하다
没问题 méi wèntí 문제없다
简单 jiǎndān 형 간단하다, 단순하다
学会 xuéhuì (배워서) 할 줄 알다

A: 당신 토요일에 시간 있으면, 저 수영 가르쳐 줄 수 있어요?
B: 문제없어요. 수영은 (C 간단한) 것이니 빠르게 배워서 할 수 있을 거예요. 정답 C

해설 빈칸 앞에 정도부사 很(매우)이 있으므로 형용사 C 简单(간단하다)을 정답으로 선택한다. 참고로, 정도부사 뒤에는 주로 형용사가 온다.

59 중

A: 李老师让我们读的这本书是（B 关于）什么的？
B: 主要是介绍中国历史和文化的。

让 ràng 동 ~하게 하다 关于 guānyú 개 ~에 관해
主要 zhǔyào 형 주요하다 介绍 jièshào 동 소개하다
历史 lìshǐ 명 역사 文化 wénhuà 명 문화

A: 리 선생님께서 우리에게 읽으라고 했던 이 책은 무엇(B 에 관한) 것이에요?
B: 주로 중국 역사와 문화를 소개해요. 정답 B

해설 빈칸 뒤에 의문대명사 什么(무엇)가 있으므로 개사 B 关于(~에 관해)를 정답으로 선택한다. 참고로, 개사는 주로 대명사, 명사 앞에 온다.

60 중

A: 不好意思，让你等了这么久了。
B: 没关系，我一边喝咖啡一边看书，（A 半）个小时很快就过去了。

等 děng 동 기다리다 这么 zhème 대 이렇게, 이런
久 jiǔ 형 오래되다, 시간이 길다
一边…… 一边…… yìbiān…… yìbiān…… ~하면서 ~하다
咖啡 kāfēi 명 커피 半 bàn 수 반, 2분의 1, 절반
小时 xiǎoshí 명 시간[시간의 단위]
过去 guòqu 동 지나가다, 지나다

A: 죄송합니다. 당신을 이렇게 오래 기다리게 했네요.
B: 괜찮아요. 저는 커피를 마시면서 책을 보고 있었더니, (A 반)시간(30분)이 빨리 지나갔어요. 정답 A

해설 빈칸 뒤에 '양사+명사' 형태인 个小时(~시간)이 있으므로 수사 A 半(반)을 정답으로 선택한다. 참고로, 30분을 나타낼 때 주로 半을 사용하며 半个小时(30분), 三点半(세 시 반)과 같이 표현한다는 것을 알아 둔다.

61 하

一开始读这个故事的时候，你可能会觉得它比较难懂，但往后读你就会发现它其实很简单，而且还很有意思。

★ 说话人觉得那个故事：
A 很短
B 有意思
C 很重要

一开始 yì kāishǐ 처음에 故事 gùshi 명 이야기
……的时候 ……de shíhou ~할 때
可能 kěnéng 조동 아마도 (~일 것이다)
觉得 juéde 동 ~라고 생각하다, ~이라고 여기다
比较 bǐjiào 부 비교적, 상대적으로 难 nán 형 어렵다
懂 dǒng 동 이해하다, 알다 往 wǎng 개 ~으로, ~쪽으로
发现 fāxiàn 동 알아차리다, 발견하다 其实 qíshí 부 사실
简单 jiǎndān 형 간단하다 而且 érqiě 접 게다가, 또한
有意思 yǒuyìsi 재미있다 短 duǎn 형 짧다
重要 zhòngyào 형 중요하다

이 이야기를 처음 읽었을 때, 당신은 아마도 비교적 이해하기 어렵다고 생각할 것이다. 하지만 뒤로 갈수록 사실 이 이야기가 간단하고, 게다가 재미있기도 하다는 것을 바로 알아차릴 것이다.

★ 화자가 느끼기에 그 이야기는:
A 짧다 B 재미있다 C 중요하다 정답 B

해설 질문이 화자가 느끼기에 그 이야기는 어떤지 물었다. 지문의 **一开始读这个故事……可能会觉得……难懂, 但往后读你就会发现它……有意思**(이 이야기를 처음 읽으면 …… 이해하기 어렵다고 생각할 것이다. 하지만 뒤로 갈수록 …… 이 이야기가 재미있다는 것을 바로 알아차릴 것이다)를 통해 알 수 있는 B **有意思**(재미있다)를 정답으로 선택한다.

62 중

小文, 这是你要做的事情, 有什么不明白的可以问我。你一定要在这周完成这些, 如果做不完, 就会影响下周的工作。

★ 说话人让小文:

A 准备开会

B 上班不要迟到

C 这周完成工作

要 yào 조동 ~해야 한다 **事情** shìqing 명 일
明白 míngbai 동 이해하다, 알다
可以 kěyǐ 조동 ~해도 된다, ~할 수 있다
问 wèn 동 묻다, 질문하다 **一定** yídìng 부 반드시
完成 wánchéng 동 끝내다, 완성하다 **如果** rúguǒ 접 만약
做不完 zuò bu wán 다 하지 못하다
影响 yǐngxiǎng 동 영향을 주다 명 영향
让 ràng 동 ~하게 하다 **准备** zhǔnbèi 동 준비하다
开会 kāihuì 동 회의를 하다 **上班** shàngbān 동 출근하다
迟到 chídào 동 늦다, 지각하다

샤오원, 이건 네가 해야 하는 일이니, 이해가 안 되는 것이 있으면 나에게 물어봐도 돼. 너는 반드시 이번 주에 이것들을 끝내야 해. 만약 다 하지 못하면 다음 주 업무에 영향을 줄 거야.

★ 화자가 샤오원에게 하라고 한 것은:

A 회의를 준비하다 B 출근에 늦어서는 안 된다 C 이번 주에 업무를 끝내다 정답 C

해설 질문이 화자가 샤오원에게 하라고 한 것이 무엇인지 물었다. 지문의 **小文……你要做的事情……一定要在这周完成这些**(샤오원 …… 네가 해야 하는 일 …… 반드시 이번 주에 이것들을 끝내야 해)를 통해 알 수 있는 C **这周完成工作**(이번 주에 업무를 끝내다)를 정답으로 선택한다.

63 중

这个电脑是我上大学的时候爸爸给我买的, 已经用了快十年了。虽然用了这么长时间, 但它看着还像新的一样, 所以我打算再用几年。

★ 那个电脑:

A 像新的

B 不好用

C 非常旧

上大学 shàng dàxué 대학교에 다니다
……的时候 ……de shíhou ~할 때 **给** gěi 개 ~에게
已经 yǐjīng 부 벌써, 이미 **用** yòng 동 사용하다, 쓰다
快……了 kuài……le 곧 ~하려고 하다
虽然 suīrán 접 비록 **长** cháng 형 길다
时间 shíjiān 명 시간 **但** dàn 접 하지만
看着 kànzhe 보기에 **还** hái 부 아직, 여전히
像……一样 xiàng……yíyàng ~와 같다
新 xīn 형 새롭다 **所以** suǒyǐ 접 그래서
打算 dǎsuan 동 ~할 계획이다, ~할 생각이다
再 zài 부 더, 또, 다시 **旧** jiù 형 낡다, 옛날의

이 컴퓨터는 내가 대학교에 다닐 때 아빠가 나에게 사주신 것인데, 벌써 사용한 지 10년이 다 되어 간다. 비록 이렇게 긴 시간 동안 사용하였지만, 보기에는 아직 새것 같다. 그래서 나는 몇 년 더 사용할 계획이다.

★ 그 컴퓨터는:

A 새것 같다 B 쓰기에 좋지 않다 C 매우 낡았다 정답 A

해설 질문이 그 컴퓨터에 대해 물었다. 지문의 **电脑……看着还像新的一样**(컴퓨터 …… 보기에는 아직 새것 같다)을 통해 알 수 있는 A **像新的**(새것 같다)를 정답으로 선택한다.

64 상

有时候我们看到的和听到的不一定都是真的。所以，不要只相信你看到的和听到的，除了多看、多听，更重要的是要多想一想。

★ 这段话告诉我们：

A 要多想一想

B 要努力学习

C 要学会用地图

有时候 yǒushíhou 때때로, 가끔씩
不一定 bù yídìng ~한 것은 아니다, ~할 필요는 없다
真 zhēn 형 진짜이다, 진실이다　所以 suǒyǐ 접 그래서
只 zhǐ 부 오직, 다만　相信 xiāngxìn 동 믿다
除了 chúle 개 ~이외에, ~을(를) 제외하고
更 gèng 부 더, 더욱　重要 zhòngyào 형 중요하다
告诉 gàosu 동 말하다, 알리다　努力 nǔlì 형 열심이다
学会 xuéhuì (배워서) 할 줄 알다
用 yòng 동 사용하다, 쓰다　地图 dìtú 명 지도

때때로 우리가 본 것과 들은 것이 모두 진짜인 것은 아니다. 그래서 오직 당신이 본 것과 들은 것만 믿어서는 안 된다. 많이 보고, 많이 듣는 것 이외에도 더 중요한 것은 많이 생각해 보는 것이다.

★ 이 지문이 우리에게 말하는 것은:

A 많이 생각해 봐야 한다　B 열심히 공부해야 한다　C 지도를 사용할 줄 알아야 한다　정답 A

해설 각 보기의 **想一想**(생각해 보다), **努力学习**(열심히 공부하다), **地图**(지도) 중 보기 A의 **想一想**(생각해 보다)과 관련하여 지문에서 **要多想一想**(많이 생각해 봐야 한다)이 언급되었으므로, 그대로 언급된 A **要多想一想**(많이 생각해 봐야 한다)을 정답으로 선택한다.

65 중

难过的时候，你可以看看书，听听音乐或者跟朋友聊聊天儿，也可以做一些自己喜欢的运动，这样你可能很快就会忘记不快乐的事情。

★根据这段话，难过的时候可以：

A 睡觉

B 唱歌

C 聊天

难过 nánguò 형 슬프다, 괴롭다
……的时候 ……de shíhou ~할 때
可以 kěyǐ 조동 ~해도 좋다, ~할 수 있다
音乐 yīnyuè 명 음악　或者 huòzhě 접 혹은
跟 gēn 개 ~와(과)
聊天儿 liáotiānr 동 수다를 떨다, 이야기하다
自己 zìjǐ 대 자신, 자기　运动 yùndòng 명 운동 동 운동하다
可能 kěnéng 조동 아마도 (~일 것이다)
忘记 wàngjì 동 잊어버리다
快乐 kuàilè 형 유쾌하다, 즐겁다　事情 shìqing 명 일
唱歌 chànggē 동 노래를 부르다

슬플 때, 당신은 책을 좀 보거나, 음악을 좀 듣거나 혹은 친구와 수다를 좀 떨어도 좋고, 자신이 좋아하는 운동을 좀 하는 것도 좋다. 이렇게 하면 아마도 당신은 유쾌하지 않은 일을 빠르게 잊을 수 있을 것이다.

★ 단문에 근거하여, 슬플 때 할 수 있는 것은:

A 잠을 자다　B 노래를 부르다　C 수다를 떨다　정답 C

해설 질문이 슬플 때 할 수 있는 것은 무엇인지 물었다. 지문의 **难过的时候，你可以……跟朋友聊聊天儿**(슬플 때, 당신은 …… 친구와 수다를 좀 떨어도 좋다)을 통해 알 수 있는 C **聊天**(수다를 떨다)을 정답으로 선택한다.

66 상

我记得最后一次用手机是在出租车上，可能是刚才下车的时候太着急，把手机忘在车上了。我打个电话，看看有没有人接。

★ 说话人遇到了什么事情？
A 手机不见了
B 脚有点儿疼
C 找不到护照

记得 jìde 동 기억하고 있다
最后 zuìhòu 명 제일 마지막, 최후
用 yòng 동 사용하다, 쓰다 手机 shǒujī 명 휴대폰
可能 kěnéng 조동 아마도 (~일 것이다)
刚才 gāngcái 명 방금 着急 zháojí 형 급하다, 초조하다
把 bǎ 개 ~을(를) 忘 wàng 동 잊다 接 jiē 동 (전화를) 받다
遇到 yùdào 동 맞닥뜨리다, 만나다, 마주치다
事情 shìqing 명 일, 사건 脚 jiǎo 명 발
有点儿 yǒudiǎnr 부 조금, 약간 疼 téng 형 아프다
找不到 zhǎo bu dào 찾을 수 없다 护照 hùzhào 명 여권

내가 기억하기엔 제일 마지막에 휴대폰을 사용한 것은 택시에서인데, 아마도 방금 내릴 때 너무 급해서 휴대폰을 차에 두고 나왔나 봐. 내가 전화해서 받는 사람이 있는지 볼게.

★ 화자는 어떤 일을 맞닥뜨렸는가?
A 휴대폰이 없어졌다 B 발이 조금 아프다 C 여권을 찾을 수 없다

정답 A

해설 질문이 화자는 어떤 일을 맞닥뜨렸는지 물었다. 지문의 把手机忘在车上了(휴대폰을 차에 두고 나왔나 봐)를 통해 알 수 있는 A 手机不见了(휴대폰이 없어졌다)를 정답으로 선택한다.

67 중

有句话叫"太阳从西边出来了"，意思是有人做了让人觉得不太可能的事情。如果一个人不爱干净，但是有一天他突然打扫房间了，你就可以对他说这句话。

★ 什么时候可以说这句话？
A 不高兴
B 没有刷牙
C 做不太可能的事

句 jù 양 마디[말이나 구절을 세는 단위] 话 huà 명 말
太阳 tàiyáng 명 해, 태양 从 cóng 개 ~에서(부터)
西边 xībian 명 서쪽 意思 yìsi 명 뜻, 의미
不太 bú tài 그다지 ~않다 可能 kěnéng 형 가능하다
事情 shìqing 명 일, 사건 如果 rúguǒ 접 만약
干净 gānjìng 형 깨끗하다 但是 dànshì 접 그런데, 하지만
有一天 yǒu yì tiān 어느 날 突然 tūrán 부 갑자기
打扫 dǎsǎo 동 청소하다 房间 fángjiān 명 방
可以 kěyǐ 조동 ~할 수 있다, ~해도 좋다
刷牙 shuāyá 동 양치하다

'해가 서쪽에서 떴다'라는 말이 있다. 이 뜻은 어떤 사람이 다른 사람이 생각하기에 그다지 가능성이 없는 일을 했다는 것이다. 만약 어떤 사람이 깨끗한 것을 좋아하지 않는데, 어느 날 그가 갑자기 방을 청소했다면 당신은 그에게 이 말을 할 수 있다.

★ 언제 이 말을 말할 수 있는가?
A 기쁘지 않다 B 양치를 하지 않았다 C 그다지 가능성이 없는 일을 하다

정답 C

해설 질문이 언제 이 말을 말할 수 있는지 물었다. 지문의 有句话……意思是有人做了让人觉得不太可能的事情(말이 있다 …… 이 뜻은 어떤 사람이 다른 사람이 생각하기에 그다지 가능성이 없는 일을 했다는 것이다)을 통해 알 수 있는 C 做不太可能的事(그다지 가능성이 없는 일을 하다)을 정답으로 선택한다.

68 중

让我来教你怎么做蛋糕吧，做蛋糕其实很简单的。我们需要面和水，还要准备新鲜的牛奶、鸡蛋和水果。

★ 说话人认为：
A 盘子很干净
B 面条很好吃
C 做蛋糕很简单

让 ràng 동 ~하게 하다 教 jiāo 동 가르치다
蛋糕 dàngāo 명 케이크 其实 qíshí 부 사실
简单 jiǎndān 형 간단하다, 단순하다
需要 xūyào 동 필요하다 面 miàn 명 밀가루
准备 zhǔnbèi 동 준비하다 新鲜 xīnxiān 형 신선하다
牛奶 niúnǎi 명 우유 鸡蛋 jīdàn 명 달걀
认为 rènwéi 동 ~라고 생각하다, ~라고 여기다
盘子 pánzi 명 접시, 쟁반 干净 gānjìng 형 깨끗하다
面条 miàntiáo 명 국수 好吃 hǎochī 형 맛있다

제가 당신에게 케이크를 어떻게 만드는지 가르쳐 줄게요. 사실 케이크를 만드는 것은 간단해요. 우리는 밀가루와 물이 필요하고, 게다가 신선한 우유, 달걀과 과일을 준비해야 해요.

★ 화자가 생각하기에:
A 접시가 깨끗하다　B 국수는 맛있다　C 케이크 만드는 것은 간단하다

정답 C

해설 질문이 화자의 생각을 물었다. 지문의 **做蛋糕其实很简单的**(사실 케이크를 만드는 것은 간단해요)를 통해 알 수 있는 C **做蛋糕很简单**(케이크 만드는 것은 간단하다)을 정답으로 선택한다.

69 하

这条裤子买小了，穿起来不舒服，明天你可以帮我去店里换一条大一点儿的吗？

★ 说话人为什么要换裤子？
A 多带了衣服
B 穿着不舒服
C 想去体育馆

条 tiáo 양 [가늘고 긴 것을 세는 단위]　裤子 kùzi 명 바지
穿起来 chuānqǐlai 입어보니　舒服 shūfu 형 편안하다
换 huàn 동 바꾸다, 교환하다
带 dài 동 가지다, 휴대하다
穿 chuān 동 (옷·신발·양말 등을) 입다, 신다
体育馆 tǐyùguǎn 명 체육관

이 바지를 작은 걸로 샀더니, 입어 보니 불편하네. 내일 네가 상점에 가서 좀 큰 것으로 바꿔줄 수 있니?

★ 화자는 왜 바지를 바꾸려고 하는가?
A 옷을 많이 가져왔다　B 입어 보니 불편하다　C 체육관에 가려고 한다　정답 B

해설 질문이 화자는 왜 바지를 바꾸려고 하는지 물었다. 지문의 **裤子……穿起来不舒服……换一条大一点儿的**(바지…… 입어 보니 불편하네 …… 좀 큰 것으로 바꾸다)를 통해 알 수 있는 B **穿着不舒服**(입어 보니 불편하다)를 정답으로 선택한다.

70 중

打篮球是我最大的爱好，我每天都会花一两个小时在打篮球上。打球的时候，我认识了很多新朋友，和他们在一起，我觉得很快乐。

★ 根据这段话，可以知道他：
A 总是迟到
B 爱打篮球
C 喜欢喝酒

打篮球 dǎ lánqiú 농구를 하다　最 zuì 부 가장, 제일
爱好 àihào 명 취미　每天 měi tiān 매일
花 huā 동 쓰다, 소비하다
小时 xiǎoshí 명 시간[시간의 단위]
打球 dǎqiú 농구를 하다, 공놀이를 하다
……的时候 ……deshíhou ~할 때
新 xīn 형 새롭다 부 새로　和 hé 개 ~와(과)
一起 yìqǐ 부 함께, 같이
觉得 juéde 동 ~라고 생각하다, ~이라고 여기다
快乐 kuàilè 형 즐겁다, 행복하다
总是 zǒngshì 부 늘, 항상　迟到 chídào 동 지각하다

농구 하는 것은 내 가장 큰 취미이다. 나는 매일 한 두 시간은 농구 하는 데 사용한다. 농구 할 때 나는 새로운 친구들을 많이 알게 되었다. 그들과 함께 있으면 나는 즐겁다.

★ 이 지문에 근거하여, 그에 대해 알 수 있는 것은:
A 늘 지각한다　B 농구 하는 것을 좋아한다　C 술 마시는 것을 좋아한다　정답 B

해설 각 보기의 **迟到**(지각하다), **打篮球**(농구를 하다), **喝酒**(술을 마시다) 중 보기 B의 **打篮球**(농구를 하다)와 관련하여 지문에서 **打篮球是我最大的爱好**(농구 하는 것은 내 가장 큰 취미이다)가 언급되었으므로, 그대로 언급된 B **爱打篮球**(농구 하는 것을 좋아한다)를 정답으로 선택한다.

三、书写 쓰기

쓰기 mp3
바로듣기

71 중

很大　变化　的　最近这个城市

变化 biànhuà 명 변화 동 변화하다
最近 zuìjìn 명 최근, 요즘　城市 chéngshì 명 도시

→

명사+대사+양사+명사	的	명사	정도부사+형용사
最近这个城市	的	变化	很大。
관형어		주어	술어

해석 : 최근 이 도시의 변화가 크다.

해설 제시된 어휘 중 '정도부사+형용사' 형태인 很大(크다)를 술어 자리에 바로 배치한다. 명사 变化(변화)를 주어 자리에 배치하고, 남은 어휘인 구조조사 的(~의)와 最近这个城市(최근 이 도시)을 最近这个城市的(최근 이 도시의)로 연결하여 주어 앞 관형어 자리에 배치하여 문장을 완성한다.

어법체크 变化(변화하다, 변화), 运动(운동하다, 운동), 考试(시험을 보다, 시험)과 같이 동사와 명사의 의미를 모두 갖는 어휘를 알아 둔다.

72 상

会　都　他每天　两个小时的足球　踢

每天 měi tiān 매일　小时 xiǎoshí 명 시간[시간의 단위]
踢足球 tī zúqiú 축구를 하다

→

대사+명사	부사	조동사	동사	수사+양사+명사+的+명사
他每天	都	会	踢	两个小时的足球。
주어	부사어		술어	시량보어+的+목적어

해석 : 그는 매일 두 시간 동안 축구를 한다.

해설 제시된 어휘 중 小时(시간)이 있으므로 보어를 배치하여 문장을 완성한다. 동사 踢((축구를)하다)를 술어로 배치하고, '수사+양사+명사+的+명사'인 两个小时的足球(두 시간 동안 축구)를 술어 뒤에 보어로 배치한다. 부사 都와 조동사 会를 都会로 연결한 후 술어 앞에 부사어로 배치하고, 남은 어휘인 他每天(그는 매일)을 주어로 배치하여 문장을 완성한다. 참고로 부사 都(모두)는 每로 시작하는 어휘 뒤에서 每를 더욱 강조할 수 있고, 조동사 会(~할 것이다)는 동사 앞에서 어떤 동작을 습관적으로 하는 것을 나타내기도 한다.

어법체크 제시된 어휘 중 부사와 조동사가 있으면 '부사+조동사'의 순서로 부사어를 배치한다.

73 중

了　我　作业　忘记写

写作业 xiě zuòyè 숙제를 하다
忘记 wàngjì 동 잊어버리다, 까먹다

→

대사	동사+동사	명사	了
我	忘记写	作业	了。
주어	술어1	술어2+목적어+了 목적어	

해석 : 나는 숙제하는 것을 잊어버렸다.

해설 제시된 어휘 중 '동사+동사' 형태인 忘记写(쓰는 것을 잊어버리다)를 바로 술어로 배치한다. 명사 作业(숙제)를 목적어 자리에, 대사 我(나)를 주어 자리에 배치하고 어기조사 了를 문장 마지막에 배치하여 문장을 완성한다.

어법체크 忘记(잊어버리다), 喜欢(좋아하다), 觉得(~라고 생각하다)는 주술구 또는 술목구를 목적어로 가질 수 있다.

74 상

弟弟　吃完了　被　冰箱里的蛋糕

弟弟 dìdi 명 남동생　完 wán 형 다하다, 없어지다
被 bèi 동 ~에게 ~을 당하다　冰箱 bīngxiāng 명 냉장고
蛋糕 dàngāo 명 케이크

→

명사+的+명사	被	명사	동사+형용사+了
冰箱里的蛋糕	被	弟弟	吃完了。
관형어+주어	被	행위의 주체	술어+결과보어 기타성분

해석 : 냉장고 안의 케이크는 남동생이 다 먹었다.

해설 제시된 어휘 중 被가 있으므로 被자문을 완성한다. 동사 吃(먹다)이 포함된 吃完了(다 먹다)를 술어로 배치한다. 명사 冰箱里的蛋糕(냉장고 안의 케이크)와 弟弟(남동생)중 문맥상 술어 吃의 주체가 되는 弟弟를 被 다음 행위의 주체 자리에 배치하고, 冰箱里的蛋糕를 주어 자리에 배치하여 문장을 완성한다.

어법체크 被자문에서는 행위(술어)를 당하는 대상이 주어가 된다.

75 하

放着 桌子上 一双筷子

放 fàng 동 놓다, 두다 着 zhe 조 ~해 있다, ~한 채로 있다
双 shuāng 양 쌍, 켤레 筷子 kuàizi 명 젓가락

➡

명사+명사	동사+着	수사+양사+명사
桌子上	**放着**	**一双筷子。**
주어	술어	목적어

해석 : 탁자 위에 젓가락 한 쌍이 놓여 있다.

해설 제시된 어휘 중 술어가 될 수 있는 유일한 동사 **放**(놓다)이 포함된 '동사+**着**' 형태의 **放着**(놓여 있다)를 술어 자리에 배치한다. 장소명사 **桌子上**(탁자 위)과 '수사+양사+명사' 형태의 **一双筷子**(젓가락 한 쌍) 중 문맥상 목적어로 어울리는 **一双筷子**를 목적어로 배치하고, 남은 어휘 **桌子上**을 주어로 배치하여 문장을 완성한다.

어법체크 제시된 어휘 중 유일한 동사 또는 형용사를 술어 자리에 바로 배치한다.

76 상

zì
黑板上的（字）是你写的吗？

黑板 hēibǎn 명 칠판 字 zì 명 글자, 글씨

칠판 위의 글자는 네가 쓴 것이니?

해설 '칠판 위의 ( )는 네가 쓴 것이니?'라는 문맥에 어울리면서 제시된 병음 zì에 해당하는 **字**(zì)를 정답으로 쓴다. 병음이 같은 **自**를 쓰지 않도록 주의한다.

77 중

huí
别着急，想清楚了再（回）答。

别 bié 부 ~하지 마라 着急 zháojí 형 조급하다, 초조하다
清楚 qīngchu 형 분명하다, 명확하다 再 zài 부 다시, 재차
回答 huídá 동 대답하다

조급해하지 말고, 분명하게 생각해 보고 다시 대답하세요.

해설 빈칸 뒤에 **答**가 있고, 제시된 병음이 huí이므로, **回答**(대답하다)라는 단어의 **回**를 정답으로 쓴다.

78 중

me
我的牙太疼了，什（么）都不想吃了。

牙 yá 명 이, 치아 太……了 tài……le 너무 ~하다
疼 téng 형 아프다

제 이가 너무 아파서, 아무것도 먹고 싶지 않아요.

해설 빈칸 뒤에 **什**이 있고, 제시된 병음이 me이므로, **什么**(무엇)라는 단어의 **么**를 정답으로 쓴다.

79 하

mǐ
我好饿，想吃一碗（米）饭。

好 hǎo 부 [형용사나 동사 앞에 쓰여 정도가 심함을 나타냄]
饿 è 형 배고프다 碗 wǎn 양 그릇

나는 너무 배고파서 쌀밥 한 그릇 먹고 싶다.

해설 빈칸 뒤에 **饭**이 있고, 제시된 병음이 mǐ이므로, **米饭**(쌀밥)이라는 단어의 **米**를 정답으로 쓴다. 모양이 비슷한 **平**을 쓰지 않도록 주의한다.

80 하

fēn
图书馆离这儿不远，走路只需要五（分）钟。

图书馆 túshūguǎn 명 도서관 离 lí 개 ~에서, ~으로부터
远 yuǎn 형 멀다 走路 zǒulù 동 걷다
只 zhǐ 부 오직, 단지 需要 xūyào 동 걸리다, 필요하다

도서관은 여기에서 멀지 않은데, 걸어서 5분 밖에 안 걸린다.

해설 빈칸 앞뒤에 **五**와 **钟**이 있고, 제시된 병음이 fēn이므로, **五分钟**(5분)이라는 어구의 **分**을 정답으로 쓴다.

**고사장 소음까지 대비하고
들기 점수 올리려면?**

해커스중국어(china.Hackers.com)에서
고사장 소음 버전 MP3 무료 다운받기!

실전모의고사

제3회

听力 듣기 / 어휘 · 해석 · 해설

阅读 독해 / 어휘 · 해석 · 해설

书写 쓰기 / 어휘 · 해석 · 해설

一、听力 듣기

문제별 분할 mp3
바로듣기

1-5

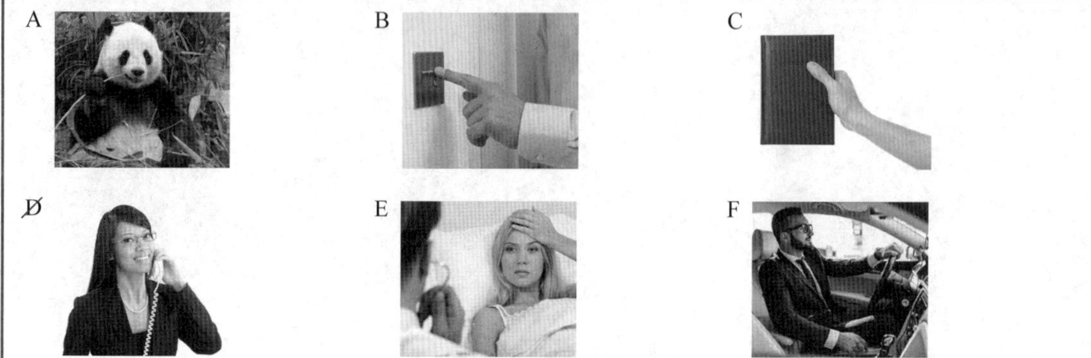

* D는 예시 사진이므로, 이를 제외한 나머지 5개의 사진 중에서 정답을 고른다.

1 중

女: 教室里的那本笔记本是你的吗?
男: 是我的，谢谢你。

教室 jiàoshì 명 교실 **笔记本** bǐjìběn 명 노트, 노트북

여: 교실 안의 저 노트는 네 것이니?
남: 제 것이에요. 감사합니다.

정답 C

해설 음성에서 笔记本(노트)이 언급되었으므로 노트가 있는 사진 C가 정답이다.

2 중

男: 妈妈，我想去动物园看熊猫。
女: 今天妈妈有点儿忙，明天带你去可以吗?

动物园 dòngwùyuán 명 동물원
熊猫 xióngmāo 명 판다 **有点儿** yǒudiǎnr 부 조금, 약간
忙 máng 형 바쁘다 **带** dài 동 데리다, 가지다, 휴대하다
可以 kěyǐ 조동 ~해도 되다, ~할 수 있다

남: 엄마, 저 동물원에 가서 판다를 보고 싶어요.
여: 오늘은 엄마가 조금 바쁜데, 내일 너를 데리고 가도 되겠니?

정답 A

해설 음성에서 熊猫(판다)가 언급되었으므로 판다가 있는 사진 A가 정답이다.

3 중

女: 今天你没坐公共汽车啊?
男: 是的，今天我是开车过来的。

公共汽车 gōnggòng qìchē 명 버스
啊 a 조 [문장 끝에 쓰여 긍정·감탄·찬탄을 나타냄]
开车 kāichē 동 차를 운전하다
过来 guòlai 동 오다, 다가오다

여: 오늘 당신 버스 안 탔어요?
남: 네, 오늘 저는 차를 운전해서 왔어요.

정답 F

해설 음성에서 我是开车过来的(저는 차를 운전해서 왔어요)가 언급되었으므로 차를 운전하고 있는 사람 사진 F가 정답이다.

4 중

男：你哪儿不舒服？
女：医生，我从上周开始就一直头疼。

舒服 shūfu 형 편안하다　从 cóng 개 ~(에서)부터
上周 shàngzhōu 지난주　开始 kāishǐ 동 시작하다
一直 yìzhí 부 계속, 줄곧　头疼 tóuténg 머리가 아프다

남: 당신은 어디가 불편하시나요?
여: 의사 선생님, 저는 지난주부터 계속 머리가 아프기 시작했어요.　정답 E

해설 음성에서 남자가 你哪儿不舒服?(당신은 어디가 불편하시나요?)라고 묻자 여자가 头疼(머리가 아프다)이라고 대답했으므로 의사 앞에서 머리에 손을 대고 있는 사람 사진 E가 정답이다.

5 상

女：快走吧，再不走我们就要迟到了。
男：好的，我把洗手间的灯关了就走。

快 kuài 부 빨리, 어서 형 빠르다　再 zài 부 ~한다면
走 zǒu 동 가다　要 yào 조동 ~할 것이다, ~해야 한다
迟到 chídào 동 늦다, 지각하다　把 bǎ 개 ~을/를
洗手间 xǐshǒujiān 명 화장실　灯 dēng 명 불, 등, 램프
关 guān 동 끄다, 닫다

여: 빨리 가요. 지금 가지 않으면 우리 늦을 거예요.
남: 알겠어요. 화장실 불을 끄고 바로 갈게요.　정답 B

해설 음성에서 把洗手间的灯关了(화장실 불을 끄다)가 언급되었으므로 스위치에 손을 대고 있는 사진 B가 정답이다.

6-10

A

B

C

D

E

6 상

男：我写完作业了，我们一起回家吧。
女：不行，我还得去图书馆借书，你先走吧。

写作业 xiě zuòyè 숙제를 하다
完 wán 동 다하다, 끝내다, 마치다　一起 yìqǐ 부 같이, 함께
行 xíng 동 ~해도 좋다　还 hái 부 (~뿐만 아니라) ~도
得 děi 조동 ~해야 한다　图书馆 túshūguǎn 명 도서관
借 jiè 동 빌리다　先 xiān 부 먼저　走 zǒu 동 가다, 걷다
吧 ba 조 [문장 끝에 쓰여 청유·명령·추측을 나타냄]

남: 나 숙제 다 했어. 우리 같이 집에 가자.
여: 안 돼. 나 도서관에 가서 책도 빌려야 해. 너 먼저 가.　정답 B

해설 음성에서 남자가 我们一起回家吧(우리 같이 집에 가자)라고 하자, 여자가 我还得去图书馆借书(나 도서관에 가서 책도 빌려야 해)라고 했으므로 책가방을 멘 두 사람이 이야기하고 있는 사진 B가 정답이다.

7 중

女：我们除了牛奶和水果以外，还要买什么？
男：鸡蛋和牛肉。这家超市还有儿子喜欢的饮料，都买了吧。

除了……以外 chúle……yǐwài ~이외에, ~빼고는
牛奶 niúnǎi 명 우유 还 hái 부 더, 또
要 yào 조동 ~해야 한다 鸡蛋 jīdàn 명 달걀
牛肉 niúròu 명 소고기
家 jiā [양] [가게나 집·점포·공장 등을 세는 단위]
超市 chāoshì 명 슈퍼, 마트 饮料 yǐnliào 명 음료

여: 우리 우유와 과일 이외에 무엇을 더 사야 해요?
남: 달걀과 소고기요. 이 슈퍼에는 아들이 좋아하는 음료도 있으니, 모두 삽시다.
정답 D

해설 음성에서 여자가 牛奶(우유), 水果(과일)를 언급하였고, 남자가 超市(슈퍼)을 언급하였으므로 두 사람이 슈퍼에 있는 사진 D가 정답이다.

8 상

男：奇怪，我的手机怎么找不到了？
女：我刚才看到你把手机放在包里了。

奇怪 qíguài 형 이상하다 手机 shǒujī 명 휴대폰
找不到 zhǎo bu dào 찾을 수 없다
刚才 gāngcái 명 방금 把 bǎ 개 ~을(를)
放 fàng 동 넣다, 놓다 包 bāo 명 가방

남: 이상하네, 내 휴대폰을 왜 못 찾겠지?
여: 제가 방금 당신이 휴대폰을 가방 안에 넣는 것을 봤어요.
정답 A

해설 음성에서 남자가 我的手机怎么找不到了?(내 휴대폰을 왜 못 찾겠지?)라고 하자, 여자가 我刚才看到你把手机放在包里了。(제가 방금 당신이 휴대폰을 가방 안에 넣는 것을 봤어요.)라고 했으므로 가방에서 물건을 찾고 있는 사람 사진 A가 정답이다.

9 하

女：你今天又去游泳了吗？
男：是的，为了锻炼身体，我每天都会去游泳。

又 yòu 부 또, 다시 游泳 yóuyǒng 동 수영하다 명 수영
为了 wèile 개 ~을 하기 위해서
锻炼 duànliàn 동 단련하다 身体 shēntǐ 명 몸, 신체
每天 měi tiān 매일

여: 너 오늘 또 수영하러 갔니?
남: 응, 몸을 단련하기 위해서 나는 매일 수영하러 가.
정답 C

해설 음성에서 游泳(수영하다)이 언급되었으므로 수영을 하고 있는 사람 사진 C가 정답이다.

10 중

男：这条裤子真好看，多少钱？
女：很便宜，才五十块。

条 tiáo 양 [가늘고 긴 것을 세는 단위] 裤子 kùzi 명 바지
真 zhēn 부 정말, 진짜로 好看 hǎokàn 형 예쁘다, 아름답다
便宜 piányi 형 (값이) 싸다 才 cái 부 겨우, ~에야
块 kuài 양 위안[중국의 화폐 단위]

남: 이 바지 정말 예쁘네요. 얼마예요?
여: 싸요. 겨우 50위안이에요.
정답 E

해설 음성에서 这条裤子……多少钱?(이 바지 …… 얼마예요?)이 언급되었으므로 옷을 고르고 있는 사람 사진 E가 정답이다.

11 상

★ 现在是9点50分。 ( )

差10分就十点了，快起床！再不起床我们就要迟到了。

分 fēn 양 분 差 chà 동 모자라다
快 kuài 부 빨리 형 빠르다
起床 qǐchuáng 동 일어나다, 기상하다 再 zài 부 ~한다면
迟到 chídào 동 지각하다

★ 지금은 9시 50분이다. ( )

10시 10분 전이에요. 빨리 일어나세요! 지금 일어나지 않으면 우리는 지각할 거예요. 정답 ✓

해설 제시된 문장이 **现在是9点50分。**(지금은 9시 50분이다.)이므로 이 내용이 음성에서 언급되는지를 주의 깊게 듣는다. 음성에서 **差10分就十点了**(10시 10분 전이에요)라고 했으므로 지금은 10시 10분 전인 9시 50분임을 알 수 있다. 따라서 제시된 문장과 음성의 내용은 일치한다. 참고로, '10시 10분 전'과 같은 표현은 동사 **差**(모자라다)를 사용하여 **差10分10点**(10분이 모자란 10시)과 같이 표현함을 알아 둔다.

12 중

★ 绿色的碗没人用过。 ( )

一会儿吃饭的时候，你用绿色的碗吧，那个是新的。

绿色 lǜsè 명 초록색, 녹색 碗 wǎn 양 그릇
用 yòng 동 사용하다, 쓰다 过 guo 조 ~한 적이 있다
一会儿 yíhuìr 수량 이따가, 잠시
……的时候 ……de shíhou ~할 때
新 xīn 형 새롭다 부 새로

★ 초록색 그릇은 아무도 사용한 적이 없다. ( )

이따가 밥 먹을 때, 너는 초록색 그릇을 사용하도록 해. 그건 새 거야. 정답 ✓

해설 제시된 문장이 **绿色的碗没人用过。**(초록색 그릇은 아무도 사용한 적이 없다.)이므로 이 내용이 음성에서 언급되는지를 주의 깊게 듣는다. 음성에서 **你用绿色的碗吧，那个是新的**(너는 초록색 그릇을 사용하도록 해. 그건 새 거야)라고 했으므로 초록색 그릇은 아무도 사용한 적이 없음을 알 수 있다. 따라서 제시된 문장과 음성의 내용은 일치한다.

13 중

★ 小明不喜欢踢足球。 ( )

一想到星期天能和朋友一起踢足球，小明就高兴得不能睡觉。

踢足球 tī zúqiú 축구를 하다
一……就…… yī…… jiù…… ~하자마자 ~하다
想到 xiǎngdào 생각하다, 생각이 미치다
一起 yìqǐ 부 함께, 같이

★ 샤오밍은 축구하는 것을 좋아하지 않는다. ( )

일요일에 친구와 함께 축구를 할 수 있다는 생각을 하자마자, 샤오밍은 잠을 이룰 수 없을 정도로 신났다. 정답 X

해설 제시된 문장이 **小明不喜欢踢足球。**(샤오밍은 축구하는 것을 좋아하지 않는다.)이므로 이 내용이 음성에서 언급되는지를 주의 깊게 듣는다. 음성에서 **一想到……踢足球，小明就高兴**(축구를 하는 생각을 하자마자, 샤오밍은 신났다)이라고 했으므로 샤오밍은 축구하는 것을 좋아함을 알 수 있다. 따라서 제시된 문장과 음성의 내용은 불일치한다.

14 상

★ 说话人没时间看书。 ( )

结婚后我比以前更忙了，但是我觉得人应该要有自己的爱好，所以我会找时间看看书。

说话人 shuōhuàrén 화자 时间 shíjiān 명 시간
结婚 jiéhūn 동 결혼하다 比 bǐ 개 ~보다
以前 yǐqián 명 예전, 이전 更 gèng 부 더, 더욱
忙 máng 형 바쁘다 但是 dànshì 접 하지만, 그러나
觉得 juéde 동 ~라고 생각하다, ~이라고 여기다
应该 yīnggāi 조동 마땅히 ~해야 한다
要 yào 조동 ~해야 한다 自己 zìjǐ 대 자신, 자기
爱好 àihào 명 취미 所以 suǒyǐ 접 그래서
找时间 zhǎo shíjiān 시간을 내다

★ 화자는 책을 볼 시간이 없다. ( )

결혼 후에 나는 예전보다 더 바빠졌다. 하지만 나는 사람은 마땅히 자신의 취미가 있어야 한다고 생각한다. 그래서 나는 시간을 내서 책을 본다. 정답 X

해설 제시된 문장이 **说话人没时间看书。**(화자는 책을 볼 시간이 없다.)이므로 이 내용이 음성에서 언급되는지를 주의 깊게 듣는다. 음성에서 **我会找时间看看书**(나는 시간을 내서 책을 본다)라고 했으므로 화자는 책을 볼 시간이 있다는 것을 알 수 있다. 따라서 제시된 문장과 음성의 내용은 불일치한다.

15 중

★ 儿子对游戏感兴趣。 ( )

儿子很喜欢玩儿游戏，每天回家后都会打开电脑玩儿好几个小时。

对 duì 개 ~에 (대해), ~에게 游戏 yóuxì 명 게임
感兴趣 gǎn xìngqù 흥미가 있다, 관심이 있다
玩儿 wánr 동 (게임을) 하다, 놀다 每天 měi tiān 매일
打开 dǎkāi 켜다, 열다 小时 xiǎoshí 명 시간[시간의 단위]

★ 아들은 게임에 흥미가 있다. ( )
아들은 게임하는 것을 매우 좋아해서, 매일 집에 돌아온 후에 컴퓨터를 켜고 몇 시간 동안이나 논다. 정답 ✓

해설 제시된 문장이 儿子对游戏感兴趣。(아들은 게임에 흥미가 있다.)이므로 이 내용이 음성에서 언급되는지를 주의 깊게 듣는다. 음성에서 儿子很喜欢玩儿游戏(아들은 게임하는 것을 매우 좋아한다)라고 했으므로 아들이 게임에 흥미가 있다는 것을 알 수 있다. 따라서 제시된 문장과 음성의 내용은 일치한다.

16 중

★ 说话人每天喝牛奶。 ( )

我每天上班前喝一杯咖啡，因为这能让我认真地工作。

每天 měi tiān 매일 牛奶 niúnǎi 명 우유
上班 shàngbān 동 출근하다 杯 bēi 양 잔, 컵
咖啡 kāfēi 명 커피 因为 yīnwèi 접 ~하기 때문에
让 ràng 동 ~하게 하다
认真 rènzhēn 형 열심이다, 성실하다, 진지하다
地 de 조 [관형어 뒤에 쓰여, 이것 앞의 단어나 구가 부사어로서 동사·형용사를 수식함을 나타냄]

★ 화자는 매일 우유를 마신다. ( )
나는 매일 출근하기 전에 커피 한 잔을 마신다. 이것이 나를 열심히 일하게 할 수 있기 때문이다. 정답 X

해설 제시된 문장이 说话人每天喝牛奶。(화자는 매일 우유를 마신다.)이므로 이 내용이 음성에서 언급되는지를 주의 깊게 듣는다. 음성에서 我每天……喝一杯咖啡(나는 매일 …… 커피 한 잔을 마신다)라고 했으므로 화자는 매일 우유가 아닌 커피를 마신다는 것을 알 수 있다. 따라서 제시된 문장과 음성의 내용은 불일치한다.

17 상

★ 小美不参加下周的活动。 ( )

除了小美以外，其他人都要参加下周一的活动。

参加 cānjiā 동 참가하다, 참석하다
活动 huódòng 명 행사, 활동 동 움직이다, 활동하다
除了……以外 chúle……yǐwài ~이외에, ~빼고는
其他 qítā 대 다른, 기타 要 yào 조동 ~할 것이다, ~해야 한다

★ 샤오메이는 다음 주 행사에 참가하지 않는다. ( )
샤오메이 이외에, 다른 사람들은 모두 다음 주 월요일 행사에 참가할 것이다. 정답 ✓

해설 제시된 문장이 小美不参加下周的活动。(샤오메이는 다음 주 행사에 참가하지 않는다.)이므로 이 내용이 음성에서 언급되는지를 주의 깊게 듣는다. 음성에서 除了小美以外，其他人都要参加下周一的活动。(샤오메이 이외에, 다른 사람들은 모두 다음 주 월요일 행사에 참가할 것이다.)이라고 했으므로 샤오메이는 다음 주 행사에 참가하지 않는다는 것을 알 수 있다. 따라서 제시된 문장과 음성의 내용은 일치한다.

18 하

★ 一斤香蕉十五块。 ( )

我今天买了一斤香蕉，十七块钱，非常便宜。

斤 jīn 양 근(500g) 香蕉 xiāngjiāo 명 바나나
块 kuài 양 위안[중국의 화폐 단위]
非常 fēicháng 부 매우, 아주 便宜 piányi 형 (값이) 싸다

★ 바나나는 한 근에 15위안이다. ( )
나는 오늘 바나나 한 근을 샀는데, 17위안이다. 매우 싸다. 정답 X

해설 제시된 문장이 一斤香蕉十五块。(바나나는 한 근에 15위안이다.)이므로 이 내용이 음성에서 언급되는지를 주의 깊게 듣는다. 음성에서 一斤香蕉，十七块钱(바나나 한 근 …… 17위안이다)이라고 했으므로 바나나는 한 근에 15위안이 아닌 17위안임을 알 수 있다. 따라서 제시된 문장과 음성의 내용은 불일치한다.

19 하

★ 弟弟正在看电影。 ( )

你们说话的时候，声音不要太大，弟弟正在做作业呢。

弟弟 dìdi 명 남동생 正在 zhèngzài 부 ~하고 있다
说话 shuōhuà 동 이야기하다, 말하다
……的时候 ……de shíhou ~할 때
声音 shēngyīn 명 목소리, 소리
不要 bú yào 부 ~하지 마라, ~해서는 안 된다
作业 zuòyè 명 숙제, 과제

★ 남동생은 영화를 보고 있다. ( )

너희들 이야기할 때, 목소리를 너무 크게 내지 마. 남동생이 숙제를 하고 있어.

정답 X

해설 제시된 문장이 弟弟正在看电影。(남동생은 영화를 보고 있다.)이므로 이 내용이 음성에서 언급되는지를 주의 깊게 듣는다. 음성에서 弟弟正在做作业呢(남동생이 숙제를 하고 있어)라고 했으므로 남동생은 영화를 보고 있는 것이 아닌 숙제를 하고 있는 것을 알 수 있다. 따라서 제시된 문장과 음성의 내용은 불일치한다.

20 중

★ 说话人对考试成绩不满意。 ( )

这次考试我没考好，特别是数学和历史，成绩比较差。这太让我难过了。

对 duì 개 ~에 (대해)
考试 kǎoshì 명 시험 동 시험을 보다(치다)
成绩 chéngjì 명 성적 满意 mǎnyì 동 만족하다
次 cì 양 번, 회 考 kǎo 동 시험을 보다(치다)
特别 tèbié 부 특히, 아주 数学 shùxué 명 수학
历史 lìshǐ 명 역사 比较 bǐjiào 부 비교적
差 chà 형 나쁘다, 다르다 让 ràng 동 ~하게 하다
难过 nánguò 형 슬프다, 괴롭다

★ 화자는 시험 성적에 만족하지 않는다. ( )

나는 이번 시험을 잘 못 봤다. 특히 수학과 역사가 성적이 비교적 나쁘다. 이것은 너무나도 나를 슬프게 한다.

정답 ✓

해설 제시된 문장이 说话人对考试成绩不满意。(화자는 시험 성적에 만족하지 않는다.)이므로 이 내용이 음성에서 언급되는지를 주의 깊게 듣는다. 음성에서 这次考试我没考好……这太让我难过了。(나는 이번 시험을 잘 못 봤다 …… 이것은 너무나도 나를 슬프게 한다.)라고 했으므로 화자는 시험 성적에 만족하지 않는다는 것을 알 수 있다. 따라서 제시된 문장과 음성의 내용은 일치한다.

21 하

A 一般 B 很好看 C 有点短

女：这条黑色的裙子不错，你觉得怎么样？
男：很好看，你去试试吧。

问：男的觉得黑色的裙子怎么样？

一般 yìbān 형 보통이다, 일반적이다
好看 hǎokàn 형 예쁘다, 보기 좋다
有点(儿) yǒudiǎn(r) 부 조금, 약간 短 duǎn 형 짧다
条 tiáo 양 [가늘고 긴 것을 세는 단위]
黑色 hēisè 명 검은색 裙子 qúnzi 명 치마
不错 búcuò 형 괜찮다, 좋다
觉得 juéde 동 ~라고 생각하다 试 shì 동 시험하다

A 보통이다 B 예쁘다 C 조금 짧다

여: 이 검은색 치마 괜찮네, 너는 어떻다고 생각해?
남: 예쁘네, 가서 한번 입어 봐.

질문: 남자는 검은색 치마가 어떻다고 생각하는가?

정답 B

해설 제시된 보기가 모두 상태·상황 관련 표현이므로 상태·상황과 관련된 내용에 유의하며 대화를 듣는다. 대화에서 여자가 这条黑色的裙子……你觉得怎么样?(이 검은색 치마 …… 너는 어떻다고 생각해?)이라고 묻자, 남자가 很好看(예쁘네)이라고 답했다. 질문이 남자는 검은색 치마가 어떻다고 생각하는지 물었으므로 B 很好看(예쁘다)을 정답으로 선택한다.

22 중

A 做题　　B 买书　　C 问路

男：老师，我不会做这个题，您能给我讲一下吗？
女：好的，你过来吧。

问：男的在做什么？

做题 zuò tí 문제를 풀다　问 wèn 동 묻다, 질문하다
路 lù 명 길, 도로　您 nín 대 당신[你의 존칭]
给 gěi 개 ~에게 동 주다　讲 jiǎng 동 설명하다, 말하다
过来 guòlai 동 오다, 다가오다

A 문제를 푼다　　B 책을 산다　　C 길을 묻는다

남: 선생님, 저 이 문제 못 풀겠어요. 저에게 한번 설명해주실 수 있나요?
여: 좋아. 여기로 오렴.

질문: 남자는 무엇을 하고 있는가?　　정답 A

해설 제시된 보기가 모두 행동 관련 표현이므로 행동과 관련된 내용에 유의하며 대화를 듣는다. 대화에서 남자가 我不会做这个题(저 이 문제 못 풀겠어요)라고 한 내용을 듣고 A 做题(문제를 푼다)를 정답의 후보로 체크해 둔다. 질문이 남자는 무엇을 하고 있는지 물었으므로 A 做题(문제를 푼다)를 정답으로 선택한다.

23 상

A 公园　　B 图书馆　　C 火车站

女：这本书我可以借几天呢？
男：我看看，这本书你可以借十五天。

问：他们可能在哪儿？

公园 gōngyuán 명 공원　图书馆 túshūguǎn 명 도서관
火车站 huǒchēzhàn 명 기차역
可以 kěyǐ 조동 ~할 수 있다, ~해도 좋다
借 jiè 동 빌리다, 빌려 주다

A 공원　　B 도서관　　C 기차역

여: 이 책을 제가 며칠 동안 빌릴 수 있나요?
남: 한번 볼게요. 당신은 이 책을 15일 동안 빌릴 수 있어요.

질문: 그들은 아마도 어디에 있는가?　　정답 B

해설 제시된 보기가 모두 장소 관련 표현이므로 장소와 관련된 내용에 유의하며 대화를 듣는다. 대화에서 여자가 这本书我可以借几天呢?(이 책을 제가 며칠 동안 빌릴 수 있나요?)라고 묻자 남자가 我看看(한번 볼게요)이라고 답했다. 질문이 그들은 아마도 어디에 있는지 물었으므로 책을 빌릴 수 있는 장소인 B 图书馆(도서관)을 정답으로 선택한다.

24 하

A 星期二　　B 星期四　　C 星期六

男：你什么时候从南京回来呢？
女：星期四早上有一个会议，开完就回来。

问：女的星期几回来？

什么时候 shénme shíhou 대 언제
从 cóng 개 ~에서(부터)　南京 Nánjīng 고유 난징, 남경
回来 huílai 동 돌아오다　早上 zǎoshang 명 아침
会议 huìyì 명 회의　完 wán 동 끝내다, 마치다
就 jiù 부 바로, 곧, 즉시

A 화요일　　B 목요일　　C 토요일

남: 당신은 언제 난징에서 돌아오나요?
여: 목요일 아침에 회의가 하나 있는데, 끝나고 바로 돌아와요.

질문: 여자는 무슨 요일에 돌아오는가?　　정답 B

해설 제시된 보기가 모두 요일 표현이므로 요일에 유의하며 대화를 듣는다. 대화에서 남자가 你什么时候从南京回来呢?(당신은 언제 난징에서 돌아오나요?)라고 묻자 여자가 星期四……回来(목요일 …… 돌아와요)라고 답했다. 질문이 여자는 무슨 요일에 돌아오는지 물었으므로 B 星期四(목요일)를 정답으로 선택한다.

25 하

A 妈妈　　B 爸爸　　C 妹妹

女: 你看起来很累, 有什么事吗?
男: 我在照顾住院的爸爸, 所以很累。

问: 男的在照顾谁?

妹妹 mèimei 명 여동생
看起来 kànqǐlai ~해 보이다　累 lèi 형 피곤하다
照顾 zhàogù 동 돌보다, 보살피다
住院 zhùyuàn 동 입원하다　所以 suǒyǐ 접 그래서

A 엄마　　B 아빠　　C 여동생

여: 너 피곤해 보이는데, 무슨 일 있어?
남: 나는 지금 입원한 아빠를 돌보고 있어. 그래서 피곤해.

질문: 남자는 지금 누구를 돌보고 있는가?　　정답 B

해설 제시된 보기가 모두 신분 표현이므로 대화에서 언급되는 신분 표현에 유의하며 대화를 듣는다. 대화에서 남자가 我在照顾住院的爸爸(나는 지금 입원한 아빠를 돌보고 있어)라고 했고, 질문이 남자는 지금 누구를 돌보고 있는지 물었으므로 B 爸爸(아빠)를 정답으로 선택한다.

26 중

A 前天买的　　B 比较大　　C 很便宜

男: 您好, 请问有什么可以帮您的吗?
女: 我昨天在这儿买的鞋有点儿大, 能换一双吗?

问: 关于鞋子, 可以知道什么?

前天 qiántiān 명 그저께　比较 bǐjiào 부 비교적
便宜 piányi 형 (값이) 싸다　请问 qǐngwèn 동 실례지만
鞋 xié 명 신발　有点儿 yǒudiǎnr 부 조금, 약간
换 huàn 동 교환하다, 바꾸다　双 shuāng 양 켤레, 쌍
关于 guānyú 개 ~에 관해　鞋子 xiézi 명 신발
知道 zhīdào 동 알다

A 그저께 산 것이다　　B 비교적 크다　　C 싸다

남: 안녕하세요. 실례지만 무엇을 도와 드릴까요?
여: 제가 어제 여기에서 산 신발이 조금 커요. 교환할 수 있을까요?

질문: 신발에 관해, 알 수 있는 것은?　　정답 B

해설 제시된 보기가 모두 상태·상황 관련 표현이므로 상태·상황과 관련된 내용에 유의하며 대화를 듣는다. 대화에서 여자가 鞋有点儿大(신발이 조금 커요)라고 한 내용을 듣고 B 比较大(비교적 크다)를 정답의 후보로 체크해 둔다. 질문이 신발에 관해 알 수 있는 것이 무엇인지 물었으므로 B 比较大(비교적 크다)를 정답으로 선택한다.

27 하

A 休息　　B 买电脑　　C 去玩儿

女: 这周末你有时间吗? 有时间的话和我一起去图书馆吧!
男: 对不起, 周末我要和朋友出去玩儿。

问: 男的周末要做什么?

休息 xiūxi 동 쉬다, 휴식하다　玩儿 wánr 동 놀다
周末 zhōumò 명 주말　时间 shíjiān 명 시간
……的话 ……dehuà 조 ~하다면　一起 yìqǐ 부 같이, 함께
图书馆 túshūguǎn 명 도서관
要 yào 조동 ~하려고 하다, ~할 것이다

A 쉬다　　B 컴퓨터를 산다　　C 놀러 간다

여: 이번 주말에 당신 시간 있어요? 시간 있으면 저와 같이 도서관에 가요!
남: 미안해요. 주말에 저는 친구와 놀러 나가려고 해요.

질문: 남자는 주말에 무엇을 하려고 하는가?　　정답 C

해설 제시된 보기가 모두 행동 관련 표현이므로 행동과 관련된 내용에 유의하며 대화를 듣는다. 대화에서 남자가 周末我要和朋友出去玩儿(주말에 저는 친구와 놀러 나가려고 해요)이라고 했고, 질문이 남자는 주말에 무엇을 하려고 하는지 물었으므로 C 去玩儿(놀러 간다)을 정답으로 선택한다.

28 중

A 没兴趣　　B 累了　　C 怕水

男：你怎么不跟大家一起去坐船呢？
女：我怕水，还不会游泳，所以不想坐船。

问：女的为什么没有去坐船？

兴趣 xìngqù 명 관심, 취미　累 lèi 형 피곤하다, 지치다
怕 pà 동 무서워하다, 두려워하다　跟 gēn 개 ~와/과
大家 dàjiā 대 모두들, 여러분　一起 yìqǐ 부 함께, 같이
船 chuán 명 배　还 hái 부 게다가, 또, 더
游泳 yóuyǒng 동 수영하다 명 수영
所以 suǒyǐ 접 그래서　为什么 wèishénme 대 왜

A 관심이 없다　　B 피곤하다　　C 물을 무서워한다

남: 당신은 왜 모두와 함께 배를 타러 가지 않아요?
여: 저는 물을 무서워해요. 게다가 수영도 할 줄 몰라요. 그래서 배를 타고 싶지 않아요.

질문: 여자는 왜 배를 타러 가지 않았는가?　　정답 C

해설 제시된 보기가 모두 상태·상황 관련 표현이므로 상태·상황과 관련된 내용에 유의하며 대화를 듣는다. 대화에서 여자가 **我怕水**(저는 물을 무서워해요)라고 했고, 질문이 여자는 왜 배를 타러 가지 않았는지 물었으므로 C **怕水**(물을 무서워한다)를 정답으로 선택한다.

29 중

A 画图　　B 照相　　C 看月亮

女：小林，下课前你能把这个图画完吗？
男：没问题，老师。我能画完。

问：男的在做什么？

画 huà 동 (그림을) 그리다 명 그림　图 tú 명 그림
照相 zhàoxiàng 동 사진을 찍다　月亮 yuèliang 명 달
下课 xiàkè 동 수업이 끝나다　把 bǎ 개 ~을(를)
完 wán 동 다하다, 끝내다, 마치다
没问题 méiwèntí 문제없다

A 그림을 그린다　　B 사진을 찍는다　　C 달을 본다

여: 샤오린, 수업이 끝나기 전에 이 그림을 다 그릴 수 있겠니?
남: 문제없어요, 선생님. 저는 다 그릴 수 있어요.

질문: 남자는 무엇을 하고 있는가?　　정답 A

해설 제시된 보기가 모두 행동 관련 표현이므로 행동과 관련된 내용에 유의하며 대화를 듣는다. 대화에서 여자가 **你能把这个图画完吗?**(이 그림을 다 그릴 수 있겠니?)라고 묻자 남자가 **我能画完。**(저는 다 그릴 수 있어요.)이라고 답했다. 질문이 남자는 무엇을 하고 있는지 물었으므로 A **画图**(그림을 그린다)를 정답으로 선택한다.

30 하

A 很简单　　B 很干净　　C 太难了

男：你觉得这本历史书怎么样？
女：太难了，我没有看懂。

问：女的觉得这本书怎么样？

简单 jiǎndān 형 간단하다, 단순하다
干净 gānjìng 형 깨끗하다　太……了 tài……le 너무 ~하다
难 nán 형 어렵다, 힘들다
觉得 juéde 동 ~라고 생각하다, ~이라고 여기다
历史 lìshǐ 명 역사　看懂 kàn dǒng 이해하다, 알아보다

A 간단하다　　B 깨끗하다　　C 너무 어렵다

남: 너는 이 역사 책이 어떻다고 생각하니?
여: 너무 어려워. 나는 이해하지 못했어.

질문: 여자는 이 책이 어떻다고 생각하는가?　　정답 C

해설 제시된 보기가 모두 상태·상황 관련 표현이므로 상태·상황과 관련된 내용에 유의하며 대화를 듣는다. 대화에서 남자가 **你觉得这本历史书怎么样?**(너는 이 역사 책이 어떻다고 생각하니?)이라고 묻자 여자가 **太难了**(너무 어려워)라고 답했다. 질문이 여자는 이 책이 어떻다고 생각하는지 물었으므로 C **太难了**(너무 어렵다)를 정답으로 선택한다.

31 상

A 船　　B 飞机　　C 地铁

男：你打算怎么回家？
女：我要先坐飞机，再坐公共汽车。
男：那很不方便啊。需要我帮你搬行李吗？
女：好的，太谢谢你了。

问：女的回家要先坐什么？

船 chuán 명 배, 선박　地铁 dìtiě 명 지하철
打算 dǎsuan 동 ~할 계획이다, ~할 생각이다
要 yào 조동 ~하려고 하다, ~할 것이다　先 xiān 부 먼저
再 zài 부 그 다음에, 다시
公共汽车 gōnggòng qìchē 명 버스
方便 fāngbiàn 형 편리하다　需要 xūyào 동 필요하다
帮 bāng 동 돕다　搬 bān 동 옮기다, 운반하다
行李 xíngli 명 짐

A 배　　B 비행기　　C 지하철

남: 당신은 어떻게 집에 돌아갈 계획인가요?
여: 저는 먼저 비행기를 타고, 그 다음에 버스를 타고 돌아가려고 해요.
남: 그러면 아주 불편하겠어요. 제가 짐 옮기는 것을 도와드릴까요?
여: 좋아요. 너무 감사해요.

질문: 여자는 먼저 무엇을 타고 집에 돌아가려고 하는가?　　정답 B

해설 제시된 보기가 모두 교통 수단 관련 표현이므로 보기에서 언급되는 교통 수단에 유의하며 대화를 듣는다. 대화에서 남자가 **你打算怎么回家?**(당신은 어떻게 집에 돌아갈 계획인가요?)라고 묻자 여자가 **先坐飞机，再坐公共汽车**(먼저 비행기를 타고, 그 다음에 버스를 탄다)라고 답했다. 질문이 여자는 먼저 무엇을 타고 집에 돌아가려고 하는지 물었으므로 B **飞机**(비행기)를 정답으로 선택한다.

32 중

A 玩儿游戏　　B 打扫房间　　C 搬桌子

女：你能过来帮我一下吗？
男：怎么了？我正在做作业呢。
女：我想把这张桌子搬到左边，但是我搬不动。
男：好的，我做完作业就来帮你。

问：女的想让男的做什么？

玩儿 wánr 동 (게임을) 하다, 놀다　游戏 yóuxì 명 게임
打扫 dǎsǎo 동 청소하다　房间 fángjiān 명 방
搬 bān 동 옮기다, 운반하다　过来 guòlai 동 오다, 다가오다
帮 bāng 동 돕다　正在 zhèngzài 부 ~하는 중이다
作业 zuòyè 명 숙제, 과제　把 bǎ 개 ~를(을)
张 zhāng 양 [책상·종이 등을 세는 단위]
左边 zuǒbian 명 왼쪽, 왼편
但是 dànshì 접 하지만, 그러나
搬不动 bān bu dòng 옮길 수 없다
完 wán 동 다하다, 끝내다, 마치다　就 jiù 부 바로, 곧
让 ràng 동 ~하게 하다

A 게임을 한다　　B 방을 청소한다　　C 탁자를 옮긴다

여: 와서 나를 좀 도와줄 수 있니?
남: 무슨 일이에요? 저는 숙제 하는 중이에요.
여: 내가 이 탁자를 왼쪽으로 옮기려고 하는데, 나는 못 옮기겠어.
남: 네, 제가 숙제 다 하고 바로 도와드릴게요.

질문: 여자는 남자에게 무엇을 하게 하려고 하는가?　　정답 C

해설 제시된 보기가 모두 행동 관련 표현이므로 행동과 관련된 내용에 유의하며 대화를 듣는다. 대화에서 여자가 **你能过来帮我一下吗?**(와서 나를 좀 도와줄 수 있니?), **我想把这张桌子搬到左边，但是我搬不动。**(내가 이 탁자를 왼쪽으로 옮기려고 하는데, 나는 못 옮기겠어.)이라고 한 내용을 듣고 C **搬桌子**(탁자를 옮긴다)를 정답의 후보로 체크해 둔다. 질문이 여자는 남자에게 무엇을 하게 하려고 하는지 물었으므로 C **搬桌子**(탁자를 옮긴다)를 정답으로 선택한다.

33 중

A 怕她累　　B 不关心她　　C 想照顾她

男：你想留学这件事，和爸爸妈妈说了吗？
女：说了，爸妈都不同意。
男：为什么呢？
女：他们觉得我身体不好，怕我太累。

问：父母为什么不同意？

怕 pà 동 걱정하다, 두려워하다
累 lèi 형 힘들다, 지치다, 피곤하다
关心 guānxīn 동 관심을 갖다
照顾 zhàogù 동 돌보다, 보살피다
留学 liúxué 동 유학하다
件 jiàn 양 건, 벌[일, 옷 등을 세는 단위]
和 hé 개 ~에게, ~와/과　同意 tóngyì 동 동의하다
为什么 wèishénme 대 왜　觉得 juéde 동 ~라고 생각하다
身体 shēntǐ 명 몸, 신체

A 그녀가 힘들까 봐 걱정된다　　B 그녀에게 관심이 없다　　C 그녀를 돌보고 싶다

남: 너 유학 가려고 하는 일, 아빠 엄마께 말씀드렸어?
여: 말씀드렸지. 아빠 엄마는 모두 동의하지 않으셔.
남: 왜?
여: 그들은 내가 몸이 좋지 않다고 생각해서, 내가 너무 힘들까 봐 걱정하셔.

질문: 부모님은 왜 동의하지 않는가?　　정답 A

해설 제시된 보기가 모두 상태·상황 관련 표현이므로 상태·상황과 관련된 내용에 유의하며 대화를 듣는다. 대화에서 여자가 爸妈都不同意(아빠 엄마는 모두 동의하지 않는다), 怕我太累(내가 너무 힘들까 봐 걱정한다)라고 했고, 질문이 부모님은 왜 동의하지 않는지 물었으므로 A 怕她累(그녀가 힘들까 봐 걱정된다)를 정답으로 선택한다.

34 중

A 宾馆　　B 机场　　C 洗手间

女：对不起，我迟到了，经理在会议室吗？
男：不在，他去机场接人了。你怎么现在才来？
女：我坐的出租车在来的路上坏了，所以来晚了。
男：经理下午两点回来，等他回来再说吧。

问：经理现在最可能在哪儿？

宾馆 bīnguǎn 명 호텔　机场 jīchǎng 명 공항
洗手间 xǐshǒujiān 명 화장실
迟到 chídào 동 늦다, 지각하다　经理 jīnglǐ 명 사장
会议室 huìyìshì 명 회의실　接 jiē 동 마중하다
才 cái 부 ~에야, 겨우　路 lù 명 길, 도로
坏 huài 동 고장 나다 형 나쁘다　所以 suǒyǐ 접 그래서
晚 wǎn 형 늦다　等 děng 동 기다리다
再 zài 부 다시, 재차　最 zuì 부 가장

A 호텔　　B 공항　　C 화장실

여: 죄송합니다. 제가 늦었어요. 사장님은 회의실에 계시나요?
남: 계시지 않아요. 그는 공항에 사람을 마중하러 갔어요. 당신 왜 지금에서야 오셨나요?
여: 제가 탄 택시가 오는 길에 고장이 나서, 늦게 왔어요.
남: 사장님은 오후 두 시에 돌아오세요. 그가 돌아오길 기다렸다가 다시 이야기해요.

질문: 사장님은 지금 어디에 있을 가능성이 가장 큰가?　　정답 B

해설 제시된 보기가 모두 장소 관련 표현이므로 장소와 관련된 내용에 유의하며 대화를 듣는다. 대화에서 여자가 经理在会议室吗?(사장님은 회의실에 계시나요?)라고 묻자 남자가 他去机场接人了(그는 공항에 사람을 마중하러 갔어요)라고 답했다. 질문이 사장님은 지금 어디에 있을 가능성이 가장 큰지 물었으므로 B 机场(공항)을 정답으로 선택한다.

35 중

A 前天　　B 今天　　C 后天

男：张阿姨，你儿子回来了吗？
女：没有，他突然出了点儿事，说后天才能回来。
男：他真的好忙啊。
女：是啊，想见他一面真的不容易。

问：女的的儿子什么时候回来？

前天 qiántiān 명 그저께 **后天** hòutiān 명 모레
阿姨 āyí 명 아주머니, 이모 **突然** tūrán 부 갑자기
出事 chūshì 일이 생기다, 사고가 나다
才 cái 부 ~에야, 겨우 **真** zhēn 부 정말, 진짜로
好 hǎo 부 [형용사나 동사 앞에 쓰여 정도가 심함을 나타냄]
忙 máng 형 바쁘다 **见面** jiànmiàn 동 얼굴을 보다, 만나다
容易 róngyì 형 쉽다

A 그저께　　B 오늘　　C 모레

남: 장 아주머니, 아들은 돌아왔어요?
여: 아뇨, 갑자기 일이 생겨서 모레에야 돌아올 수 있다고 했어요.
남: 그는 정말 아주 바쁘군요.
여: 네, 그의 얼굴 한번 보는 것이 정말 쉽지 않아요.

질문: 여자의 아들은 언제 돌아오는가?

정답 C

해설 제시된 보기가 모두 시점 관련 표현이므로 시점과 관련된 내용에 유의하며 대화를 듣는다. 대화에서 남자가 **你儿子回来了吗?**(아들은 돌아왔어요?)라고 묻자 여자가 **说后天才能回来**(모레에야 돌아올 수 있다고 했어요)라고 답했다. 질문이 여자의 아들은 언제 돌아오는지 물었으므로 C **后天**(모레)을 정답으로 선택한다.

36 중

A 个子不高　　B 喜欢运动　　C 成绩很好

女：听说你爸爸是老师，他是教什么的？
男：我爸爸在大学教体育。
女：那你也喜欢做运动吗？
男：是的，我很喜欢踢足球。

问：关于男的，可以知道什么？

个子 gèzi 명 키 **高** gāo 형 (키가) 크다, 높다
运动 yùndòng 동 운동하다 명 운동
成绩 chéngjì 명 성적 **听说** tīngshuō 동 듣자 하니
教 jiāo 동 가르치다 **体育** tǐyù 명 체육, 스포츠
也 yě 부 ~도, 또한 **踢足球** tī zúqiú 축구를 하다

A 키가 크지 않다　　B 운동하는 것을 좋아한다　　C 성적이 좋다

여: 듣자 하니 네 아버지가 선생님이시라던데, 그는 무엇을 가르치시니?
남: 우리 아빠는 대학교에서 체육을 가르치셔.
여: 그러면 너도 운동하는 것을 좋아하니?
남: 맞아. 나는 축구를 하는 것을 좋아해.

질문: 남자에 관해, 알 수 있는 것은 무엇인가?

정답 B

해설 제시된 보기가 모두 상태·상황 관련 표현이므로 상태·상황과 관련된 내용에 유의하며 대화를 듣는다. 대화에서 여자가 **你也喜欢做运动吗?**(너도 운동하는 것을 좋아하니?)라고 묻자 남자가 **是的**(맞아)라고 답했다. 질문이 남자에 관해 알 수 있는 것은 무엇인지 물었으므로 B **喜欢运动**(운동하는 것을 좋아한다)을 정답으로 선택한다.

37 하

A 跑步　　B 骑马　　C 跳舞

男: 我记得你喜欢骑马, 对吗?
女: 是的, 怎么了?
男: 我也想学, 能带我一起去吗?
女: 好的, 下个月一号我们去骑马吧。

问: 他们下个月要做什么?

跑步 pǎobù 동 달리다, 뛰다
骑 qí 동 (동물이나 자전거 등에) 타다 **马** mǎ 명 말
跳舞 tiàowǔ 동 춤을 추다 **记得** jìde 동 기억하고 있다
也 yě 부 ~도, 또한 **带** dài 동 데리다, 가지다, 휴대하다
一起 yìqǐ 부 같이, 함께 **下个月** xià ge yuè 다음 달

A 달리기를 한다　　B 말을 탄다　　C 춤을 춘다

남: 내가 기억하기로는 네가 말을 타는 것을 좋아했는데, 맞아?
여: 맞아. 무슨 일이야?
남: 나도 배우고 싶은데, 나를 데리고 같이 갈 수 있어?
여: 좋아. 다음 달 1일에 우리 말을 타러 가자.

질문: 그들은 다음 달에 무엇을 하려고 하는가?

정답 B

해설 제시된 보기가 모두 행동 관련 표현이므로 행동과 관련된 내용에 유의하며 대화를 듣는다. 대화에서 여자가 下个月一号我们去骑马吧(다음 달 1일에 우리 말을 타러 가자)라고 했고, 질문이 그들은 다음 달에 무엇을 하려고 하는지 물었으므로 B 骑马(말을 탄다)를 정답으로 선택한다.

38 상

A 医院　　B 超市　　C 饭店

女: 您好, 请问您哪里不舒服?
男: 这两天我一直头疼, 而且还很累。
女: 你应该是感冒了, 回家吃个感冒药, 然后好好儿休息。
男: 好的, 谢谢医生。

问: 他们现在在哪儿?

超市 chāoshì 명 슈퍼 **请问** qǐngwèn 동 실례지만
舒服 shūfu 형 편안하다 **一直** yìzhí 부 계속, 줄곧
头疼 tóuténg 머리가 아프다 **而且** érqiě 접 게다가, 또한
还 hái 부 ~도, 게다가, 또 **累** lèi 형 피곤하다
应该 yīnggāi 조동 아마도
感冒 gǎnmào 동 감기에 걸리다 명 감기 **药** yào 명 약
然后 ránhòu 접 그런 후에, 그 다음에
好好儿 hǎohāor 부 푹, 잘 **休息** xiūxi 동 쉬다

A 병원　　B 슈퍼　　C 식당

여: 안녕하세요. 실례지만 어디가 불편하신가요?
남: 요 이틀 동안 저는 계속 머리가 아프고, 게다가 피곤하기도 했어요.
여: 아마 감기에 걸리신 것 같아요. 집에 가셔서 감기약을 드시고, 그런 후에 푹 쉬세요.
남: 네, 감사합니다, 의사 선생님.

질문: 그들은 지금 어디에 있는가?

정답 A

해설 제시된 보기가 모두 장소 관련 표현이므로 장소와 관련된 내용에 유의하며 대화를 듣는다. 대화에서 여자가 回家吃个感冒药, 然后好好儿休息(집에 가셔서 감기약을 드시고, 그런 후에 푹 쉬세요)라고 하자 남자가 谢谢医生(감사합니다, 의사 선생님)이라고 답했다. 질문이 그들은 지금 어디에 있는지 물었으므로 A 医院(병원)을 정답으로 선택한다.

39
중

A 十点　　B 十点半　　C 十一点

男：你不是已经到机场了吗？怎么又回来了？
女：我看错时间了。
男：你买的是几点的飞机票？
女：我买的是晚上十点半的，现在才下午三点。

问：女的买了几点的机票？

半 bàn ㊥ 반, 절반　已经 yǐjīng ㊞ 이미, 벌써
到 dào ㊣ 도착하다　机场 jīchǎng ㊐ 공항
又 yòu ㊞ 또, 다시　回来 huílai ㊣ 돌아오다
错 cuò ㊫ 틀리다, 맞지 않다　时间 shíjiān ㊐ 시간
票 piào ㊐ 표, 티켓　晚上 wǎnshang ㊐ 저녁
才 cái ㊞ 겨우, ~에야

A 10시　　B 10시 반　　C 11시

남: 당신 이미 공항에 도착했던 것 아니었어요? 왜 또 돌아왔어요?
여: 제가 시간을 잘못 봤어요.
남: 당신이 산 것은 몇 시 비행기표예요?
여: 제가 산 건 저녁 10시 반 표인데, 지금은 겨우 오후 3시예요.

질문: 여자는 몇 시 비행기표를 샀는가?　　정답 B

해설 제시된 보기가 모두 시간 관련 표현이므로 시간과 관련된 내용에 유의하며 대화를 듣는다. 대화에서 남자가 **你买的是几点的飞机票?**(당신이 산 것은 몇 시 비행기표예요?)라고 묻자 여자가 **我买的是晚上十点半的**(제가 산 건 저녁 10시 반 표예요)라고 답했다. 질문이 여자는 몇 시 비행기표를 샀는지 물었으므로 B **十点半**(10시 반)을 정답으로 선택한다.

40
하

A 看电影　　B 去工作　　C 照顾妈妈

女：明天我们去看电影吧，好久没去电影院了。
男：对不起啊，我明天不能和你出去了。
女：怎么了？
男：妈妈生病了，我得去医院照顾她。

问：男的明天要做什么？

照顾 zhàogù ㊣ 보살피다, 돌보다
久 jiǔ ㊫ 오래되다, 시간이 길다
电影院 diànyǐngyuàn ㊐ 영화관
生病 shēngbìng ㊣ 아프다, 병이 나다, 병에 걸리다
得 děi 조동 ~해야 한다

A 영화를 본다　　B 일하러 간다　　C 엄마를 보살핀다

여: 내일 우리 영화 보러 가자. 너무 오랫동안 영화관에 안 갔어.
남: 미안해. 나는 내일 너랑 못 나가.
여: 무슨 일 있어?
남: 엄마가 아프셔서, 나는 병원에 가서 그녀를 돌봐야 해.

질문: 남자는 내일 무엇을 하려고 하는가?　　정답 C

해설 제시된 보기가 모두 행동 관련 표현이므로 행동과 관련된 내용에 유의하며 대화를 듣는다. 대화에서 **明天我们去看电影吧**(내일 우리 영화 보러 가자)라고 하자 남자가 **我明天不能和你出去了**(나는 내일 너랑 못 나가), **妈妈生病了，我得去医院照顾她。**(엄마가 아프셔서, 나는 병원에 가서 그녀를 돌봐야 해.)라고 했다. 질문이 남자는 내일 무엇을 하려고 하는지 물었으므로 C **照顾妈妈**(엄마를 보살핀다)를 정답으로 선택한다.

二、阅读 독해

독해 mp3
바로듣기

41-45

A 对啊，这里的冬天一直都这样。
B 这次去中国的时候，我想给妈妈买个礼物。
C 你知道办公室里有几个电脑吗？
D 别担心，我一会儿过去的时候帮你买。
~~E~~ 我们先坐地铁2号线，然后换公共汽车。
F 张经理在办公室吗？

冬天 dōngtiān 명 겨울 一直 yìzhí 부 줄곧, 계속
次 cì 양 번 ……的时候 ……de shíhou ~할 때
给 gěi 개 ~에게 동 주다 礼物 lǐwù 명 선물
知道 zhīdào 동 알다 办公室 bàngōngshì 명 사무실
别 bié 부 ~하지 마라 担心 dānxīn 동 걱정하다
一会儿 yíhuìr 수량 이따가, 잠시, 곧
过去 guòqu 동 가다, 지나가다 先 xiān 부 먼저
地铁 dìtiě 명 지하철 然后 ránhòu 접 그 다음에
换 huàn 동 갈아타다, 바꾸다
公共汽车 gōnggòng qìchē 명 버스 经理 jīnglǐ 명 사장

A 맞아요. 이곳의 겨울은 줄곧 이랬어요.
B 이번에 중국에 갈 때, 나는 엄마께 선물 하나를 사 드리려고 해요.
C 사무실에 컴퓨터가 몇 개 있는지 알아요?
D 걱정 마세요. 제가 이따가 갈 때 사 올게요.
~~E~~ 우리 먼저 지하철 2호선을 타고, 그 다음에 버스로 갈아타자.
F 장 사장님 사무실에 계세요?

* E는 예시 보기이므로 취소선을 그은 후, 이를 제외한 나머지 5개의 보기 중에서 정답을 고른다.

41 하

现在一共有十个电脑。

一共 yígòng 부 총, 모두

지금 컴퓨터가 총 열 개 있어요. 정답 C

해설 문제의 핵심어구가 **电脑**(컴퓨터)이므로, **电脑**(컴퓨터)가 언급된 보기 C **你知道办公室里有几个电脑吗?**(사무실에 컴퓨터가 몇 개 있는지 알아요?)를 정답으로 선택한다.

42 상

那里应该可以刷信用卡吧？

应该 yīnggāi 조동 아마도, 마땅히 ~해야 한다
可以 kěyǐ 조동 ~할 수 있다, ~해도 좋다
刷 shuā 동 (카드를) 긁다, 빗질하다
信用卡 xìnyòngkǎ 명 신용 카드

거기에서 아마도 신용 카드 긁을 수 있겠죠? 정답 B

해설 문제가 **那里应该可以刷信用卡吧?**(거기에서 아마도 신용 카드 긁을 수 있겠죠?)라고 했으므로, 중국에 갈 때 선물을 사려고 한다는 상황으로 연결되는 보기 B **这次去中国的时候，我想给妈妈买个礼物。**(이번에 중국에 갈 때, 나는 엄마께 선물 하나를 사 드리려고 해요.)를 정답으로 선택한다.

43 중

你看外面的风那么大，看起来很冷啊。

外面 wàimian 명 밖, 바깥 风 fēng 명 바람
那么 nàme 대 저렇게, 그렇게 看起来 kànqǐlai ~해 보이다
啊 a 조 [문장 끝에 쓰여 긍정·감탄·찬탄을 나타냄]

밖에 바람이 저렇게 많이 부는 것 좀 보세요. 매우 추워 보여요. 정답 A

해설 문제의 핵심어구가 冷(춥다)이므로 같은 주제로 연결되는 冬天(겨울)이 언급된 보기 A **对啊，这里的冬天一直都这样。**(맞아요. 이곳의 겨울은 줄곧 이랬어요.)을 정답으로 선택한다.

44 상

怎么办，我忘记买他的礼物了！	忘记 wàngjì 동 잊어버리다, 까먹다 礼物 lǐwù 명 선물
어쩌죠, 제가 그의 선물을 사 오는 것을 잊어버렸어요!	정답 D

해설 문제가 怎么办，我忘记买他的礼物了！(어쩌죠, 제가 그의 선물을 사 오는 것을 잊어버렸어요!)라고 했으므로, 걱정하지 말라는 상황으로 연결되는 보기 D **别担心，我一会儿过去的时候帮你买。**(걱정 마세요. 제가 이따가 갈 때 사 올게요.)를 정답으로 선택한다.

45 하

不在，他在四楼的办公室等我们。	楼 lóu 명 층, 건물, 빌딩 办公室 bàngōngshì 명 사무실 等 děng 동 기다리다
안 계세요. 그는 4층 사무실에서 우리를 기다리고 있어요.	정답 F

해설 문제의 핵심어구가 在(~에 있다)이므로 在(~에 있다)가 언급된 보기 F **张经理在办公室吗?**(장 사장님 사무실에 계세요?)를 정답으로 선택한다.

46-50

A 上周和我女儿去超市的时候买的。 B 刚才和小王一起坐公共汽车的人是她弟弟吗？ C 这个汉字怎么读？ D 妈妈怎么做了这么多菜？ E 客人很快就到了，我们应该把房间打扫干净。	上周 shàngzhōu 지난주 超市 chāoshì 명 마트, 슈퍼 ……的时候 ……de shíhou ~할 때 刚才 gāngcái 명 방금 一起 yìqǐ 부 함께, 같이 公共汽车 gōnggòng qìchē 명 버스 弟弟 dìdi 명 남동생 汉字 Hànzì 고유 한자 读 dú 동 읽다 客人 kèrén 명 손님 就……了 jiù……le 곧 ~하려고 하다 到 dào 동 도착하다 应该 yīnggāi 조동 ~해야 한다 把 bǎ 개 ~을(를) 房间 fángjiān 명 방 打扫 dǎsǎo 동 청소하다 干净 gānjìng 형 깨끗하다

A 지난주에 제 딸과 마트에 갔을 때 산 거예요.
B 방금 샤오왕과 함께 버스를 탄 사람은 그녀의 남동생이에요?
C 이 한자는 어떻게 읽어요?
D 엄마는 어째서 이렇게 많은 요리를 했나요?
E 손님이 곧 도착하려고 하니, 우리는 방을 깨끗하게 청소해야 해.

46 중

爸爸，你为什么起这么早？	为什么 wèishénme 대 왜 起 qǐ 동 일어나다 这么 zhème 대 이렇게, 이러한 早 zǎo 형 이르다
아빠, 왜 이렇게 일찍 일어나셨어요?	정답 E

해설 문제가 为什么(왜)를 사용한 의문문이고, 왜 일찍 일어났는지의 이유로 연결되는 보기 E **客人很快就到了，我们应该把房间打扫干净。**(손님이 곧 도착하려고 하니, 우리는 방을 깨끗하게 청소해야 해.)을 정답으로 선택한다.

47 상	我也不知道，让我查一下词典吧。	也 yě 부 ~도, 또한 知道 zhīdào 동 알다 让 ràng 동 ~하게 하다 查 chá 동 찾아보다, 검사하다 一下 yíxià 수량 좀 ~해보다 词典 cídiǎn 명 사전
	저도 모르겠어요. 제가 사전을 좀 찾아볼게요.	정답 C

해설 문제가 我也不知道，让我查一下词典吧。(저도 모르겠어요. 제가 사전을 좀 찾아볼게요.)라고 했으므로, 이는 보기 C 这个汉字怎么读?(이 한자는 어떻게 읽어요?)의 대답이 될 수 있다. 따라서 보기 C를 47번 문제의 정답으로 선택한다. 여기서는 보기 C가 문제의 앞 문장으로 연결되는 것에 주의한다.

48 중	因为爷爷奶奶晚上来我们家。	因为 yīnwèi 접 ~때문이다 爷爷 yéye 명 할아버지 奶奶 nǎinai 명 할머니 晚上 wǎnshang 명 저녁
	할아버지 할머니께서 저녁에 우리 집에 오시기 때문이야.	정답 D

해설 문제가 因为爷爷奶奶晚上来我们家。(할아버지 할머니께서 저녁에 우리 집에 오시기 때문이야.)라고 했으므로, 이는 보기 D 妈妈怎么做了这么多菜?(엄마는 어째서 이렇게 많은 요리를 했나요?)의 이유가 될 수 있다. 따라서 보기 D를 48번 문제의 정답으로 선택한다. 여기서는 보기 D가 문제의 앞 문장으로 연결되는 것에 주의한다.

49 하	是的，她弟弟上个月从中国留学回来。	弟弟 dìdi 명 남동생 上个月 shàng ge yuè 지난달 从 cóng 개 ~에서(부터) 留学 liúxué 동 유학하다
	네, 그녀의 남동생은 지난달에 중국에서 유학하고 돌아왔어요.	정답 B

해설 문제의 핵심어구가 她弟弟(그녀의 남동생)이므로 她弟弟(그녀의 남동생)가 언급된 보기 B 刚才和小王一起坐公共汽车的人是她弟弟吗?(방금 샤오왕과 함께 버스를 탄 사람은 그녀의 남동생이에요?)를 정답으로 선택한다.

50 중	这瓶饮料很好喝，什么时候买的?	瓶 píng 양 병 명 병 饮料 yǐnliào 명 음료 好喝 hǎohē 형 (음료수 따위가) 맛있다, 마시기 좋다 什么时候 shénme shíhou 대 언제
	이 음료 맛있는데, 언제 산 거예요?	정답 A

해설 문제의 핵심어구가 饮料(음료)이므로, 같은 주제로 연결되는 超市(마트)이 언급된 보기 A 上周和我女儿去超市的时候买的。(지난주에 제 딸과 마트에 갔을 때 산 거예요.)를 정답으로 선택한다.

51-55

A 重要	B 极	C 了解	重要 zhòngyào 형 중요하다 极 jí 부 매우, 극히 了解 liǎojiě 동 이해하다 辆 liàng 양 대, 량[차량·자전거 등 탈 것을 세는 단위] 声音 shēngyīn 명 목소리, 소리 发烧 fāshāo 동 열이 나다
D 辆	~~E~~ 声音	F 发烧	
A 중요하다	B 매우	C 이해하다	
D 대	~~E~~ 목소리	F 열이 나다	

* E 声音(목소리)은 예시 어휘이므로, 이를 제외한 나머지 5개의 보기 중에서 정답을 고른다.

51 하

爸爸明天要买一（D 辆）车。	要 yào 조동 ~하려고 하다, ~할 것이다, ~해야 한다 辆 liàng 양 대, 량[차량·자전거 등 탈 것을 세는 단위]
아빠는 내일 차 한 (D 대)를 사려고 한다.	정답 D

해설 빈칸 앞에는 수사 一(하나, 1)가, 빈칸 뒤에는 명사 车(차)가 있으므로 '수사+양사+명사'의 형태로 수사와 명사 사이에 올 수 있는 양사 D 辆(대)을 정답으로 선택한다.

52 중

孩子一直在（F 发烧），我明天要带他去医院。	孩子 háizi 명 아이, 애, 자식 一直 yìzhí 부 계속, 줄곧 发烧 fāshāo 동 열이 나다 要 yào 조동 ~하려고 하다, ~할 것이다 带 dài 동 데리다, 가지다
아이가 계속 (F 열이 나)고 있어서, 나는 내일 그를 데리고 병원에 가려고 한다.	정답 F

해설 빈칸이 있는 구절에 술어가 없고, 빈칸 앞에 부사 在(~하고 있다)가 있으므로 빈칸에는 동사가 온다. 동사 C 了解(이해하다), F 发烧(열이 나다) 중 '아이가 계속 ______하고 있어서, 나는 내일 그를 데리고 병원에 가려고 한다.'라는 문맥에 적합한 동사 F 发烧(열이 나다)를 정답으로 선택한다.

53 하

下午2点的会议很（A 重要），希望大家都参加。	会议 huìyì 명 회의 重要 zhòngyào 형 중요하다 希望 xīwàng 동 바라다, 희망하다 大家 dàjiā 대 모두, 다들 参加 cānjiā 동 참석하다, 참가하다
오후 2시의 회의는 (A 중요해요). 모두가 다 참석하길 바랍니다.	정답 A

해설 빈칸 앞에 정도부사 很(매우)이 있으므로 유일한 형용사 A 重要(중요하다)를 정답으로 선택한다. 참고로, 정도부사 뒤에는 주로 형용사가 온다.

54 상

那家饭店的菜好吃（B 极）了，下个月一起去吃吧。	家 jiā 양 [가게나 집·점포·공장 등을 세는 단위] 好吃 hǎochī 형 맛있다, 먹기 좋다 ……极了 ……jí le 매우 ~하다[형용사 뒤에서 어떤 정도가 극도로 높음을 나타냄] 下个月 xià ge yuè 다음 달 一起 yìqǐ 부 같이, 함께
저 식당 요리는 (B 매우) 맛있어요. 다음 달에 같이 가서 먹어요.	정답 B

해설 빈칸 앞에 형용사 好吃(맛있다)이 있으므로 형용사 뒤에 '형용사+……极了'의 형태로 '매우 ~하다'라는 의미를 나타내는 부사 B 极(매우)를 정답으로 선택한다.

55 상

我们学汉语的原因是为了（C 了解）中国文化。	原因 yuányīn 명 이유, 원인 为了 wèile 개 ~을 하기 위하여 了解 liǎojiě 동 이해하다 文化 wénhuà 명 문화
우리가 중국어를 배우는 이유는 중국 문화를 (C 이해하)기 위함이다.	정답 C

해설 빈칸 앞에 개사 为了(~을 하기 위하여)가 있고, 빈칸 뒤에는 명사 中国文化(중국 문화)가 있다. 中国文化를 목적어로 가질 수 있는 동사 C 了解(이해하다)를 정답으로 선택한다. 참고로, 개사 为了(~을 하기 위하여) 뒤에는 동사가 자주 온다는 것을 알아 둔다.

56-60

A 回答	B 街道	C 比赛	回答 huídá 동 대답하다 街道 jiēdào 명 길거리, 거리
~~D~~ 爱好	E 满意	F 如果	比赛 bǐsài 명 경기, 시합 爱好 àihào 명 취미 满意 mǎnyì 동 만족하다 如果 rúguǒ 접 만약
A 대답하다	B 길거리	C 경기	
~~D~~ 취미	E 만족하다	F 만약	

* D 爱好(취미)는 예시 어휘이므로, 이를 제외한 나머지 5개의 보기 중에서 정답을 고른다.

56 중

A: 明天和我一起去买冰箱吧!
B: 我不能去。我明天下午3点要看篮球（C 比赛）。

一起 yìqǐ 부 함께, 같이 冰箱 bīngxiāng 명 냉장고
要 yào 조동 ~할 것이다, ~하려고 하다
篮球 lánqiú 명 농구 比赛 bǐsài 명 경기, 시합

A: 내일 나와 함께 냉장고를 사러 가자!
B: 나는 못 가. 나는 내일 오후 3시에 농구 (C 경기)를 볼 거야.

정답 C

해설 빈칸 앞에 술어가 되는 동사 看(보다)이 있으므로, 看의 목적어가 되면서 '농구 ______를 보다'라는 문맥에도 적합한 명사 C 比赛(경기)를 정답으로 선택한다.

57 하

A: 同学们，谁能（A 回答）一下这个问题?
B: 老师，我可以!

回答 huídá 동 대답하다 一下 yíxià 수량 ~해 보다
问题 wèntí 명 문제, 질문 可以 kěyǐ 조동 ~할 수 있다

A: 학우들, 이 문제를 누가 한번 (A 대답해) 볼 수 있을까요?
B: 선생님, 제가 할 수 있어요!

정답 A

해설 빈칸 앞에 조동사 能(~할 수 있다)이 있으므로 동사 A 回答(대답하다), E 满意(만족하다) 중 '이 문제를 누가 한번 ______ 볼 수 있을까요?' 라는 문맥에 적합한 동사 A 回答(대답하다)를 정답으로 선택한다. 참고로, 조동사는 동사 앞에 온다.

58 중

A: 这个地方太安静了。
B: 是啊，（B 街道）上什么人都没有。

地方 dìfang 명 곳, 장소
安静 ānjìng 형 조용하다, 고요하다
街道 jiēdào 명 길거리, 거리

A: 이 곳은 너무 조용하네요.
B: 맞아요. (B 길거리)에 아무도 없네요.

정답 B

해설 빈칸 뒤에 방위명사 上(~에)이 있으므로 장소를 나타내는 명사 B 街道(길거리)를 정답으로 선택한다. 참고로, 방위명사는 단독으로 쓰이지 않고, 주로 장소명사나 일반명사 뒤에 붙어서 쓰인다는 것을 알아 둔다.

59 중

A:（F 如果）你难过的话，可以和我聊聊。
B: 我没事，谢谢你。

如果 rúguǒ 접 만약 难过 nánguò 형 슬프다, 괴롭다
……的话 ……dehuà 조 ~하다면
可以 kěyǐ 조동 ~해도 좋다, ~할 수 있다
聊 liáo 동 이야기하다, 수다를 떨다
没事 méishì 괜찮다, 상관 없다

A: (F 만약) 네가 슬프다면, 나와 이야기를 좀 해도 좋아.
B: 나 괜찮아. 고마워.

정답 F

해설 빈칸이 문장 맨 앞에 있으므로 빈칸에는 접속사나 부사가 온다. 빈칸 뒤에 ……的话(~하다면)가 있으므로, 如果……的话(만약 ~하다면)라는 형태로 자주 쓰이는 접속사 F 如果(만약)를 정답으로 선택한다.

60 상

A: 你觉得今天的菜怎么样?
B: 特别好吃，我很（E 满意）。

觉得 juéde 동 ~라고 생각하다, ~이라고 여기다
特别 tèbié 부 아주, 특히
好吃 hǎochī 형 맛있다, 먹기 좋다
满意 mǎnyì 동 만족하다

A: 당신은 오늘 요리가 어떻다고 생각해요?
B: 아주 맛있어요. 저는 매우 (E 만족해요). 정답 E

해설 빈칸이 있는 구절에 술어가 없으므로 빈칸에는 동사나 형용사가 온다. '아주 맛있어요. 저는 매우 ______'라는 문맥에 적합한 동사 E 满意(만족하다)를 정답으로 선택한다. 참고로, 정도부사 뒤에는 주로 형용사가 오지만, 满意(만족하다), 喜欢(좋아하다)과 같은 감정을 나타내는 동사도 정도부사 뒤에 올 수 있음을 알아 둔다.

61 상

您好，这是您的房卡。房间里有热水，早上六点到九点可以吃早饭。如果您还有别的问题，可以给我们打电话。

★ 说话人在哪儿?
A 宾馆
B 商店
C 体育馆

房卡 fángkǎ 명 카드키 房间 fángjiān 명 방
早上 zǎoshang 명 아침 早饭 zǎofàn 조식, 아침 식사
如果 rúguǒ 접 만약 还 hái 부 더, 또
别的 biéde 다른 것 问题 wèntí 명 문제, 질문
给 gěi 개 ~에게 동 주다 宾馆 bīnguǎn 명 호텔
体育馆 tǐyùguǎn 명 체육관

안녕하세요. 이것은 당신의 카드키입니다. 방에는 따뜻한 물이 나오며, 아침 여섯 시부터 아홉 시까지 조식을 드실 수 있습니다. 만약 다른 문제가 더 있으시다면, 저희에게 전화 주시면 됩니다.

★ 화자는 어디에 있는가?
A 호텔 B 상점 C 체육관 정답 A

해설 질문이 화자는 어디에 있는지 물었다. 지문의 **这是您的房卡……早上六点到九点可以吃早饭**(이것은 당신의 카드키입니다 …… 아침 여섯 시부터 아홉 시까지 조식을 드실 수 있습니다)을 통해 알 수 있는 A **宾馆**(호텔)을 정답으로 선택한다.

62 중

只要努力学习，提高汉语水平其实不难。想要说得好，就不能害怕，要经常找中国朋友聊天。想要写得好，就要多写句子。

★ 想提高汉语水平，就应该:
A 去留学
B 不能害怕
C 多看词典

只要 zhǐyào 접 ~하기만 하면
努力 nǔlì 형 열심이다, 정성이다
提高 tígāo 동 향상시키다, 높이다
水平 shuǐpíng 명 수준, 능력 其实 qíshí 부 사실
难 nán 형 어렵다 想要 xiǎngyào ~하려고 하다
害怕 hàipà 동 두려워하다, 무서워하다
经常 jīngcháng 부 자주 找 zhǎo 동 찾다
聊天 liáotiān 동 이야기하다, 수다를 떨다
句子 jùzi 명 문장 应该 yīnggāi 조동 마땅히 ~해야 한다
留学 liúxué 동 유학하다 词典 cídiǎn 명 사전

열심히 공부하기만 하면, 중국어 수준을 향상시키는 것은 사실 어렵지 않다. 잘 말하려면 두려워해서는 안 되며, 중국인 친구를 찾아 자주 이야기를 나누어야 한다. 잘 쓰려면, 문장을 많이 써 봐야 한다.

★ 중국어 수준을 향상시키고 싶다면, 마땅히:
A 유학하러 간다 B 두려워해서는 안 된다 C 사전을 많이 본다 정답 B

해설 질문이 중국어 수준을 향상시키고 싶다면 마땅히 어떻게 해야 하는지 물었다. 지문의 **提高汉语水平……就不能害怕**(중국어 수준을 향상시키는 것 …… 두려워해서는 안 된다)를 통해 알 수 있는 B **不能害怕**(두려워해서는 안 된다)를 정답으로 선택한다.

63 중

我很喜欢现在住的城市，因为这里天气一直很好，一般都是晴天，很少下雨，也不下雪。

★ 这个城市：

A 天气很好

B 经常下雨

C 没有晴天

城市 chéngshì 명 도시 因为 yīnwèi 접 ~하기 때문에
一直 yìzhí 부 줄곧, 계속
一般 yìbān 형 보통이다, 일반적이다
晴 qíng 형 (하늘이) 맑다 也 yě 부 ~도, 또한
雪 xuě 명 눈 经常 jīngcháng 부 자주, 늘, 항상

나는 지금 살고 있는 도시가 매우 좋다. 이곳의 날씨는 줄곧 좋은데, 보통 맑은 날이며, 비가 거의 내리지 않고, 눈도 내리지 않기 때문이다.

★ 이 도시는:

A 날씨가 좋다 B 자주 비가 내린다 C 맑은 날이 없다 정답 A

해설 질문이 이 도시에 대해 물었다. 지문의 **我很喜欢现在住的城市，因为这里天气一直很好**(나는 지금 살고 있는 도시가 매우 좋다. 이곳의 날씨는 줄곧 좋기 때문이다)를 통해 알 수 있는 A **天气很好**(날씨가 좋다)를 정답으로 선택한다.

64 하

我第一次看到这种草，觉得很好看。但是我的朋友跟我说，这种草在南方很多，在北方很少。

★ 这种草：

A 非常好看

B 北方很多

C 可以吃

第一次 dì-yī cì 처음, 최초 种 zhǒng 양 종류
草 cǎo 명 풀 觉得 juéde 동 ~라고 생각하다
但是 dànshì 접 하지만, 그러나 跟 gēn 개 ~에게
南方 nánfāng 명 남방, 남쪽 北方 běifāng 명 북방, 북쪽
非常 fēicháng 부 매우, 아주

나는 이런 종류의 풀을 처음 보는데, 예쁘다고 생각한다. 하지만 내 친구는 나에게 말하길, 이런 종류의 풀은 남방에 많고, 북방에는 적다고 했다.

★ 이런 종류의 풀은:

A 매우 예쁘다 B 북방에 많다 C 먹어도 된다 정답 A

해설 질문이 이런 종류의 풀에 대해 물었다. 지문의 **这种草，觉得很好看**(이런 종류의 풀 …… 예쁘다고 생각한다)을 통해 알 수 있는 A **非常好看**(매우 예쁘다)을 정답으로 선택한다.

65 중

那个饭店离这儿有点儿远，走路去的话，需要30分钟，坐地铁的话20分钟，但下车后还要走5分钟。我们一共四个人，还是坐出租车过去吧，这样最方便了。

★ 根据这段话，可以知道他们要：

A 去图书馆

B 准备考试

C 坐出租车

离 lí 개 ~에서, ~으로부터 有点儿 yǒudiǎnr 부 조금, 약간
远 yuǎn 형 멀다 走路 zǒulù 동 걷다
……的话 ……dehuà ~하다면
需要 xūyào 동 걸리다, 필요하다 地铁 dìtiě 명 지하철
还 hái 부 더, 또 一共 yígòng 부 총, 모두
还是 háishi 부 ~하는 것이 (더) 좋다
过去 guòqu 동 가다, 지나가다 最 zuì 부 가장
方便 fāngbiàn 형 편리하다 根据 gēnjù 개 ~에 근거하여
图书馆 túshūguǎn 명 도서관
准备 zhǔnbèi 동 준비하다
考试 kǎoshì 명 시험 동 시험을 보다(치다)

그 호텔은 이곳에서 조금 멀어요. 걸어서 간다면 30분이 걸리고, 지하철을 탄다면 20분이 걸리지만, 내린 후에 5분을 더 걸어야 해요. 우리가 총 네 명이니, 차라리 택시를 타고 가요. 이게 가장 편리할 거예요.

★ 단문에 근거하여, 그들이 하려고 하는 것으로 알 수 있는 것은:

A 도서관을 간다 B 시험을 준비한다 C 택시를 탄다 정답 C

해설 질문이 단문에 근거하여 그들이 하려고 하는 것으로 알 수 있는 것이 무엇인지 물었다. 지문의 **我们……坐出租车过去吧**(우리 …… 택시를 타고 가요)를 통해 알 수 있는 C **坐出租车**(택시를 탄다)를 정답으로 선택한다.

66 중

我大学学的是历史，但我一直都对数学很感兴趣。我经常看一些数学节目，所以我知道很多关于数学的故事。

★ 说话人为什么知道很多数学故事?

A 常看数学书

B 上过数学课

C 常看数学节目

历史 lìshǐ 명 역사 **一直** yìzhí 부 줄곧, 계속
对 duì 개 ~에 (대해) **数学** shùxué 명 수학
感兴趣 gǎn xìngqù 흥미가 있다, 관심이 있다
经常 jīngcháng 부 종종, 자주, 늘
节目 jiémù 명 프로그램 **所以** suǒyǐ 접 그래서
知道 zhīdào 동 알다 **关于** guānyú 개 ~에 관해
故事 gùshi 명 이야기 **为什么** wèishénme 대 왜
常 cháng 부 종종, 늘
上课 shàngkè 동 수업을 듣다, 강의를 듣다
过 guo 조 ~한 적이 있다

내가 대학교에서 공부한 것은 역사이다. 하지만 나는 줄곧 수학에 흥미가 있었다. 나는 종종 몇몇 수학 프로그램을 보는데, 그래서 나는 수학에 관한 이야기를 많이 알고 있다.

★ 화자는 왜 수학 이야기를 많이 알고 있는가?

A 종종 수학 책을 본다 B 수학 수업을 들은 적이 있다 C 종종 수학 프로그램을 본다 정답 C

해설 질문이 화자는 왜 수학 이야기를 많이 알고 있는지 물었다. 지문의 **我经常看一些数学节目，所以我知道很多关于数学的故事。**(나는 종종 몇몇 수학 프로그램을 보는데, 그래서 나는 수학에 관한 이야기를 많이 알고 있다.)을 통해 알 수 있는 C **常看数学节目**(종종 수학 프로그램을 본다)를 정답으로 선택한다.

67 중

爸爸妈妈，我刚才去跑步了，所以要洗澡。你们先吃饭吧，别等我了，我洗完澡再吃。

★ 说话人要先做什么?

A 画画

B 洗澡

C 做饭

刚才 gāngcái 명 방금 **跑步** pǎobù 동 달리다
所以 suǒyǐ 접 그래서 **洗澡** xǐzǎo 동 샤워하다, 목욕하다
先 xiān 부 먼저 **别** bié 부 ~하지 마라
等 děng 동 기다리다 **完** wán 동 다하다, 끝내다
再 zài 부 ~하고 나서 **要** yào 조동 ~하려고 하다, ~할 것이다
画 huà 동 (그림을) 그리다 명 그림

아빠, 엄마, 저 방금 달리기 하러 갔다 와서 샤워해야 해요. 먼저 식사하세요. 저 기다리시지 마시고요. 저는 샤워 다 하고 나서 먹을게요.

★ 화자는 먼저 무엇을 하려고 하는가?

A 그림을 그린다 B 샤워한다 C 밥을 한다 정답 B

해설 질문이 화자는 먼저 무엇을 하려고 하는지 물었다. 지문의 **我洗完澡再吃**(저는 샤워 다 하고 나서 먹을게요)을 통해 알 수 있는 B **洗澡**(샤워한다)를 정답으로 선택한다.

68 하

附近有一个不错的房子，你要不要去看看？那个房子离地铁站很近，附近还有超市。前面是医院，北面就是银行，做什么都很方便。

★ 那个房子：

A 很方便

B 有人住

C 离超市远

附近 fùjìn 명 근처　不错 búcuò 형 괜찮다, 좋다
房子 fángzi 명 집　离 lí 개 ~에서
地铁 dìtiě 명 지하철　站 zhàn 명 역, 정거장
近 jìn 형 가깝다　超市 chāoshì 명 슈퍼, 마트
前面 qiánmian 명 앞, 앞쪽　北面 běimian 명 북쪽
银行 yínháng 명 은행　方便 fāngbiàn 형 편리하다
远 yuǎn 형 멀다

근처에 괜찮은 집이 하나 있는데, 한번 가서 보지 않을래요? 그 집은 지하철역에서 가깝고, 근처에 슈퍼도 있어요. 앞은 병원이고, 북쪽에는 바로 은행이 있어서, 무엇을 하든 다 편리해요.

★ 그 집은:

A 편리하다　B 사는 사람이 있다　C 슈퍼에서 멀다　정답 A

해설 질문이 그 집에 대해 물었다. 지문의 那个房子……做什么都很方便(그 집 …… 무엇을 하든 다 편리해요)을 통해 알 수 있는 A 很方便(편리하다)을 정답으로 선택한다.

69 중

邻居家的猫是黑色的，眼睛特别大，它的鼻子和耳朵都是白色的，看起来有点儿可爱。

★ 邻居家的猫：

A 长得很快

B 眼睛不大

C 鼻子是白色

邻居 línjū 명 이웃　黑色 hēisè 명 검은색
眼睛 yǎnjing 명 눈　特别 tèbié 부 아주, 특히
它 tā 대 그, 그것[사람 이외의 것을 가리킴]　鼻子 bízi 명 코
耳朵 ěrduo 명 귀　白色 báisè 명 흰색
看起来 kànqǐlai ~해 보이다, 보기에
可爱 kě'ài 형 귀엽다, 사랑스럽다
长 zhǎng 동 자라다, 나다　快 kuài 형 빠르다 부 빨리, 어서

이웃집 고양이는 검은색이며, 눈이 아주 크다. 코와 귀가 모두 흰색이라서 조금 귀여워 보인다.

★ 이웃집 고양이는:

A 빠르게 자란다　B 눈이 크지 않다　C 코가 흰색이다　정답 C

해설 질문이 이웃집 고양이에 대해 물었다. 지문의 邻居家的猫……它的鼻子和耳朵都是白色的(이웃집 고양이 …… 코와 귀가 모두 흰색이다)를 통해 알 수 있는 C 鼻子是白色(코가 흰색이다)를 정답으로 선택한다.

70 중

你想吃饭的话，可以去一楼的饭店；如果想买衣服，可以去二楼；想买笔记本电脑或者手机的话，可以去三楼。

★ 在一楼可以：

A 吃饭

B 喝咖啡

C 看电影

……的话 ……dehuà 조 ~하다면
可以 kěyǐ 조동 ~하면 된다, ~해도 좋다
楼 lóu 명 층, 건물, 빌딩　如果 rúguǒ 접 만약
笔记本电脑 bǐjìběn diànnǎo 노트북 컴퓨터
或者 huòzhě 접 혹은 ~이거나, ~이든지
手机 shǒujī 명 휴대폰　咖啡 kāfēi 명 커피

당신이 밥을 먹고 싶다면, 1층 식당으로 가시면 됩니다. 만약 옷을 사고 싶다면, 2층으로 가시면 되고, 노트북 컴퓨터 혹은 휴대폰을 사고 싶다면, 3층으로 가시면 됩니다.

★ 1층에서 할 수 있는 것은:

A 밥을 먹는다　B 커피를 마신다　C 영화를 본다　정답 A

해설 질문이 1층에서 할 수 있는 것은 무엇인지 물었다. 지문의 你想吃饭的话，可以去一楼的饭店(당신이 밥을 먹고 싶다면, 1층 식당으로 가시면 됩니다)을 통해 알 수 있는 A 吃饭(밥을 먹는다)을 정답으로 선택한다.

三、书写 쓰기

쓰기 mp3
바로듣기

71 상

你　感兴趣　对　中国文化　吗

感兴趣 gǎn xìngqù 관심이 있다, 흥미가 있다
对 duì 개 ~에 대해　文化 wénhuà 명 문화

대사	개사	명사+명사	동사+명사	조사
你	对	中国文化	感兴趣	吗?
주어	부사어		술어	吗

해석 : 당신은 중국 문화에 대해 관심이 있나요?

해설 제시된 어휘 중 유일한 동사가 포함된 感兴趣(관심이 있다)를 술어 자리에 배치한다. 대사 你(당신)와 명사구 中国文化(중국 문화) 중 술어 感兴趣와 문맥상 주어로 어울리는 你를 주어로 배치한다. 개사 对(~에 대해)와 中国文化는 개사구 형태 对中国文化(중국 문화에 대해)로 연결한 후 술어 感兴趣 앞 부사어로 배치한다. 남은 어휘인 의문을 나타내는 조사 吗는 문장 끝에 배치하고, 물음표를 붙여 문장을 완성한다.

✅ **어법체크** 제시된 어휘 중 吗(~입니까?), 의문대명사와 같이 의문문을 만드는 어휘가 포함되어 있을 경우 문장 끝에 물음표를 추가한다.

72 중

找到了　我　我的钱包　终于

找到 zhǎo dào 찾았다, 찾아냈다
终于 zhōngyú 부 드디어, 결국

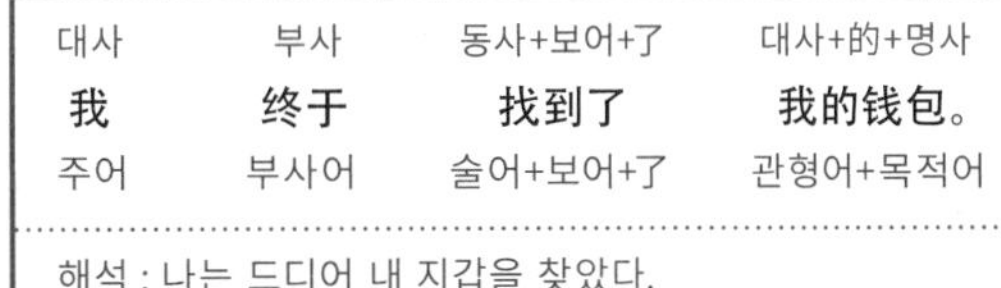

대사	부사	동사+보어+了	대사+的+명사
我	终于	找到了	我的钱包。
주어	부사어	술어+보어+了	관형어+목적어

해석 : 나는 드디어 내 지갑을 찾았다.

해설 제시된 어휘 중 유일한 동사가 포함된 找到了(찾았다)를 술어 자리에 배치한 후, 명사 钱包(지갑)가 포함된 我的钱包(내 지갑)를 목적어 자리에, 대사 我(나)를 주어 자리에 배치한다. 남은 어휘인 부사 终于(드디어)는 술어 바로 앞에 부사어로 배치하여 문장을 완성한다.

✅ **어법체크** 제시된 어휘 중 동사 또는 형용사가 1개이면 바로 술어 자리에 배치한다.

73 상

衬衫　把　拿走了　桌子上的　叔叔

衬衫 chènshān 명 셔츠　把 bǎ 개 ~을(를)
拿 ná 동 가지다, 잡다　走 zǒu 동 가다, 걷다
叔叔 shūshu 명 삼촌, 아저씨

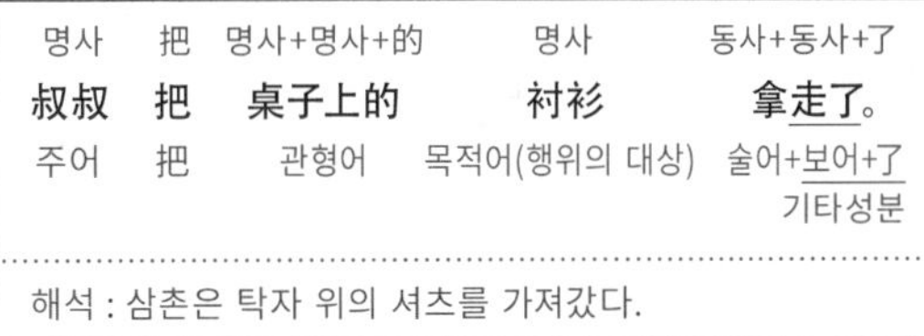

명사	把	명사+명사+的	명사	동사+동사+了
叔叔	把	桌子上的	衬衫	拿走了。
주어	把	관형어	목적어(행위의 대상)	술어+보어+了 기타성분

해석 : 삼촌은 탁자 위의 셔츠를 가져갔다.

해설 제시된 어휘 중 把가 있으므로 把자문을 완성한다. 동사 拿(가지다)가 포함된 拿走了(가져갔다)를 술어로 배치하고, 개사 把(~을)를 술어 앞에 배치한다. 명사 叔叔(삼촌)와 衬衫(셔츠) 중, 술어 拿와 문맥상 주어로 어울리는 叔叔를 주어 자리에 배치하고, 衬衫을 목적어 자리에 배치한다. 남은 어휘인 桌子上的(탁자 위의)는 명사 衬衫 앞에 관형어로 배치하여 문장을 완성한다.

✅ **어법체크** 제시된 어휘 중 把나 把로 시작하는 어휘가 보이면 술어 앞에 배치한다.

74 하

关系　我和　非常好　邻居的

关系 guānxi 명 사이, 관계　和 hé 접 ~와/과
非常 fēicháng 부 매우, 아주　邻居 línjū 명 이웃

대사+접속사	명사+的	명사	부사+형용사
我和	邻居的	关系	非常好。
관형어		주어	부사어+술어

해석 : 나와 이웃의 사이는 매우 좋다.

해설 형용사 好(좋다)가 포함된 非常好(매우 좋다)를 술어로 배치한 후, 명사 关系(관계)를 주어로 배치한다. 的가 붙은 邻居的(이웃의)를 주어 앞에 관형어로 배치한 후, 접속사 和(~와)가 포함된 我和(나와)를 관형어 앞에 배치하여 문장을 완성한다.

✅ **어법체크** 제시된 어휘 중 동사 또는 형용사가 1개이면 바로 술어 자리에 배치한다.

75 중

她　过来的　是骑　自行车
过来 guòlai 동 오다, 다가오다 骑 qí 동 (동물이나 자전거 등에) 타다 自行车 zìxíngchē 명 자전거

➡

대사	是+동사	명사	동사+的
她	是骑	自行车	过来的。
주어	是+술어1	목적어	술어2+的
	강조내용		

해석 : 그녀는 자전거를 타고 왔다.

해설 제시된 어휘 중 是과 的가 있으므로, 是……的 강조구문을 완성해야 한다. 술어가 될 수 있는 동사 过来(오다)가 포함된 过来的(왔다)를 是 뒤에 배치한 후, 대사 她(그녀)를 주어로 배치한다. 남은 어휘인 명사 自行车(자전거)는 동사 骑(타다)의 목적어이므로 骑 뒤에 연결하여 문장을 완성한다.

✔ **어법체크** 제시된 어휘 중 是과 的, 동사 또는 동사가 포함된 어휘가 있으면 是……的 강조구문을 고려하여 완성한다.

76 하

wù 服（务）员，我们要两份米饭和一瓶啤酒。	服务员 fúwùyuán 명 종업원　要 yào 동 원하다 两 liǎng 수 둘, 2　份 fèn 양 개, 인분　瓶 píng 양 병 명 병 啤酒 píjiǔ 명 맥주
종업원, 여기 밥 두 개와 맥주 한 병 주세요.	

해설 빈칸 앞에 服가 있고, 빈칸 뒤에 员이 있다. 제시된 병음이 wù이므로 服务员(종업원)이라는 단어의 务를 정답으로 쓴다. 병음이 같은 物를 쓰지 않도록 주의한다.

77 상

wàn 买这些东西一共花了一（万）元。	一共 yígòng 부 총, 모두　花 huā 동 쓰다, 소비하다 万 wàn 수 만, 10000　元 yuán 양 위안[중국의 화폐 단위]
이 물건들을 사는데 총 만 위안을 썼다.	

해설 빈칸 앞에 수사 一(일)가 있고, 제시된 병음이 wàn이므로 一万(일만)이라는 어구의 万(만, 10000)을 정답으로 쓴다.

78 중

xí 为了提高我的汉语水平，我想多练（习）说汉语。	为了 wèile 개 ~을 위해서 提高 tígāo 동 향상시키다, 높이다 水平 shuǐpíng 명 수준, 능력 练习 liànxí 동 연습하다, 익히다
나의 중국어 수준을 향상시키기 위해, 나는 중국어를 말하는 것을 많이 연습하려고 한다.	

해설 빈칸 앞에 练이 있고, 제시된 병음이 xí이므로 练习(연습하다)라는 단어의 习를 정답으로 쓴다.

79 상

yòu 电梯（又）坏了，只能走楼梯了。	电梯 diàntī 명 엘리베이터　又 yòu 부 또, 다시 坏 huà 동 고장 나다 형 나쁘다 只能 zhǐnéng ~할 수밖에 없다　走 zǒu 동 가다, 걷다 楼梯 lóutī 명 계단
엘리베이터가 또 고장 나서, 계단으로 가는 수밖에 없다.	

해설 제시된 병음 yòu를 보고 又를 떠올린다. '엘리베이터가 (　　　) 고장 나서, 계단으로 가는 수밖에 없다.'라는 문맥에도 어울리므로 又를 정답으로 쓴다.

80 중	tài 这个房子很不错，但是（太）贵了。	房子 fángzi 명 집　不错 búcuò 형 좋다, 괜찮다 但是 dànshì 접 하지만, 그러나 太……了 tài……le 너무 ~하다　贵 guì 형 비싸다
	이 집은 좋은데, 하지만 너무 비싸요.	

해설 빈칸 뒤에 술어 贵(비싸다)와 조사 了가 있고, 제시된 병음이 tài이므로 太……了(너무 ~하다)라는 어구의 太를 정답으로 쓴다.

실전모의고사

제4회

听力 듣기 / 어휘 · 해석 · 해설

阅读 독해 / 어휘 · 해석 · 해설

书写 쓰기 / 어휘 · 해석 · 해설

一、听力 듣기

문제별 분할 mp3
바로듣기

1-5

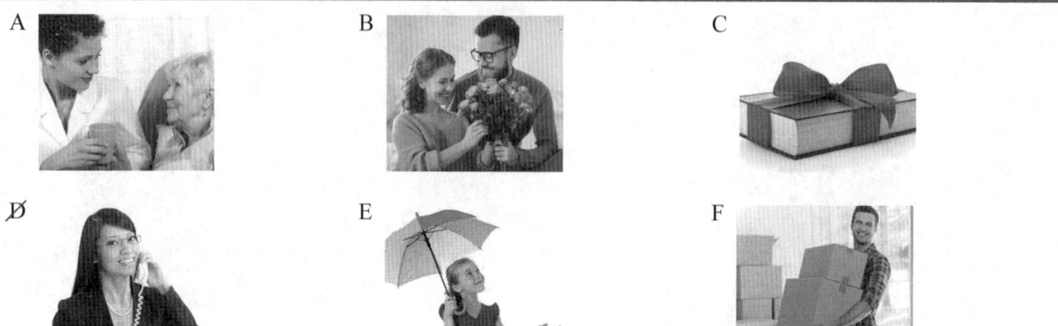

* D는 예시 사진이므로, 이를 제외한 나머지 5개의 사진 중에서 정답을 고른다.

1 중

女：先生，这是你的伞吗？我在那儿的椅子上看到的。 男：是的，太谢谢你了，我刚才一直在找它。	**伞** sǎn 명 우산 **刚才** gāngcái 명 방금, 지금, 막 **一直** yìzhí 부 계속, 줄곧 **找** zhǎo 동 찾다, 구하다 **它** tā 대 그것, 그[사람 이외의 것을 가리킴]

여: 선생님, 이것은 당신의 우산이에요? 제가 저기 의자 위에서 본 거예요.
남: 맞아요, 너무 감사해요. 방금 계속 그것을 찾고 있었어요.

정답 E

해설 음성에서 伞(우산)이 언급되었으므로 우산을 들고 있는 사람 사진 E가 정답이다.

2 하

男：周六是小张的生日，你打算给他送什么礼物？ 女：我准备送他一本汉语书。	**周六** zhōuliù 명 토요일 **生日** shēngrì 명 생일 **打算** dǎsuan 동 ~할 계획이다, ~할 생각이다 **给** gěi 개 ~에게 동 주다 **送** sòng 동 주다, 선물하다, 바래다주다 **礼物** lǐwù 명 선물 **准备** zhǔnbèi 동 ~하려고 하다, 준비하다

남: 토요일은 샤오장의 생일인데, 당신은 그에게 무슨 선물을 줄 계획이에요?
여: 저는 그에게 중국어 책 한 권을 선물하려고 해요.

정답 C

해설 음성에서 礼物(선물), 一本汉语书(중국어 책 한 권)가 언급되었으므로 포장된 책이 있는 사진 C가 정답이다.

3 중

女：小明很久没来打球了。 男：听说她最近一直在医院照顾奶奶。	**久** jiǔ 형 오래되다, 시간이 길다 **打球** dǎqiú 동 공놀이하다 **听说** tīngshuō 동 듣자 하니 **最近** zuìjìn 명 요즘, 최근 **一直** yìzhí 부 줄곧, 계속 **照顾** zhàogù 동 돌보다, 보살피다 **奶奶** nǎinai 명 할머니

여: 샤오밍이 오랫동안 공놀이 하러 오지 않네요.
남: 듣자 하니 요즘 그녀는 줄곧 병원에서 할머니를 돌본다고 해요.

정답 A

해설 음성에서 在医院照顾奶奶(병원에서 할머니를 돌본다)가 언급되었으므로 할머니를 간호하고 있는 사람 사진 A가 정답이다.

4 중	男：这个箱子里都有什么？ 女：里面有碗、筷子和杯子，搬的时候要小心点儿。	箱子 xiāngzi 명 상자　碗 wǎn 명 그릇 양 그릇 筷子 kuàizi 명 젓가락　搬 bān 동 옮기다, 운반하다 ……的时候 ……deshíhou ~할 때 要 yào 조동 ~해야 한다, ~할 것이다 小心 xiǎoxīn 동 조심하다, 주의하다
	남: 이 상자 안에는 무엇이 들어 있나요? 여: 안에 그릇, 젓가락과 컵이 있어요. 옮길 때 조심해야 해요.	정답 F

해설 음성에서 箱子(상자)가 언급되었으므로 상자를 들고 있는 사람 사진 F가 정답이다.

5 중	女：谢谢你送给我的花，我好高兴。 男：太好了，你喜欢就好。	送 sòng 동 선물하다, 주다, 바래다주다 给 gěi 개 ~에게 동 주다　花 huā 명 꽃 好 hǎo 부 [형용사나 동사 앞에 쓰여 정도가 심함을 나타냄] 太……了 tài……le 너무 ~하다
	여: 꽃을 선물해줘서 고마워요. 저는 너무 기뻐요. 남: 너무 잘됐네요, 당신이 좋아하면 됐어요.	정답 B

해설 음성에서 谢谢你送给我的花(꽃을 선물해줘서 고마워요)가 언급되었으므로 두 사람이 꽃을 들고 있는 사진 B가 정답이다.

6-10

A

B

C

D

E

6 중	男：为了我们的明天，大家一起喝一杯吧！ 女：相信明天会更好！	为了 wèile 개 ~을 위해　大家 dàjiā 명 모두 一起 yìqǐ 부 함께, 같이　杯 bēi 양 잔, 컵 相信 xiāngxìn 동 믿다 会 huì 조동 ~일 것이다, ~할 줄 안다　更 gèng 부 더, 더욱
	남: 우리의 내일을 위해, 모두 함께 한 잔 마셔요! 여: 내일은 더 좋을 것이라고 믿어요!	정답 D

해설 음성에서 喝一杯(한 잔 마시다)가 언급되었으므로 여러 명의 사람이 컵을 들고 있는 사진 D가 정답이다.

7 중

女：你怎么了？哪里不舒服吗？
男：我感冒了，头疼，耳朵也不舒服。

不舒服 bù shūfu 아프다
感冒 gǎnmào 통 감기에 걸리다 명 감기
头疼 tóuténg 머리가 아프다 耳朵 ěrduo 명 귀
也 yě 부 ~도, 또한

여: 무슨 일이에요? 어디가 아프세요?
남: 저 감기에 걸렸어요. 머리가 아프고, 귀도 아파요. 정답 B

해설 음성에서 头疼(머리가 아프다)이 언급되었으므로 머리를 잡고 얼굴을 찌푸린 사람 사진 B가 정답이다.

8 중

男：快看，办公室外面有一只红色的小鸟！
女：我没见过这么漂亮的鸟！

快 kuài 부 빨리, 곧, 어서 형 빠르다
办公室 bàngōngshì 명 사무실
外面 wàimian 명 밖, 바깥 只 zhī 양 마리, 짝
红色 hóngsè 명 빨간색 鸟 niǎo 명 새
过 guo 조 ~한 적이 있다

남: 빨리 봐봐, 사무실 밖에 작은 빨간 새 한 마리가 있어!
여: 나는 이렇게 예쁜 새는 본 적이 없어! 정답 E

해설 음성에서 红色的小鸟(작은 빨간 새)가 언급되었으므로 새가 있는 사진 E가 정답이다.

9 상

女：我不明白这个电子邮件的内容。
男：让我看看吧。

明白 míngbai 통 이해하다, 알다
电子邮件 diànzǐ yóujiàn 명 이메일
内容 nèiróng 명 내용 让 ràng 통 ~하게 하다

여: 이 이메일의 내용을 저는 이해하지 못하겠어요.
남: 제가 한번 볼게요. 정답 C

해설 음성에서 여자가 不明白这个电子邮件的内容(이 이메일의 내용을 …… 이해하지 못하겠어요)이라고 하자 남자가 让我看看吧。(제가 한번 볼게요.)라고 했으므로 두 사람이 컴퓨터를 보고 있는 사진 C가 정답이다.

10 중

男：这是你们的结婚照片吗？
女：对啊，这是我们5年前在附近的照相馆照的。

结婚 jiéhūn 통 결혼하다 照片 zhàopiàn 명 사진
附近 fùjìn 명 근처, 부근 照相馆 zhàoxiàngguǎn 사진관
照 zhào 통 (사진을) 찍다

남: 이것은 당신들의 결혼 사진이에요?
여: 네, 이것은 우리가 5년 전에 근처 사진관에서 찍은 거예요. 정답 A

해설 음성에서 结婚照片(결혼 사진)이 언급되었으므로 드레스와 턱시도를 입은 두 사람의 결혼 사진 A가 정답이다.

11 중

★ 这个季节山上有很多花儿。 (　)

这个季节山上开了很多漂亮的花儿，我们一起去爬山，看看花儿吧。

季节 jìjié 명 계절 花儿 huār 명 꽃 开 kāi 통 꽃이 피다
一起 yìqǐ 부 같이, 함께 爬山 páshān 통 등산하다
吧 ba 조 [문장 끝에 쓰여 청유·명령·추측을 나타냄]

★ 이 계절에는 산 위에 꽃이 많이 있다. (　)
이 계절에는 산에 예쁜 꽃들이 많이 피어 있어. 우리 같이 등산을 가서 꽃을 좀 보자. 정답 ✓

해설 제시된 문장이 这个季节山上有很多花儿。(이 계절에는 산 위에 꽃이 많이 있다.)이므로 이 내용이 음성에서 언급되는지를 주의 깊게 듣는다. 음성에서 这个季节山上开了很多……花儿(이 계절에는 산에 …… 꽃들이 많이 피어 있다)이라고 했으므로 산 위에는 꽃이 많이 있음을 알 수 있다. 따라서 제시된 문장과 음성의 내용은 일치한다.

12 중

★ 小白在中国找到了工作。 (　)

小白来中国十年了。在这里，他学习了很多东西，还找到了很好的工作。

找到 zhǎodào 찾았다, 찾아냈다
工作 gōngzuò 명 일자리 동 일하다
还 hái 부 게다가, 또, 더

★ 샤오바이는 중국에서 일자리를 찾았다. (　)

샤오바이는 중국에 온지 10년이 되었다. 여기에서, 그는 많은 것을 배웠고, 게다가 좋은 일자리도 찾았다. 정답 ✓

해설 제시된 문장이 小白在中国找到了工作。(샤오바이는 중국에서 일자리를 찾았다.)이므로 이 내용이 음성에서 언급되는지를 주의 깊게 듣는다. 음성에서 小白来中国十年了。在这里……找到了……工作(샤오바이는 중국에 온지 10년이 되었다. 여기에서 …… 일자리를 찾았다)라고 했으므로 샤오바이는 중국에서 일자리를 찾았음을 알 수 있다. 따라서 제시된 문장과 음성의 내용은 일치한다.

13 중

★ 这条裤子有点儿短。 (　)

这条裤子颜色很好看，也很便宜，就是有点儿长，我再想想要不要买。

条 tiáo 양 [가늘고 긴 것을 세는 단위] 裤子 kùzi 명 바지
有点儿 yǒudiǎnr 부 조금, 약간 短 duǎn 형 짧다
颜色 yánsè 명 색깔, 색 好看 hǎokàn 형 예쁘다, 보기 좋다
也 yě 부 ~도, 또한 便宜 piányi 형 (값이) 싸다
长 cháng 형 (길이·시간 등이) 길다 再 zài 부 더, 다시, 재차

★ 이 바지는 조금 짧다. (　)

이 바지는 색깔이 예쁘고, 싸기도 한데, 조금 길어서 나는 살지 말지를 좀 더 생각해봐야겠다. 정답 X

해설 제시된 문장이 这条裤子有点儿短。(이 바지는 조금 짧다.)이므로 이 내용이 음성에서 언급되는지를 주의 깊게 듣는다. 음성에서 这条裤子……有点儿长(이 바지 …… 조금 길다)이라고 했으므로 바지는 짧지 않고 길다는 것을 알 수 있다. 따라서 제시된 문장과 음성의 내용은 불일치한다.

14 하

★ 说话人一般7点起床。 (　)

我一般7点就会起床，但是今天9点才起来，因为我昨天睡得太晚了。

说话人 shuōhuàrén 화자
一般 yìbān 형 보통이다, 일반적이다
起床 qǐchuáng 동 일어나다, 기상하다
但是 dànshì 접 하지만, 그러나
起来 qǐlai 동 일어나다, 일어서다
因为 yīnwèi 접 ~하기 때문에

★ 화자는 보통 7시에 일어난다. (　)

나는 보통 7시면 일어난다. 하지만 오늘은 9시가 되어서야 일어났다. 어제 너무 늦게 잤기 때문이다. 정답 ✓

해설 제시된 문장이 说话人一般7点起床。(화자는 보통 7시에 일어난다.)이므로 이 내용이 음성에서 언급되는지를 주의 깊게 듣는다. 음성에서 我一般7点就会起床(나는 보통 7시면 일어난다)이라고 했으므로 제시된 문장과 음성의 내용은 일치한다.

15 중

★ 说话人不喜欢去小河边。 (　)

我喜欢去家附近的小河边玩儿，而且总是坐在河边和朋友聊天儿。

小河边 xiǎo hébiān 냇가 附近 fùjìn 명 근처, 부근
玩儿 wánr 동 놀다 而且 érqiě 접 게다가, 또한
总是 zǒngshì 부 항상, 늘, 언제나
聊天儿 liáotiānr 동 이야기를 하다, 수다를 떨다

★ 화자는 냇가에 가는 것을 좋아하지 않는다. (　)

나는 집 근처 냇가에 가서 노는 것을 좋아한다. 게다가 항상 냇가에 앉아 친구와 이야기를 한다. 정답 X

해설 제시된 문장이 说话人不喜欢去小河边。(화자는 냇가에 가는 것을 좋아하지 않는다.)이므로 이 내용이 음성에서 언급되는지를 주의 깊게 듣는다. 음성에서 我喜欢去家附近的小河边(나는 집 근처 냇가에 가는 것을 좋아한다)이라고 했으므로 화자는 냇가에 가는 것을 좋아함을 알 수 있다. 따라서 제시된 문장과 음성의 내용은 불일치한다.

16 상

★ 说话人现在没有工作。 (   )

我最近非常累，因为白天要上班，晚上要学习新的东西。

工作 gōngzuò 명 직업, 일자리 동 일하다
最近 zuìjìn 명 요즘, 최근 非常 fēicháng 부 매우, 아주
累 lèi 형 피곤하다, 지치다 因为 yīnwèi 접 ~하기 때문에
白天 báitiān 명 낮, 대낮 要 yào 조동 ~해야 한다
上班 shàngbān 동 근무하다, 출근하다
晚上 wǎnshang 명 저녁 新 xīn 형 새롭다 부 새로

★ 화자는 지금 직업이 없다. (   )

나는 요즘 매우 피곤한데, 낮에는 근무해야 하고, 저녁에는 새로운 것을 배워야 하기 때문이다. 정답 X

해설 제시된 문장이 说话人现在没有工作。(화자는 지금 직업이 없다.)이므로 이 내용이 음성에서 언급되는지를 주의 깊게 듣는다. 음성에서 我……白天要上班(나 …… 낮에 근무해야 한다)이라고 했으므로 화자는 지금 직업이 있음을 알 수 있다. 따라서 제시된 문장과 음성의 내용은 불일치한다.

17 중

★ 说话人的家离图书馆很近。 (   )

新开的图书馆离我家不远，所以我有时候会去那里看一会儿书。

离 lí 개 ~에서, ~으로부터 图书馆 túshūguǎn 명 도서관
近 jìn 형 가깝다 新 xīn 부 새로 형 새롭다
开 kāi 동 열다, 개업하다 远 yuǎn 형 멀다
所以 suǒyǐ 접 그래서 有时候 yǒushíhou 부 가끔씩, 종종
一会儿 yíhuìr 수량 잠시, 곧

★ 화자의 집은 도서관에서 가깝다. (   )

새로 연 도서관은 우리 집에서 멀지 않다. 그래서 나는 가끔씩 거기에 가서 잠시 책을 읽곤 한다. 정답 ✓

해설 제시된 문장이 说话人的家离图书馆很近。(화자의 집은 도서관에서 가깝다.)이므로 이 내용이 음성에서 언급되는지를 주의 깊게 듣는다. 음성에서 图书馆离我家不远(도서관은 우리 집에서 멀지 않다)이라고 했으므로 화자의 집은 도서관에서 가깝다는 것을 알 수 있다. 따라서 제시된 문장과 음성의 내용은 일치한다.

18 상

★ 说话人买到火车票了。 (   )

我这次回不了家了，因为很多人去北京，火车票卖完了，机票也没有了。

买到 mǎi dào 샀다, 사서 손에 넣다
火车票 huoche piào 기차표 次 cì 양 번, 회, 차례
因为 yīnwèi 접 ~하기 때문에 卖完 mài wán 다 팔리다
机票 jī piào 비행기표 也 yě 부 ~도, 또한

★ 화자는 기차표를 샀다. (   )

저 이번에 집에 돌아갈 수 없게 되었어요. 많은 사람이 베이징을 가서, 기차표가 다 팔렸고, 비행기표도 없기 때문이에요. 정답 X

해설 제시된 문장이 说话人买到火车票了。(화자는 기차표를 샀다.)이므로 이 내용이 음성에서 언급되는지를 주의 깊게 듣는다. 음성에서 我这次回不了家了……火车票卖完了(저 이번에 집에 돌아갈 수 없게 되었어요 …… 기차표가 다 팔렸어요)라고 했으므로 화자는 기차표를 사지 못했음을 알 수 있다. 따라서 제시된 문장과 음성의 내용은 불일치한다.

19 중

★ 说话人新认识的朋友很年轻。 (   )

昨天看电影的时候，我认识了一位年轻的新朋友，她长得很可爱，也很热情。

新 xīn 부 새로 형 새롭다 认识 rènshi 동 알다
年轻 niánqīng 형 (나이가) 어리다, 젊다
……的时候 ……de shíhou ~할 때 位 wèi 양 명, 분
长 zhǎng 동 생기다, 자라다
可爱 kě'ài 형 귀엽다, 사랑스럽다
热情 rèqíng 형 친절하다, 열정적이다

★ 화자가 새로 알게 된 친구는 어리다. (   )

어제 영화를 볼 때, 나는 나이가 어린 새 친구 한 명을 알게 되었는데, 그녀는 귀엽게 생겼고, 친절하기도 하다. 정답 ✓

해설 제시된 문장이 说话人新认识的朋友很年轻。(화자가 새로 알게 된 친구는 어리다.)이므로 이 내용이 음성에서 언급되는지를 주의 깊게 듣는다. 음성에서 我认识了一位年轻的新朋友(나는 나이가 어린 새 친구 한 명을 알게 되었다)라고 했으므로 화자가 새로 알게 된 친구는 어리다는 것을 알 수 있다. 따라서 제시된 문장과 음성의 내용은 일치한다.

20 상

★ 小明正在向说话人借词典。 ( )

小明，你能借给我你的词典吗？我看完马上还给你。

正在 zhèngzài 부 ~하고 있다 向 xiàng 개 ~에게, ~을 향해
借 jiè 동 빌리다, 빌려 주다 词典 cídiǎn 명 사전
给 gěi 개 ~에게 동 주다 看完 kàn wán 다 보다
马上 mǎshàng 부 바로, 즉시 还 huán 동 돌려주다

★ 샤오밍은 화자에게 사전을 빌리고 있다. ( )

샤오밍, 너의 사전을 나에게 빌려줄 수 있니? 다 보고 바로 너에게 돌려줄게. 정답 X

해설 제시된 문장이 小明正在向说话人借词典。(샤오밍은 화자에게 사전을 빌리고 있다.)이므로 이 내용이 음성에서 언급되는지를 주의 깊게 듣는다. 음성에서 小明，你能借给我你的词典吗？(샤오밍, 너의 사전을 나에게 빌려줄 수 있니?)라고 했으므로 샤오밍이 화자에게 사전을 빌리는 것이 아닌, 화자가 샤오밍에게 사전을 빌리고 있음을 알 수 있다. 따라서 제시된 문장과 음성의 내용은 불일치한다.

21 중

A 不难 B 很新鲜 C 非常重要

女：这本书难吗？我害怕我看不懂。
男：不难，你汉语那么好，一定可以看懂。

问：男的觉得这本书怎么样？

难 nán 형 어렵다 新鲜 xīnxiān 형 신선하다
非常 fēicháng 부 매우, 대단히
重要 zhòngyào 형 중요하다
害怕 hàipà 동 걱정하다, 두려워하다, 무서워하다
懂 dǒng 동 이해하다, 알다 一定 yídìng 부 반드시, 필히
可以 kěyǐ 조동 ~할 수 있다, ~해도 좋다

A 어렵지 않다 B 신선하다 C 매우 중요하다

여: 이 책 어려워? 나는 내가 이해하지 못할까 봐 걱정돼.
남: 어렵지 않아. 네가 중국어를 그렇게 잘하는데, 반드시 이해할 수 있을 거야.

질문: 남자는 이 책이 어떻다고 생각하는가? 정답 A

해설 제시된 보기가 모두 상태·상황 관련 표현이므로 상태·상황과 관련된 내용에 유의하며 대화를 듣는다. 대화에서 여자가 这本书难吗？(이 책 어려워?)라고 묻자 남자가 不难(어렵지 않아)이라고 답했다. 질문이 남자는 이 책이 어떻다고 생각하는지 물었으므로 A 不难(어렵지 않다)을 정답으로 선택한다.

22 중

A 妈妈 B 姐姐 C 奶奶

男：妈妈，照片上的这个人是你吗？
女：是啊，那时我才二十岁，在上大学。

问：照片上的人是谁？

姐姐 jiějie 명 누나, 언니 奶奶 nǎinai 명 할머니
照片 zhàopiàn 명 사진 那时 nàshí 그때, 그 당시
才 cái 부 겨우, ~에야
上大学 shàng dàxué 대학교에 다니다

A 엄마 B 누나 C 할머니

남: 엄마, 사진 속의 이 사람은 엄마예요?
여: 맞아, 그때 나는 겨우 20살이었고, 대학교에 다니고 있었지.

질문: 사진 속의 사람은 누구인가? 정답 A

해설 제시된 보기가 모두 신분 표현이므로 대화에서 언급되는 신분 표현에 유의하며 대화를 듣는다. 대화에서 남자가 妈妈，照片上的这个人是你吗？(엄마, 사진 속의 이 사람은 엄마예요?)라고 묻자 여자가 是啊(맞아)라고 답했다. 질문이 사진 속의 사람이 누구인지 물었으므로 A 妈妈(엄마)를 정답으로 선택한다.

23 하

A 在等朋友　　B 爱吃米饭　　C 想去公园

女：听说北方人都喜欢吃面条儿，你也是吗？
男：不是，我更喜欢吃米饭。

问：关于男的，可以知道什么？

等 děng 동 기다리다　公园 gōngyuán 명 공원
听说 tīngshuō 동 듣자 하니　北方 běifāng 명 북방, 북쪽
面条儿 miàntiáor 명 국수　也 yě 부 ~도, 또한
更 gèng 부 더, 더욱

A 친구를 기다리고 있다　　B 밥 먹는 것을 좋아한다　　C 공원에 가고 싶다

여: 듣자 하니 북방 사람은 모두 국수 먹는 것을 좋아한다던데, 당신도 그래요?
남: 아니요, 저는 밥 먹는 것을 더 좋아해요.

질문: 남자에 관해, 무엇을 알 수 있는가?　　정답 B

해설 제시된 보기가 모두 행동 관련 표현이므로 행동과 관련된 내용에 유의하며 대화를 듣는다. 대화에서 남자가 **我更喜欢吃米饭**(저는 밥 먹는 것을 더 좋아해요)이라고 한 내용을 듣고 B **爱吃米饭**(밥 먹는 것을 좋아한다)을 정답의 후보로 체크해 둔다. 질문이 남자에 관해 무엇을 알 수 있는지 물었으므로 B **爱吃米饭**(밥 먹는 것을 좋아한다)을 정답으로 선택한다.

24 중

A 篮球　　B 长跑　　C 足球

男：这次运动会你怎么没有参加游泳比赛？
女：参加游泳比赛的人太多了，所以我选了长跑。

问：女的参加了哪个比赛？

长跑 chángpǎo 장거리 달리기　足球 zúqiú 명 축구
次 cì 양 번, 회, 차례　运动会 yùndònghuì 명 운동회
参加 cānjiā 동 참가하다, 참석하다
游泳 yóuyǒng 명 수영 동 수영하다
比赛 bǐsài 명 경기, 시합　太……了 tài……le 너무 ~하다
所以 suǒyǐ 접 그래서　选 xuǎn 동 선택하다

A 농구　　B 장거리 달리기　　C 축구

남: 이번 운동회에서 너 왜 수영 경기에 참가하지 않았어?
여: 수영 경기에 참가하는 사람이 너무 많아서, 나는 장거리 달리기를 선택했어.

질문: 여자는 어느 경기에 참가했는가?　　정답 B

해설 제시된 보기가 모두 운동 종목 관련 표현이므로 언급되는 운동 종목에 유의하며 대화를 듣는다. 대화에서 남자가 왜 수영 경기에 참가하지 않았냐고 묻자, 여자가 수영 경기에 참가하는 사람이 많다며 **我选了长跑**(나는 장거리 달리기를 선택했어)라고 답했다. 질문이 여자는 어느 경기에 참가했는지 물었으므로 B **长跑**(장거리 달리기)를 정답으로 선택한다.

25 하

A 很简单　　B 不好学　　C 非常奇怪

女：这个游戏应该很有意思吧？你可以教我怎么玩儿吗？
男：没问题，其实很简单，你多玩儿几次就会了。

问：男的觉得那个游戏怎么样？

简单 jiǎndān 형 쉽다, 간단하다
不好 bùhǎo ~하기 쉽지 않다
非常 fēicháng 부 매우, 대단히
奇怪 qíguài 형 이상하다　游戏 yóuxì 명 게임, 놀이
应该 yīnggāi 조동 아마도　有意思 yǒu yìsi 재미있다
教 jiāo 동 가르치다　玩儿 wánr 동 (게임을) 하다, 놀다
没问题 méi wèntí 문제없다　其实 qíshí 부 사실, 실은
次 cì 양 번, 회, 차례

A 쉽다　　B 배우기 쉽지 않다　　C 매우 이상하다

여: 이 게임은 아마 재미있겠지? 어떻게 하는지 나에게 가르쳐줄 수 있어?
남: 문제없어. 사실 쉬워. 몇 번 더 놀아보면 할 줄 알게 될 거야.

질문: 남자는 그 게임이 어떻다고 생각하는가?　　정답 A

해설 제시된 보기가 모두 상태·상황 관련 표현이므로 상태·상황과 관련된 내용에 유의하며 대화를 듣는다. 대화에서 여자가 **这个游戏应该很有意思吧?**(이 게임은 아마 재미있겠지?)라고 묻자 남자가 **其实很简单**(사실 쉬워)이라고 답했다. 질문이 남자는 그 게임이 어떻다고 생각하는지 물었으므로 A **很简单**(쉽다)을 정답으로 선택한다.

26 상

A 买菜　　B 洗衣服　　C 看电影

男: 我一会儿要和奶奶去超市买菜，你去不去?
女: 不去，我要在家洗衣服。

问: 女的要做什么?

菜 cài 명 채소, 음식　洗 xǐ 동 빨다, 씻다
一会儿 yíhuìr 수량 이따가, 잠시
要 yào 조동 ~하려고 하다, ~할 것이다
奶奶 nǎinai 명 할머니　超市 chāoshì 명 슈퍼

A 채소를 산다　　B 옷을 빤다　　C 영화를 본다

남: 나는 이따가 할머니랑 슈퍼에 가서 채소를 사려고 하는데, 너 갈래?
여: 안 갈래. 나는 집에서 옷을 빨려고 해.

질문: 여자는 무엇을 하려고 하는가?　　정답 B

해설 제시된 보기가 모두 행동 관련 표현이므로 행동과 관련된 내용에 유의하며 대화를 듣는다. 대화에서 여자가 我要在家洗衣服(나는 집에서 옷을 빨려고 해)라고 했고, 질문이 여자는 무엇을 하려고 하는지 물었으므로 B 洗衣服(옷을 빤다)를 정답으로 선택한다.

27 상

A 银行　　B 公园　　C 商店

女: 您好，欢迎来到我们店，请问您想买点儿什么?
男: 我想买一条蓝色的裤子和一双黑色的皮鞋。

问: 他们最可能在哪儿?

银行 yínháng 명 은행　公园 gōngyuán 명 공원
欢迎 huānyíng 동 환영하다　店 diàn 명 가게, 상점
条 tiáo 양 [가늘고 긴 것을 세는 단위]
蓝色 lánsè 명 파란색　裤子 kùzi 명 바지
双 shuāng 양 켤레, 쌍　黑色 hēisè 명 검은색
皮鞋 píxié 명 가죽 구두

A 은행　　B 공원　　C 상점

여: 안녕하세요. 저희 가게에 오신 것을 환영합니다. 실례지만 어떤 것을 사려고 하시나요?
남: 저는 파란색 바지 한 개와 검은색 가죽 구두 한 켤레를 사려고 합니다.

질문: 그들은 어디에 있을 가능성이 가장 큰가?　　정답 C

해설 제시된 보기가 모두 장소 관련 표현이므로 장소와 관련된 내용에 유의하며 대화를 듣는다. 대화에서 여자가 欢迎来到我们店……想买点儿什么?(저희 가게에 오신 것을 환영합니다 …… 어떤 것을 사려고 하시나요?)라고 했다. 질문이 그들은 어디에 있을 가능성이 가장 큰지 물었으므로 물건을 살 수 있는 장소인 C 商店(상점)을 정답으로 선택한다.

28 중

A 很老　　B 不好看　　C 很漂亮

男: 我觉得你的短发看起来更年轻也更漂亮。
女: 真的吗? 谢谢。

问: 男的觉得女的的短发怎么样?

老 lǎo 형 구식이다, 오래되다, 늙다
觉得 juéde 동 ~라고 생각하다, ~이라고 여기다
短发 duǎnfà 단발머리, 짧은 머리
看起来 kànqǐlai ~해 보이다　更 gèng 부 더, 더욱
年轻 niánqīng 형 젊다, 어리다　也 yě 부 ~도, 또한
真的吗? zhēnde ma? 정말이에요?

A 구식이다　　B 예쁘지 않다　　C 예쁘다

남: 저는 당신이 단발머리를 하니까 더 젊고 예뻐 보인다고 생각해요.
여: 정말이에요? 감사합니다.

질문: 남자는 여자의 단발머리가 어떻다고 생각하는가?　　정답 C

해설 제시된 보기가 모두 상태·상황 관련 표현이므로 상태·상황과 관련된 내용에 유의하며 대화를 듣는다. 대화에서 남자가 我觉得你的短发……漂亮(저는 당신이 단발머리를 하니까 …… 예쁘다고 생각해요)이라고 한 내용을 듣고 C 很漂亮(예쁘다)을 정답의 후보로 체크해 둔다. 질문이 남자는 여자의 단발머리가 어떻다고 생각하는지 물었으므로 C 很漂亮(예쁘다)을 정답으로 선택한다.

29 중

A 好好加班　　B 好好工作　　C 好好吃饭

女: 最近我每天都在加班, 没时间好好吃饭, 每天只能吃两口面包。
男: 再忙也要好好吃饭, 要注意身体健康啊。

问: 男的希望女的做什么?

好好 hǎohāo 부 제대로, 잘 **加班** jiābān 동 야근하다
最近 zuìjìn 명 최근, 요즘 **每天** měi tiān 매일
时间 shíjiān 명 시간 **只** zhǐ 부 겨우, 오직
两 liǎng 수 둘, 2 **口** kǒu 양 입 명 입구, 입
面包 miànbāo 명 빵
再……也…… zài……yě…… 아무리 ~하더라도
忙 máng 형 바쁘다 **要** yào 조동 ~해야 한다
注意 zhùyì 동 주의하다, 조심하다 **身体** shēntǐ 명 몸, 신체
健康 jiànkāng 명 건강 형 건강하다
希望 xīwàng 동 바라다, 희망하다

A 제대로 야근한다　　B 제대로 일한다　　C 제대로 밥을 먹는다

여: 최근에 제가 매일 야근을 하고 있어서, 밥을 제대로 먹을 시간이 없고, 매일 빵 두 입만 겨우 먹을 수 있어요.
남: 아무리 바빠도 제대로 밥을 먹어야죠. 몸 건강에 주의해야 해요.

질문: 남자는 여자가 무엇을 하기 바라는가?　　정답 C

해설 제시된 보기가 모두 행동 관련 표현이므로 행동과 관련된 내용에 유의하며 대화를 듣는다. 대화에서 남자가 여자에게 再忙也要好好吃饭(아무리 바빠도 제대로 밥을 먹어야죠)이라고 했고, 질문이 남자는 여자가 무엇을 하기 바라는지 물었으므로 C 好好吃饭(제대로 밥을 먹는다)을 정답으로 선택한다.

30 중

A 办公室　　B 咖啡店　　C 邻居家

男: 这周末我要和弟弟一起去商店买鞋, 你要不要一起去?
女: 我很想和你们去啊, 但我已经和朋友说好周末去咖啡店学习了。

问: 女的周末要去哪儿?

办公室 bàngōngshì 명 사무실 **咖啡店** kāfēidiàn 카페
邻居 línjū 명 이웃 **周末** zhōumò 명 주말
弟弟 dìdi 명 남동생 **一起** yìqǐ 부 같이, 함께
鞋 xié 명 신발 **要** yào 조동 ~하려고 하다
但 dàn 접 그런데 **已经** yǐjīng 부 이미, 벌써
说好 shuōhǎo 약속하다, (어떻게 하기로) 구두로 결정하다

A 사무실　　B 카페　　C 이웃집

남: 이번 주말에 나는 남동생과 같이 상점에 가서 신발을 사려고 하는데, 같이 갈래?
여: 나도 너희랑 매우 가고 싶어. 그런데 나는 이미 친구랑 주말에 카페에 가서 공부하기로 약속했어.

질문: 여자는 주말에 어디에 가려고 하는가?　　정답 B

해설 제시된 보기가 모두 장소 관련 표현이므로 장소와 관련된 내용에 유의하며 대화를 듣는다. 대화에서 여자가 我……周末去咖啡店(나 …… 주말에 카페에 간다)이라고 했고, 질문이 여자는 주말에 어디에 가려고 하는지 물었으므로 B 咖啡店(카페)을 정답으로 선택한다.

31 하

A 司机　　B 同事　　C 经理

男: 我昨天遇到了一个很好的司机。
女: 昨天怎么了?
男: 我不小心把钱包忘在出租车上了, 那个司机给我送到公司楼下了。
女: 他真是个好人啊。

问: 他们在说谁?

司机 sījī 명 기사, 운전사 **同事** tóngshì 명 동료
经理 jīnglǐ 명 사장, 매니저
遇到 yùdào 동 만나다, 부닥치다
小心 xiǎoxīn 동 조심하다, 주의하다 **把** bǎ 개 ~을(를)
钱包 qiánbāo 명 지갑 **忘在** wàng zài ~에 두고 오다
送 sòng 동 주다, 보내다 **公司** gōngsī 명 회사
楼下 lóuxià 건물 아래 **真** zhēn 부 정말, 진짜로

A 기사　　B 동료　　C 사장

남: 저 어제 좋은 기사님을 만났어요.
여: 어제 무슨 일이 있었어요?
남: 제가 조심하지 못해서 지갑을 택시 안에 두고 왔는데, 그 기사님께서 회사 건물 아래까지 가져다 주셨어요.
여: 그는 정말 좋은 사람이네요.

질문: 그들은 누구에 대해 이야기하고 있는가?　　정답 A

해설 제시된 보기가 모두 직업 표현이므로 언급되는 직업 표현에 유의하며 대화를 듣는다. 대화에서 남자가 **我昨天遇到了一个很好的司机。**(저 어제 좋은 기사님을 만났어요.)라고 한 내용을 듣고 A **司机**(기사)를 정답의 후보로 체크해 둔다. 질문이 그들은 누구에 대해 이야기하고 있는지 물었고, 대화 전반적으로 택시 기사에 대한 이야기를 하고 있으므로 A **司机**(기사)를 정답으로 선택한다.

32 중

A 作业简单　　B 必须都做　　C 只做一个题

女: 今天的数学作业是什么?
男: 黑板上写了, 你自己去看。
女: 这十个题都要做完吗?
男: 是的, 而且明天早上必须给老师看。

问: 男的是什么意思?

作业 zuòyè 명 숙제, 과제 **简单** jiǎndān 형 쉽다, 간단하다
必须 bìxū 부 반드시 ~해야 한다, 꼭 ~해야 한다
只 zhǐ 부 ~만, 다만, 단지 **做题** zuò tí 문제를 풀다
数学 shùxué 명 수학 **黑板** hēibǎn 명 칠판
自己 zìjǐ 대 스스로, 자기 **要** yào 조동 ~해야 한다
做完 zuò wán 다 하다, (일을) 끝내다
而且 érqiě 접 게다가, 또한 **早上** zǎoshang 명 아침
给 gěi 개 ~에게 동 주다

A 숙제가 쉽다　　B 반드시 다 풀어야 한다　　C 한 문제만 푼다

여: 오늘 수학 숙제는 뭐야?
남: 칠판에 적혀있어. 네가 스스로 가서 봐.
여: 이 열 문제 모두 다 풀어야 해?
남: 맞아. 게다가 내일 아침에 반드시 선생님께 보여드려야 해.

질문: 남자의 말은 무슨 뜻인가?　　정답 B

해설 제시된 보기가 모두 상태·상황 관련 표현이므로 상태·상황과 관련된 내용에 유의하며 대화를 듣는다. 대화에서 여자가 **这十个题都要做完吗?**(이 열 문제 모두 다 풀어야 해?)라고 묻자, 남자가 **是的**(맞아)라고 한 내용을 듣고 B **必须都做**(반드시 다 풀어야 한다)를 정답의 후보로 체크해 둔다. 질문이 남자의 말은 무슨 뜻인지 물었으므로 B **必须都做**(반드시 다 풀어야 한다)를 정답으로 선택한다.

33 중

A 中国文化　　B 数学　　C 英语

男：你为什么这么喜欢看书？是父母影响你了吗？
女：是的，我爸爸妈妈都很喜欢看书，妈妈喜欢看历史书，爸爸喜欢看故事书。
男：那你呢？
女：我喜欢看关于中国文化的书。

问：女的喜欢看什么样的书？

文化 wénhuà 명 문화　数学 shùxué 명 수학
英语 yīngyǔ 명 영어　为什么 wèishénme 대 왜
父母 fùmǔ 명 부모
影响 yǐngxiǎng 동 영향을 주다 명 영향
历史 lìshǐ 명 역사　故事 gùshi 명 이야기
关于 guānyú 개 ~에 관해, ~에 관한

A 중국 문화　　B 수학　　C 영어

남: 당신은 왜 이렇게나 책 읽는 것을 좋아해요? 부모님께서 당신에게 영향을 주었나요?
여: 네, 아빠 엄마는 모두 책 보는 것을 매우 좋아하세요. 엄마는 역사책을 보는 것을 좋아하시고, 아빠는 이야기책을 보는 것을 좋아하세요.
남: 그럼 당신은요?
여: 저는 중국 문화에 관한 책을 보는 것을 좋아해요.

질문: 여자는 어떤 책을 보는 것을 좋아하는가?　　정답 A

해설 제시된 보기가 모두 과목을 나타내는 명사이므로 언급되는 과목에 유의하며 대화를 듣는다. 대화에서 여자가 **我喜欢看关于中国文化的书。**(저는 중국 문화에 관한 책을 보는 것을 좋아해요.)라고 했고, 질문이 여자는 어떤 책을 보는 것을 좋아하는지 물었으므로 A **中国文化**(중국 문화)를 정답으로 선택한다.

34 중

A 9:05　　B 10:05　　C 12:05

女：喂，我已经到电影院门口了，你到哪儿了？
男：对不起，我还有三站就到，你能等我一会儿吗？
女：不着急，现在才十点零五，电影半小时后开始呢。
男：好的，一会儿见。

问：现在几点了？

已经 yǐjīng 부 이미, 벌써　到 dào 동 도착하다
电影院 diànyǐngyuàn 명 영화관　门口 ménkǒu 명 입구
还 hái 부 더, 아직　站 zhàn 명 정거장, 역
就 jiù 부 바로, 곧　等 děng 동 기다리다
一会儿 yíhuìr 수량 잠시, 잠깐, 이따가
着急 zháojí 형 급하다, 초조하다　才 cái 부 겨우, 고작
零 líng 수 0, 영　半(个)小时 bàn (ge) xiǎoshí 30분
开始 kāishǐ 동 시작하다

A 9:05　　B 10:05　　C 12:05

여: 여보세요, 저 이미 영화관 입구에 도착했어요. 당신 어디까지 왔어요?
남: 미안해요. 저는 세 정거장만 더 가면 바로 도착해요. 저를 잠시만 기다려 주실 수 있나요?
여: 급하지 않아요. 지금 겨우 10시 5분인데, 영화는 30분 후에 시작하는걸요.
남: 좋아요. 이따가 만나요.

질문: 지금은 몇 시인가?　　정답 B

해설 제시된 보기가 모두 시점 관련 표현이므로 시점과 관련된 내용에 유의하며 대화를 듣는다. 대화에서 여자가 **现在才十点零五**(지금 겨우 10시 5분이다)라고 했고, 질문이 지금은 몇 시인지 물었으므로 B 10:05를 정답으로 선택한다.

35 중

A 明天开会　　B 要坐火车　　C 不太舒服

男：对不起，张小姐，我的飞机还没起飞。
女：那我跟经理说一下，今天不能开会了。
男：谢谢你。那我们明天下午3点开会吧。
女：好的，我会准备好您需要的东西。

问：关于男的，可以知道什么？

开会 kāihuì 동 회의를 하다　要 yào 조동 ~해야 한다
火车 huǒchē 명 기차　不太 bútài 그다지 ~하지 않다
舒服 shūfu 형 편안하다
小姐 xiǎojiě 명 [성인 여성에 대한 경칭]
起飞 qǐfēi 동 이륙하다, 떠오르다
跟 gēn 개 ~와/과　经理 jīnglǐ 명 사장, 매니저
一下 yíxià 수량 좀 ~해보다　准备 zhǔnbèi 동 준비하다
需要 xūyào 동 필요하다, 요구되다

A 내일 회의를 한다　　B 기차를 타야 한다　　C 그다지 편하지 않다

남: 미안해요, 장 선생님. 제 비행기는 아직 이륙하지 않았어요.
여: 그럼 제가 사장님에게 오늘 회의할 수 없다고 말씀 드릴게요.
남: 감사합니다. 그럼 내일 오후 3시에 회의합시다.
여: 좋아요. 당신이 필요한 것을 준비해 둘게요.

질문: 남자에 대해, 알 수 있는 것은 무엇인가?　　정답 A

해설 제시된 보기가 모두 상태·상황 관련 표현이므로 상태·상황과 관련된 내용에 유의하며 대화를 듣는다. 대화에서 남자가 **我们明天下午3点开会吧**(내일 오후 3시에 회의합시다)라고 한 내용을 듣고 A **明天开会**(내일 회의를 한다)를 정답의 후보로 체크해 둔다. 질문이 남자에 대해 알 수 있는 것은 무엇인지 물었으므로 A **明天开会**(내일 회의를 한다)를 정답으로 선택한다.

36 중

A 留学　　B 结婚　　C 上班

女：周四一起吃饭吧！我下周五要去中国了。
男：是吗？这次是去中国旅游吗？
女：不是，我要去中国留学。
男：好的，那周四就在你家附近的饭店见吧！

问：女的去中国做什么？

留学 liúxué 동 유학하다　结婚 jiéhūn 동 결혼하다
上班 shàngbān 동 출근하다　一起 yìqǐ 부 같이, 함께
要 yào 조동 ~하려고 하다　次 cì 양 번, 회
旅游 lǚyóu 동 여행하다　附近 fùjìn 명 근처, 부근

A 유학한다　　B 결혼한다　　C 출근한다

여: 목요일에 같이 밥 먹어요! 저는 다음 주 금요일에 중국에 가려고 해요.
남: 그래요? 이번에는 중국에 여행가는 거예요?
여: 아니요, 저는 중국에 유학하러 가요.
남: 좋아요. 그럼 목요일에 당신 집 근처 식당에서 만나요!

질문: 여자는 중국에 무엇을 하러 가는가?　　정답 A

해설 제시된 보기가 모두 행동 관련 표현이므로 행동과 관련된 내용에 유의하며 대화를 듣는다. 대화에서 여자가 **我要去中国留学**(저는 중국에 유학하러 가요)라고 했고, 질문이 여자는 중국에 무엇을 하러 가는지 물었으므로 A **留学**(유학한다)를 정답으로 선택한다.

37 상

A 想去玩儿　　B 家里人多　　C 不愿意出门

男: 晚上去公园玩儿怎么样?
女: 你去吧, 我不去。
男: 为什么? 一起出去玩儿不好吗?
女: 外边很冷, 人也很多, 还是家里最舒服。

问: 女的是什么意思?

玩儿 wánr 동 놀다　愿意 yuànyì 동 원하다
出门 chūmén 동 외출하다　晚上 wǎnshang 명 저녁
公园 gōngyuán 명 공원
为什么 wèishénme 대 왜, 어째서
一起 yìqǐ 부 같이, 함께　外边 wàibian 명 밖, 바깥쪽
还是 háishi 부 ~하는 것이 (더) 좋다　最 zuì 부 제일, 가장
舒服 shūfu 형 편안하다

A 놀러 가고 싶다　　B 집에 사람이 많다　　C 외출하는 것을 원하지 않는다

남: 저녁에 공원에 가서 노는 거 어때?
여: 너 가. 나는 안 갈래.
남: 왜? 같이 나가서 놀면 좋지 않아?
여: 밖은 추워. 사람도 많고, 집이 제일 편해.

질문: 여자의 말은 무슨 뜻인가?　　정답 C

해설 제시된 보기가 모두 상태·상황 관련 표현이므로 상태·상황과 관련된 내용에 유의하며 대화를 듣는다. 대화에서 남자가 晚上去公园玩儿怎么样?(저녁에 공원에 가서 노는 거 어때?)이라고 묻자, 여자가 我不去(나는 안 갈래)라고 한 내용을 듣고 C 不愿意出门(외출하는 것을 원하지 않는다)을 정답의 후보로 체크해 둔다. 질문이 여자의 말은 무슨 뜻인지 물었으므로 C 不愿意出门(외출하는 것을 원하지 않는다)을 정답으로 선택한다.

38 하

A 星期二　　B 星期三　　C 星期日

女: 听说李明老师要给我们讲课, 她最近在网上很有名呢。
男: 是吗? 她哪天来我们学校?
女: 星期二晚上。你想和我一起去听课吗?
男: 好的, 我也对那个老师的课感兴趣。

问: 李明老师哪天来学校?

听说 tīngshuō 동 듣자 하니　给 gěi 개 ~에게 동 주다
讲课 jiǎng kè 동 강의하다, 수업하다
最近 zuìjìn 명 요즘, 최근
网上 wǎngshàng 인터넷, 온라인
有名 yǒumíng 형 유명하다　晚上 wǎnshang 명 저녁
一起 yìqǐ 부 같이, 함께　听课 tīngkè 동 수업을 듣다
对 duì 개 ~에, ~에게　课 kè 명 수업
感兴趣 gǎn xìngqù 관심이 있다, 흥미가 있다

A 화요일　　B 수요일　　C 일요일

여: 듣자 하니 리밍 선생님이 우리에게 강의를 해 주신다는데, 그녀는 요즘 인터넷에서 매우 유명해요.
남: 그래요? 그녀는 어느 날에 우리 학교에 와요?
여: 화요일 저녁이요. 당신 저랑 같이 수업 들을래요?
남: 좋아요. 저도 그 선생님 수업에 관심이 있어요.

질문: 리밍 선생님은 어느 날에 학교에 오는가?　　정답 A

해설 제시된 보기가 모두 요일 표현이므로 언급되는 요일에 유의하며 대화를 듣는다. 대화에서 여자가 听说李明老师要给我们讲课(듣자 하니 리밍 선생님이 우리에게 강의를 해 주신다)라고 했다. 남자가 어느 날에 그녀가 오는지 묻자 여자가 星期二晚上。(화요일 저녁이요.)이라고 답했다. 질문이 리밍 선생님은 어느 날에 학교에 오는지 물었으므로 A 星期二(화요일)을 정답으로 선택한다.

39 중

A 跳舞　　B 买包　　C 打篮球

男：周末你有时间吗？我想出去买个包。
女：可以啊，我最近也打算买个包。
男：你这个包用了很多年吧？太旧了。
女：对，这个包我用了5年多。

问：他们周末打算做什么？

跳舞 tiàowǔ 동 춤을 추다　包 bāo 명 가방
打篮球 dǎ lánqiú 농구를 하다　周末 zhōumò 명 주말
时间 shíjiān 명 시간　最近 zuìjìn 명 요즘, 최근
也 yě 부 ~도, 또한　打算 dǎsuan 동 ~할 계획이다
用 yòng 동 쓰다, 사용하다　太……了 tài……le 너무 ~하다
旧 jiù 형 낡다, 옛날의

A 춤을 춘다　　B 가방을 산다　　C 농구를 한다

남: 주말에 시간 있어요? 저는 가방을 사러 나가려고 해요.
여: 좋죠. 저도 요즘 가방을 살 계획이었어요.
남: 당신 이 가방 여러 해 썼죠? 너무 낡았네요.
여: 맞아요. 이 가방 5년 넘게 썼어요.

질문: 그들은 주말에 무엇을 할 계획인가?　　정답 B

해설 제시된 보기가 모두 행동 관련 표현이므로 행동과 관련된 내용에 유의하며 대화를 듣는다. 대화에서 남자가 **周末你有时间吗？我想出去买个包。**(주말에 시간 있어요? 저는 가방을 사러 나가려고 해요.)라고 하자, 여자가 **可以啊**(좋죠)라고 한 내용을 듣고 B **买包**(가방을 산다)를 정답의 후보로 체크해 둔다. 질문이 그들은 주말에 무엇을 할 계획인지 물었으므로 B **买包**(가방을 산다)를 정답으로 선택한다.

40 하

A 变化大　　B 不方便　　C 很干净

女：我住的那家宾馆环境很不错！
男：是不是很贵啊？
女：不贵，而且房间很干净，服务员打扫得很认真。
男：那就好，希望你住得舒服。

问：女的觉得宾馆怎么样？

变化 biànhuà 명 변화　方便 fāngbiàn 형 편리하다
干净 gānjìng 형 깨끗하다
家 jiā 양 [가게나 집·점포·공장 등을 세는 단위]
宾馆 bīnguǎn 명 호텔　环境 huánjìng 명 환경
不错 búcuò 형 좋다　贵 guì 형 비싸다
而且 érqiě 접 게다가, 뿐만 아니라　房间 fángjiān 명 방
服务员 fúwùyuán 명 종업원　打扫 dǎsǎo 동 청소하다
认真 rènzhēn 형 열심이다, 성실하다, 진지하다
希望 xīwàng 동 바라다, 희망하다
舒服 shūfu 형 편안하다

A 변화가 크다　　B 불편하다　　C 깨끗하다

여: 제가 묵는 호텔이 환경이 참 좋아요!
남: 비싼가요?
여: 비싸지 않아요. 게다가 방도 깨끗하고, 종업원이 열심히 청소해요.
남: 그럼 됐어요. 당신이 편안하게 묵기를 바라요.

질문: 여자는 호텔이 어떻다고 생각하는가?　　정답 C

해설 제시된 보기가 모두 상태·상황 관련 표현이므로 상태·상황과 관련된 내용에 유의하며 대화를 듣는다. 대화에서 여자가 **宾馆环境很不错**(호텔이 환경이 참 좋아요), **房间很干净**(방이 깨끗하다)이라고 했다. 질문이 여자는 호텔이 어떻다고 생각하는지 물었으므로 C **很干净**(깨끗하다)을 정답으로 선택한다.

二、阅读 독해

독해 mp3
바로듣기

41-45

A 我刚才在电梯看到张老师了，她在找你呢。
B 我上周就复习完了，你放心吧。
C 办公室开空调开了很久，怎么还这么热？
D 最近天气冷，老人很容易感冒，一定要多注意。
~~E~~ 我们先坐地铁2号线，然后换公共汽车。
F 没事，多读几次你一定能明白的。

刚才 gāngcái 명 방금, 지금, 막 电梯 diàntī 명 엘리베이터
看到 kàndào 봤다 找 zhǎo 동 찾다, 구하다
上周 shàngzhōu 지난주 复习 fùxí 동 복습하다
放心 fàngxīn 동 마음을 놓다, 안심하다
办公室 bàngōngshì 명 사무실
空调 kōngtiáo 명 에어컨 开 kāi 동 틀다, 켜다
久 jiǔ 형 오래되다, 시간이 길다 最近 zuìjìn 명 요즘, 최근
老人 lǎorén 명 노인 容易 róngyì 형 쉽다
感冒 gǎnmào 동 감기에 걸리다 명 감기
一定 yídìng 부 반드시, 필히 要 yào 조동 ~해야 한다
注意 zhùyì 동 조심하다, 주의하다 先 xiān 부 먼저
地铁 dìtiě 명 지하철 换 huàn 동 갈아타다
公共汽车 gōnggòng qìchē 명 버스
次 cì 양 번, 회, 차례 明白 míngbai 동 이해하다, 알다

A 저 방금 엘리베이터에서 장 선생님을 봤어요. 그녀는 당신을 찾고 있어요.
B 저는 지난주에 복습을 다 했어요. 마음 놓으세요.
C 사무실에 에어컨을 오래 틀어놨는데, 왜 아직도 이렇게 덥지?
D 요즘 날씨가 추워서, 노인은 감기에 걸리기 쉬우니, 반드시 더 조심해야 해요.
~~E~~ 우리 먼저 지하철 2호선을 타고, 그 다음에 버스로 갈아타자.
F 괜찮아요. 몇 번 더 읽으면 당신은 분명 이해할 수 있을 거예요.

* E는 예시 보기이므로 취소선을 그은 후, 이를 제외한 나머지 5개의 보기 중에서 정답을 고른다.

41 하

我现在就去张老师的办公室找她。

就 jiù 부 바로, 곧, 즉시 办公室 bàngōngshì 명 사무실
找 zhǎo 동 찾다, 구하다

제가 지금 바로 장 선생님의 사무실로 그녀를 찾으러 갈게요. 정답 A

해설 문제의 핵심어구가 张老师(장 선생님)이므로 张老师(장 선생님)이 언급된 보기 A 我刚才在电梯看到张老师了，她在找你呢。(저 방금 엘리베이터에서 장 선생님을 봤어요. 그녀는 당신을 찾고 있어요.)를 정답으로 선택한다.

42 상

可能是坏了，明天叫人来检查一下。

可能 kěnéng 조동 아마도 (~일 것이다)
坏 huài 동 고장 나다, 상하다 형 나쁘다
检查 jiǎnchá 동 검사하다, 점검하다
一下 yíxià 수량 좀 ~해보다

아마 고장 났나 봐요. 내일 사람을 불러 검사 좀 해야겠어요. 정답 C

해설 문제가 可能是坏了(아마 고장 났나 봐요)라고 했으므로, 에어컨을 오래 틀어놨는데 계속 덥다는 상황으로 연결되는 보기 C 办公室开空调开了很久，怎么还这么热？(사무실에 에어컨을 오래 틀어놨는데, 왜 아직도 이렇게 덥지?)를 정답으로 선택한다.

43 하

明天就要考试了，你复习好了吗？

就要……了 jiù yào……le (곧) ~하려고 하다
考试 kǎoshì 동 시험을 보다(치다) 명 시험
复习 fùxí 동 복습하다

내일이면 시험을 봐야 하는데, 너 복습 다 했니? 정답 B

해설 문제의 핵심어구가 复习(복습하다)이므로 复习(복습하다)가 언급된 보기 B 我上周就复习完了，你放心吧。(저는 지난주에 복습을 다 했어요. 마음 놓으세요.)를 정답으로 선택한다.

44 중

是啊，我奶奶最近就在发烧。

奶奶 nǎinai 명 할머니 最近 zuìjìn 명 요즘, 최근
发烧 fāshāo 동 열이 나다

맞아요. 바로 우리 할머니께서 요즘 열이 나셔요. 정답 D

해설 문제의 핵심어구가 奶奶(할머니)이므로, 같은 주제로 연결되는 老人(노인)이 언급된 보기 D 最近天气冷，老人很容易感冒，一定要多注意。(요즘 날씨가 추워서, 노인은 감기에 걸리기 쉬우니, 반드시 더 조심해야 해요.)를 정답으로 선택한다.

45 상

这几个字我都知道，但是放在句子里就看不懂了。

字 zì 명 글자 知道 zhīdào 동 알다, 이해하다
但是 dànshì 접 하지만, 그러나 放 fàng 동 두다, 넣다, 놓다
句子 jùzi 명 문장 看不懂 kàn bu dǒng 이해하지 못하다

저는 이 몇 글자를 다 알아요. 하지만 문장 안에 두면 이해하지 못하겠어요. 정답 F

해설 문제가 这几个字我都知道，但是放在句子里就看不懂了。(저는 이 몇 글자를 다 알아요. 하지만 문장 안에 두면 이해하지 못하겠어요.)라고 했으므로, 이해하지 못하는 문장을 몇 번 더 읽으면 이해할 수 있을 것이라는 상황으로 연결되는 보기 F 没事，多读几次你一定能明白的。(괜찮아요. 몇 번 더 읽으면 당신은 분명 이해할 수 있을 거예요.)를 정답으로 선택한다.

46-50

A 那我可以休息一会儿了，谢谢你。
B 这孩子今年上二年级了，特别喜欢学习。
C 你还是别去了，你的身体还没好呢。
D 先往左走，然后直走，5分钟就到了。
E 会议快要结束了，他怎么还没到？

可以 kěyǐ 조동 ~할 수 있다, ~해도 좋다
休息 xiūxi 동 쉬다, 휴식하다 一会儿 yíhuìr 수량 잠시, 곧
孩子 háizi 명 아이, 애 年级 niánjí 명 학년
特别 tèbié 부 특히, 아주 还是 háishi 부 ~하는 것이 좋다
别 bié 부 ~하지 마라 身体 shēntǐ 명 몸, 신체
还 hái 부 아직, 여전히 先 xiān 부 먼저, 우선
往 wǎng 개 ~쪽으로, ~을 향해 走 zǒu 동 가다, 걷다
然后 ránhòu 접 그 다음에, 그런 후에
直走 zhí zǒu 직진하다 分钟 fēnzhōng 명 분
到 dào 동 도착하다, 도달하다 会议 huìyì 명 회의
快要……了 kuài yào……le 곧 ~하려고 하다
结束 jiéshù 동 끝나다, 마치다

A 그럼 나는 잠시 쉴 수 있겠네. 고마워.
B 이 아이는 올해 2학년이 되었는데, 공부하는 것을 특히나 좋아해요.
C 가지 않는 것이 좋겠어요. 당신 몸이 아직 낫지 않았잖아요.
D 먼저 왼쪽으로 가서, 그 다음에 직진하세요. 5분이면 도착해요.
E 회의가 곧 끝나려고 하는데, 그는 왜 아직 도착하지 않았죠?

46 중

周末我要去爬山。	周末 zhōumò 명 주말 要 yào 조동 ~할 것이다, ~하려고 하다 爬山 páshān 동 등산하다
주말에 저는 등산하러 갈 거예요.	정답 C

해설 문제가 **要去爬山**(등산하러 갈 거예요)이라고 했고, 몸이 아직 안 나았으니 등산을 가지 말라는 내용의 보기 C **你还是别去了, 你的身体还没好呢。**(가지 않는 것이 좋겠어요. 당신 몸이 아직 낫지 않았잖아요.)를 정답으로 선택한다.

47 상

爸爸, 今天我来做饭吧。	来 lái 동 [다른 동사 앞에 쓰여 어떤 일을 하려는 것을 나타냄]
아빠, 오늘은 제가 밥을 할게요.	정답 A

해설 문제가 **爸爸, 今天我来做饭吧。**(아빠, 오늘은 제가 밥을 할게요.)라고 했으므로, 밥을 할 필요가 없으니 쉴 수 있겠다는 내용으로 연결되는 보기 A **那我可以休息一会儿了, 谢谢你。**(그럼 나는 잠시 쉴 수 있겠네. 고마워.)를 정답으로 선택한다.

48 중

这孩子太聪明了, 上几年级了?	孩子 háizi 명 아이, 애, 자식 聪明 cōngming 형 똑똑하다, 총명하다 年级 niánjí 명 학년
이 아이는 정말 똑똑하네요. 몇 학년 됐어요?	정답 B

해설 문제의 핵심어구가 **上几年级了?**(몇 학년 됐어요?)이므로, 같은 주제로 연결되는 **上二年级了**(2학년이 되었다)가 언급된 B **这孩子今年上二年级了, 特别喜欢学习。**(이 아이는 올해 2학년이 되었는데, 공부하는 것을 특히나 좋아해요.)를 정답으로 선택한다.

49 상

他坐的出租车在来的路上坏了。	出租车 chūzūchē 명 택시 路 lù 명 길, 도로 坏 huài 동 고장 나다, 상하다 형 나쁘다
그가 탄 택시가 오는 길에 고장 났어요.	정답 E

해설 보기 E가 **会议快要结束了, 他怎么还没到?**(회의가 곧 끝나려고 하는데, 그는 왜 아직 도착하지 않았죠?)라는 의문문이므로, **他坐的出租车在来的路上坏了。**(그가 탄 택시가 오는 길에 고장 났어요.)라는 내용의 문제 49번과 연결된다. 여기서는 보기 E가 문제의 앞 문장으로 연결되는 것에 주의한다.

50 중

你知道那家饭店怎么走吗?	知道 zhīdào 동 알다, 이해하다 家 jiā 양 [가게나 집·점포·공장 등을 세는 단위] 饭店 fàndiàn 명 식당 走 zǒu 동 가다, 걷다
저 식당에 어떻게 가는지 아세요?	정답 D

해설 문제가 **怎么**(어떻게)를 사용한 의문문이고, 식당으로 가는 길을 설명하는 내용으로 연결되는 보기 D **先往左走, 然后直走, 5分钟就到了。**(먼저 왼쪽으로 가서, 그 다음에 직진하세요. 5분이면 도착해요.)를 정답으로 선택한다.

51-55

A 结束	B 经过	C 一定	结束 jiéshù 동 끝나다, 마치다 经过 jīngguò 동 (장소, 시간 등을) 지나가다, 경과하다 一定 yídìng 부 반드시, 필히 菜单 càidān 명 메뉴판, 메뉴 声音 shēngyīn 명 목소리, 소리 公斤 gōngjīn 양 킬로그램(kg)
D 菜单	~~E~~ 声音	F 公斤	

A 끝나다　B 지나가다　C 반드시
D 메뉴판　~~E~~ 목소리　F 킬로그램(kg)

* E 声音(목소리)은 예시 어휘이므로, 이를 제외한 나머지 5개의 보기 중에서 정답을 고른다.

51 중

他一直都很努力，所以我相信他（C 一定）会做到的。

一直 yìzhí 부 줄곧, 계속 努力 nǔlì 동 노력하다, 힘쓰다
所以 suǒyǐ 접 그래서 相信 xiāngxìn 동 믿다, 신뢰하다
一定 yídìng 부 반드시, 필히 做到 zuòdào 해내다, 이루다

그는 줄곧 매우 노력했어요. 그래서 저는 그가 (C 반드시) 해낼 수 있을 것이라고 믿어요. 정답 C

해설 빈칸 뒤에 '동사+결과보어' 형태인 술어 做到(해내다)가 있으므로, 부사 C 一定(반드시)을 정답으로 선택한다. 참고로, 부사는 술어 앞에서 부사어 역할을 한다.

52 하

我们先看（D 菜单），再决定点什么菜吧。

先 xiān 부 먼저, 우선 菜单 càidān 명 메뉴판, 메뉴
再 zài 부 ~한 뒤에 决定 juédìng 동 결정하다 명 결정
点 diǎn 동 주문하다 菜 cài 명 요리, 음식, 채소

우리 먼저 (D 메뉴판)을 보고, 그 다음에 무슨 요리를 주문할지 결정하자. 정답 D

해설 빈칸 앞에 술어가 되는 동사 看(보다)이 있으므로 목적어가 될 수 있는 명사 D 菜单(메뉴판)을 정답으로 선택한다.

53 중

（B 经过）那家超市的时候，记得买点儿水果。

经过 jīngguò 동 (장소, 시간 등을) 지나가다, 경과하다
超市 chāoshì 명 슈퍼
……的时候 ……de shíhou ~할 때
记得 jìde 동 기억하고 있다 水果 shuǐguǒ 명 과일

그 슈퍼를 (B 지나갈) 때, 과일을 좀 사는 것을 기억하세요. 정답 B

해설 빈칸이 있는 구절에 ……的时候(~할 때)가 있고, 술어가 없으므로 빈칸에는 동사나 형용사가 온다. 동사 A 结束(끝나다), B 经过(지나가다) 중 '그 슈퍼를 ______ 때'라는 문맥에 적합한 동사 B 经过(지나가다)를 정답으로 선택한다.

54 상

今天的工作很快就（A 结束）了，我很高兴。

结束 jiéshù 동 끝나다, 마치다

오늘 일은 금방 (A 끝나요). 저는 기뻐요. 정답 A

해설 빈칸이 있는 구절에 술어가 없으므로 빈칸에는 동사나 형용사가 온다. '오늘 일은 금방 ______'라는 문맥에 적합한 동사 A 结束(끝나다)를 정답으로 선택한다.

55 하

昨天妈妈买了五（F 公斤）的水果。

公斤 gōngjīn 양 킬로그램(kg)

어제 엄마는 과일을 5 (F 킬로그램) 샀다. 정답 F

해설 빈칸 앞에 수사 五(5, 오)가 있으므로 보기 중 유일한 양사인 F 公斤(킬로그램(kg))을 정답으로 선택한다. 참고로, 양사는 수사 뒤에 온다.

56-60

A 检查	B 新鲜	C 节目	检查 jiǎnchá 명 검사 동 검사하다, 점검하다 新鲜 xīnxiān 형 신선하다 节目 jiémù 명 프로그램 爱好 àihào 명 취미 段 duàn 양 마디, 단락 放心 fàngxīn 동 안심하다, 마음을 놓다
~~D~~ 爱好	E 段	F 放心	
A 검사	B 신선하다	C 프로그램	
~~D~~ 취미	E 마디	F 안심하다	

* D 爱好(취미)는 예시 어휘이므로, 이를 제외한 나머지 5개의 보기 중에서 정답을 고른다.

56 하

A: 我不明白这（E 段）话的意思，你呢？
B: 我也是，问一下老师怎么样？

明白 míngbai 동 이해하다, 알다 段 duàn 양 마디, 단락
话 huà 명 말 意思 yìsi 명 뜻, 의미 也 yě 부 ~도, 또한
问 wèn 동 묻다, 질문하다 一下 yíxià 수량 좀 ~해보다

A: 저는 이 말 한 (E 마디)의 뜻을 이해하지 못했어요. 당신은요?
B: 저도요. 선생님께 한번 여쭤보는 것은 어때요? 정답 E

해설 빈칸 앞에는 대사 这(이)가, 빈칸 뒤에는 명사 话(말)가 있으므로 '대사+양사+명사'의 형태로 수사와 대사 사이에 올 수 있는 양사 E 段(마디)을 정답으로 선택한다.

57 상

A: 医生，我可以出院了吗？
B: 后天的身体（A 检查）没问题的话，就可以出院了。

可以 kěyǐ 조동 ~해도 된다, ~해도 좋다
出院 chūyuàn 동 퇴원하다 后天 hòutiān 명 모레
身体 shēntǐ 명 신체, 몸
检查 jiǎnchá 명 검사 동 검사하다, 점검하다
没问题 méi wèntí 문제없다
……的话 ……dehuà 조 ~하다면

A: 의사 선생님, 저 퇴원해도 되나요?
B: 모레 신체(A 검사)에서 문제가 없다면, 퇴원하셔도 됩니다. 정답 A

해설 빈칸 앞에 身体(신체)가 있으므로, '身体检查(신체검사)'라는 표현으로 자주 쓰이며 '신체 ______에서 문제가 없다면, 퇴원하셔도 됩니다'이라는 문맥에도 적합한 명사 A 检查(검사)를 정답으로 선택한다. 참고로, 检查는 동사와 명사의 뜻을 모두 가지고 있음을 알아 둔다.

58 상

A: 妈，您别担心，老师会带我们去比赛的地方。
B: 那我就（F 放心）了。

您 nín 대 당신[你의 존칭] 别 bié 부 ~하지 마라
担心 dānxīn 동 걱정하다, 염려하다
带 dài 동 데리다, 가지다, 휴대하다
比赛 bǐsài 명 시합, 경기 地方 dìfang 명 장소, 곳
放心 fàngxīn 동 안심하다, 마음을 놓다

A: 엄마, 걱정하지 마세요. 선생님이 우리를 시합 장소까지 데리고 가주실 거예요.
B: 그렇다면 나도 (F 안심이네). 정답 F

해설 빈칸이 있는 구절에 술어가 없으므로 빈칸에는 동사나 형용사가 온다. 동사 F 放心(안심하다), 형용사 B 新鲜(신선하다) 중 걱정하지 말라는 말에 '그렇다면 나도 ______' 라는 문맥에 적합한 동사 F 放心(안심하다)을 정답으로 선택한다.

59 중

A: 这些菜是哪天买的?
B: 那些菜已经不（B 新鲜）了，你别吃了。

菜 cài 명 채소, 요리　已经 yǐjīng 부 이미, 벌써
新鲜 xīnxiān 형 신선하다　别 bié 부 ~하지 마라

A: 이 채소들은 어느 날에 산 거예요?
B: 그 채소들은 이미 (B 신선하지) 않아요. 먹지 마세요.　정답 B

해설 빈칸이 있는 구절에 술어가 없으므로 빈칸에는 동사나 형용사가 온다. '그 채소들은 이미 ______ 않아요'라는 문맥에 적합한 형용사 B 新鲜(신선하다)을 정답으로 선택한다.

60 중

A: 快过来，你最喜欢的（C 节目）马上开始了!
B: 好的，我吃完这碗饭就过去。

快 kuài 부 빨리, 어서 형 빠르다　最 zuì 부 가장, 제일
节目 jiémù 명 프로그램　马上 mǎshàng 부 곧, 금방
开始 kāishǐ 동 시작하다　碗 wǎn 양 공기, 그릇

A: 빨리 오세요. 당신이 가장 좋아하는 (C 프로그램)이 곧 시작해요!
B: 좋아요. 이 밥 한 공기만 다 먹고 바로 갈게요.　정답 C

해설 빈칸 앞에 구조조사 的가 있으므로 명사 C 节目(프로그램)를 정답으로 선택한다.

61 하

不好意思，我出门太晚了，现在还在等车。我1小时之后才能到，你们一边吃一边等我吧。

★ 说话人为什么1小时后才能到?
A 在睡觉
B 车坏了
C 出门太晚了

不好意思 bùhǎoyìsi 미안하다, 죄송합니다
出门 chūmén 동 집을 나서다
太……了 tài……le 너무 ~하다　晚 wǎn 형 늦다
还 hái 부 아직, 여전히　等 děng 동 기다리다
小时 xiǎoshí 명 시간[시간의 단위]　之后 zhīhòu 명 ~후에
才 cái 부 ~에야, 겨우　到 dào 동 도착하다, 도달하다
一边……一边 yìbiān……yìbiān ~하면서 ~하다
坏 huài 동 고장 나다

미안해. 내가 너무 늦게 집을 나서서, 지금 아직 차를 기다리고 있어. 한 시간 뒤에야 도착할 수 있으니, 너희는 먹으면서 나를 기다리도록 해.

★ 화자는 왜 한 시간 뒤에야 도착할 수 있는가?
A 잠을 자고 있다　B 차가 고장 났다　C 너무 늦게 나왔다　정답 C

해설 질문이 화자는 왜 한 시간 뒤에야 도착할 수 있는지 물었다. 지문의 我出门太晚了……1小时之后才能到(내가 너무 늦게 집을 나서서 …… 한 시간 뒤에야 도착할 수 있다)를 통해 알 수 있는 C 出门太晚了(너무 늦게 나왔다)를 정답으로 선택한다.

62 중

天气再不好，我也会去附近的游泳馆游泳。但这周六游泳馆休息，我只能去旁边的公园打球了。

★ 说话人这周六要去哪儿?
A 游泳馆
B 学校
C 公园

再……也 zài……yě 아무리 ~해도　附近 fùjìn 명 근처, 부근
游泳馆 yóuyǒngguǎn 명 수영장
游泳 yóuyǒng 동 수영하다 명 수영
但 dàn 접 하지만, 그러나　周六 zhōuliù 명 토요일
休息 xiūxi 동 쉬다, 휴식하다
只能 zhǐnéng ~할 수밖에 없다
旁边 pángbiān 명 근처, 옆　公园 gōngyuán 명 공원
打球 dǎqiú 공놀이하다

날씨가 아무리 안 좋아도, 나는 근처 수영장에 가서 수영을 하곤 한다. 하지만 이번 주 토요일에는 수영장이 쉬어서, 나는 근처 공원에 가서 공놀이를 하는 수밖에 없다.

★ 화자는 이번 주 토요일에 어디를 가려고 하는가?
A 수영장　B 학교　C 공원　정답 C

해설 질문이 화자는 이번 주 토요일에 어디를 가려고 하는지 물었다. 지문의 **这周六……我只能去旁边的公园**(이번 주 토요일 …… 나는 근처 공원에 가는 수밖에 없다)을 통해 알 수 있는 C 公园(공원)을 정답으로 선택한다.

63 중

李经理出去了, 不知道几点能回来。你如果着急的话, 就给他打个电话。你如果不着急, 可以去他的办公室等他, 6楼最里面的房间就是他的办公室。

★ 说话人不知道:
A 家在哪儿
B 经理几点回来
C 开会时间

经理 jīnglǐ ㊔ 사장, 매니저 知道 zhīdào ㊍ 알다, 이해하다
如果……的话 rúguǒ……dehuà 만약 ~한다면
着急 zháojí ㊟ 급하다, 초조하다
可以 kěyǐ 조동 ~해도 된다, ~할 수 있다
办公室 bàngōngshì ㊔ 사무실 等 děng ㊍ 기다리다
楼 lóu ㊔ 층, 건물 最 zuì ㊖ 가장, 제일
房间 fángjiān ㊔ 방 开会 kāihuì ㊍ 회의를 하다
时间 shíjiān ㊔ 시간

리 사장님은 나갔고, 몇 시에 돌아올 수 있을지 몰라요. 만약 급하다면, 그에게 전화를 걸어 보세요. 만약 급하지 않다면, 그의 사무실에 가서 그를 기다려도 돼요. 6층 가장 안쪽 방이 바로 그의 사무실이에요.

★ 화자는 무엇을 모르는가?
A 집이 어디에 있는지 B 사장님이 몇 시에 돌아오는지 C 회의 시간 정답 B

해설 질문이 화자는 무엇을 모르는지 물었다. 지문의 **经理…… 不知道几点能回来**(사장님 …… 몇 시에 돌아올 수 있을지 몰라요)를 통해 알 수 있는 B 经理几点回来(사장님이 몇 시에 돌아오는지)를 정답으로 선택한다.

64 중

小林, 医生让你多吃肉和鸡蛋, 少吃面包和蛋糕这种甜的东西。这样做对你的身体比较好。

★ 医生让小林:
A 多运动
B 经常看书
C 少吃甜的

让 ràng ㊍ ~하게 하다 肉 ròu ㊔ 고기
鸡蛋 jīdàn ㊔ 달걀 面包 miànbāo ㊔ 빵
蛋糕 dàngāo ㊔ 케이크 种 zhǒng ㊣ 종류
甜 tián ㊟ 달다 对 duì ㊎ ~에 (대해), ~에게
身体 shēntǐ ㊔ 몸, 신체 比较 bǐjiào ㊖ 비교적
运动 yùndòng ㊍ 운동하다 经常 jīngcháng ㊖ 자주, 늘

샤오린, 의사가 너에게 고기와 달걀을 많이 먹고, 빵과 케이크 같은 이런 종류의 단 것을 적게 먹으라고 했어. 이렇게 하는 것이 너의 몸에 비교적 좋아.

★ 의사는 샤오린에게 무엇을 하라고 하였는가?
A 많이 운동한다 B 책을 자주 본다 C 단 것을 적게 먹는다 정답 C

해설 질문이 의사는 샤오린에게 무엇을 하라고 하였는지 물었다. 지문의 **医生让你……少吃……甜的东西**(의사가 너에게 …… 단 것을 적게 먹으라고 했어)를 통해 알 수 있는 C 少吃甜的(단 것을 적게 먹는다)를 정답으로 선택한다.

65 상

我每天运动3个小时, 学习半个小时。我觉得运动比学习有意思多了, 一学习我就想睡觉。

★ 说话人是什么意思?
A 喜欢吃饭
B 不爱学习
C 想看电影

每天 měi tiān 매일 运动 yùndòng ㊍ 운동하다 ㊔ 운동
小时 xiǎoshí ㊔ 시간[시간의 단위]
半个小时 bàn ge xiǎoshí 30분
觉得 juéde ㊍ ~라고 생각하다, ~이라고 여기다
比 bǐ ㊎ ~보다, ~에 비해 有意思 yǒuyìsi 재미있다
一……就…… yī…… jiù…… ~하자마자 ~하다

나는 매일 3시간 동안 운동을 하고, 30분 동안 공부를 한다. 나는 운동이 공부보다 훨씬 더 재미있다고 생각하고, 공부만 하면 잠이 온다.

★ 화자의 말은 무슨 뜻인가?
A 밥 먹는 것을 좋아한다 B 공부하는 것을 좋아하지 않는다 C 영화를 보고 싶다 정답 B

해설 질문이 화자의 말은 무슨 뜻인지 물었다. 지문의 **我觉得运动比学习有意思多了，一学习我就想睡觉。**(나는 운동이 공부보다 훨씬 더 재미있다고 생각하고, 공부만 하면 잠이 온다.)를 통해 화자는 공부하는 것을 좋아하지 않음을 알 수 있다. 따라서 B **不爱学习**(공부하는 것을 좋아하지 않는다)를 정답으로 선택한다.

66 하

你知道吗？我们家附近开了一个不错的面包店。我们骑自行车过去买吧，10分钟就能到。

★ 说话人想怎么去面包店？

A 走路

B 坐飞机

C 骑自行车

知道 zhīdào 동 알다　附近 fùjìn 명 근처
开 kāi 동 개업하다, 열다　不错 búcuò 형 괜찮다, 좋다
面包店 miànbāodiàn 빵집
骑 qí 동 (동물이나 자전거 등에) 타다
自行车 zìxíngchē 명 자전거　过去 guòqu 동 가다
就 jiù 부 바로, 곧　到 dào 동 도착하다

너 알고 있니? 우리 집 근처에 괜찮은 빵집이 개업했어. 우리 자전거를 타고 사러 가자. 10분이면 바로 도착해.

★ 화자는 빵집에 어떻게 가려고 하는가?

A 걷는다　B 비행기를 탄다　C 자전거를 탄다　정답 C

해설 질문이 화자는 빵집에 어떻게 가려고 하는지 물었다. 지문의 **面包店……我们骑自行车过去买吧**(빵집 …… 우리 자전거를 타고 사러 가자)를 통해 알 수 있는 C **骑自行车**(자전거를 탄다)를 정답으로 선택한다.

67 하

爸爸和妈妈去旅游了，一个月后才回来。现在家里只有我和弟弟两个人。我每天都要做饭，弟弟要洗衣服，还要打扫房间。我们都觉得很累。

★ 关于爸爸和妈妈，可以知道：

A 去旅游了

B 去留学了

C 去锻炼了

旅游 lǚyóu 동 여행하다　才 cái 부 ~에야, 겨우
只 zhǐ 부 오직, 겨우　弟弟 dìdi 명 남동생
每天 měi tiān 매일　洗 xǐ 동 빨다, 씻다
打扫 dǎsǎo 동 청소하다　房间 fángjiān 명 방
累 lèi 형 힘들다, 피곤하다　留学 liúxué 동 유학하다
锻炼 duànliàn 동 (신체를) 단련하다

아빠와 엄마가 여행을 가서 한 달 후에야 돌아온다. 지금 집에는 오직 나와 남동생 둘만 있다. 나는 매일 밥을 해야 하고, 남동생은 옷을 빨아야 하며, 그리고 방 청소를 해야 한다. 우리는 힘들다고 느낀다.

★ 아빠와 엄마에 관해 알 수 있는 것은:

A 여행 갔다　B 유학 갔다　C 신체를 단련하러 갔다　정답 A

해설 질문이 아빠와 엄마에 관해 알 수 있는 것을 물었다. 지문의 **爸爸和妈妈去旅游了**(아빠와 엄마가 여행을 갔다)를 통해 알 수 있는 A **去旅游了**(여행 갔다)를 정답으로 선택한다.

68 상

很多人觉得，胖胖的动物非常可爱。像大熊猫、小猫还有小狗这些动物，都是胖的比瘦的好看。但是人们希望自己变得瘦一点儿。

★ 很多人希望自己：

A 变得可爱

B 特别聪明

C 瘦一点儿

觉得 juéde 동 ~라고 생각하다, ~이라고 여기다
胖 pàng 형 통통하다, 뚱뚱하다　动物 dòngwù 명 동물
可爱 kě'ài 형 귀엽다　像 xiàng 동 닮다, ~와 같다
熊猫 xióngmāo 명 판다　比 bǐ 개 ~보다, ~에 비해
瘦 shòu 형 마르다, 여위다　但是 dànshì 접 하지만, 그러나
希望 xīwàng 동 바라다, 희망하다　自己 zìjǐ 대 자신, 스스로
变得 biàn de ~해지다, ~로 되다　特别 tèbié 부 아주, 특히
聪明 cōngming 형 똑똑하다

많은 사람은, 통통한 동물이 매우 귀엽다고 생각한다. 판다, 고양이 그리고 강아지와 같은 이런 동물들은, 모두 통통한 것이 마른 것보다 예쁘다. 하지만 사람들은 자신이 좀 더 마르기를 바란다.

★ 많은 사람은 자신이 어떻게 되기를 바라는가?

A 귀여워지다　　B 아주 똑똑하다　　C 좀 마르다　　정답 C

해설 질문이 많은 사람은 자신이 어떻게 되기를 바라는지 물었다. 지문의 **人们希望自己变得瘦一点儿**(사람들은 자신이 좀 더 마르기를 바란다)을 통해 알 수 있는 C **瘦一点儿**(좀 마르다)을 정답으로 선택한다.

69 하

工作时，我非常快乐，因为在工作中我能学习到很多新的东西，也能提高自己的水平。

★ 说话人工作时：

A 很不舒服

B 非常快乐

C 特别着急

……时 ……shí ~할 때　非常 fēicháng 부 매우, 아주
快乐 kuàilè 형 즐겁다, 행복하다
因为 yīnwèi 접 ~하기 때문에　新 xīn 형 새롭다
提高 tígāo 동 향상시키다, 높이다　自己 zìjǐ 대 스스로, 자신
水平 shuǐpíng 명 능력, 수준　舒服 shūfu 형 편안하다
特别 tèbié 부 아주, 특히
着急 zháojí 형 조급하다, 초조하다

일을 할 때, 나는 매우 기쁘다. 일을 하는 중에 나는 새로운 것들을 많이 배울 수 있고, 스스로의 능력도 향상시킬 수 있기 때문이다.

★ 화자는 일을 할 때:

A 매우 불편하다　　B 매우 기쁘다　　C 아주 조급하다　　정답 B

해설 질문이 화자는 일을 할 때 어떤지 물었다. 지문의 **工作时，我非常快乐**(일을 할 때, 나는 매우 기쁘다)를 통해 알 수 있는 B **非常快乐**(매우 기쁘다)를 정답으로 선택한다.

70 상

夏天很热，所以很多人在家的时候一直开着空调。这其实不太好，因为长时间开空调会让人觉得身体不舒服。

★ 这段话主要是说：

A 少用空调

B 多喝冷水

C 经常锻炼

夏天 xiàtiān 명 여름　所以 suǒyǐ 접 그래서
……的时候 ……de shíhou ~할 때
一直 yìzhí 부 계속, 줄곧　开 kāi 동 틀다, 켜다, 열다
着 zhe 조 ~해 두다, ~한 채로 있다
空调 kōngtiáo 명 에어컨　其实 qíshí 부 사실, 실은
不太 bútài 그다지 ~하지 않다
因为 yīnwèi 접 ~하기 때문에
长时间 cháng shíjiān 오랜 시간
让 ràng 동 ~로 하여금 ~하게 하다　身体 shēntǐ 명 몸, 신체
舒服 shūfu 형 편안하다　经常 jīngcháng 부 자주, 늘, 항상
锻炼 duànliàn 동 단련하다

여름은 덥다. 그래서 많은 사람이 집에 있을 때 에어컨을 계속 틀어둔다. 이것은 사실 그다지 좋지 않은데, 오랜 시간 동안 에어컨을 켜는 것은 사람으로 하여금 몸이 불편하다고 느끼게 하기 때문이다.

★ 이 지문이 주로 말하는 것은:

A 에어컨을 적게 쓴다　　B 찬 물을 많이 마신다　　C 자주 단련한다　　정답 A

해설 질문이 이 지문이 주로 말하는 것을 물었다. 지문의 **夏天……一直开着空调。这其实不太好**(여름 …… 에어컨을 계속 틀어둔다. 이것은 사실 그다지 좋지 않다)를 통해 에어컨을 적게 트는 것이 좋다는 것을 추론할 수 있다. 따라서 A **少用空调**(에어컨을 적게 쓴다)를 정답으로 선택한다.

三、书写 쓰기

쓰기 mp3
바로듣기

71 상

没有关　我房间里　灯　的

关 guān 동 끄다, 닫다　房间 fángjiān 명 방
灯 dēng 명 불, 등, 램프

대사+명사+명사	的	명사	부사+동사
我房间里	的	灯	没有关。
관형어		목적어	부사어+술어

해석 : 내 방안의 불을 끄지 않았다.

해설 제시된 어휘 중 유일한 동사 关(끄다)을 포함하고 있는 '부사+동사' 형태의 没有关(끄지 않았다)을 술어 자리에 바로 배치한다. 남은 어휘 중 구조조사 的(~의)로 我房间里(내 방안)와 灯(불)을 我房间里的灯(내 방안의 불)으로 연결하고 술어 앞에 목적어로 배치하여 문장을 완성한다. 참고로, 이 문장에서 주어(행위의 주체)는 생략되었다는 것을 알아 둔다.

✔ 어법체크 我房间里的灯(내 방안의 불)과 같이 관형어의 수식을 받는 구체적인 목적어는 문장 맨 앞에 올 수 있으며, 이 때 주어는 생략되기도 한다는 것을 알아 둔다.

72 중

解决了　已经　问题　被他

解决 jiějué 동 해결하다, 풀다
已经 yǐjīng 부 이미, 벌써　问题 wèntí 명 문제, 질문
被 bèi 동 ~에게 ~을 당하다

명사	부사	被+명사	동사+了
问题	已经	被他	解决了。
주어	부사어	被+행위의 주체	술어+了 기타성분

해석 : 문제는 이미 그에 의해 해결되었다.

해설 제시된 어휘 중 被가 있으므로 被자문을 완성한다. '동사+了' 형태의 解决了(해결했다)를 술어로 배치하고, 被가 포함된 被他(그에 의해)를 '被+행위의 주체' 자리에 배치한다. 남은 어휘 중 명사 问题(문제)를 주어 자리에 배치하고, 부사 已经(이미)을 被 앞 부사어 자리에 배치하여 문장을 완성한다.

✔ 어법체크 被자문/把자문에서 부사어는 被/把 앞에 부사어로 배치한다.

73 하

最喜欢看的　这是　节目　我

最 zuì 부 가장, 제일　节目 jiémù 명 프로그램

대사+동사	대사	부사+동사+동사+的	명사
这是	我	最喜欢看的	节目。
주어+술어	관형어		목적어

해석 : 이것은 내가 가장 보기 좋아하는 프로그램이다.

해설 제시된 어휘 중 是이 있으므로 是자문을 완성한다. 是을 포함한 这是(이것은 ~이다)을 '주어+술어'로 배치하고, 명사 节目(프로그램)를 목적어로 배치한다. 남은 어휘 중 대사 我(나)와 最喜欢看的(가장 보기 좋아하는)를 我最喜欢看的(내가 가장 보기 좋아하는)로 연결한 후, 목적어 앞에 관형어로 배치하여 문장을 완성한다.

✔ 어법체크 제시된 어휘 중 是이 보이면 바로 술어로 배치하고, '~은 ~이다'라는 의미가 되도록 남은 어휘를 배치한다.

74 상

一点儿　比　我的个子　姐姐　高

一点儿 yìdiǎnr 수량 조금　比 bǐ 개 ~보다, ~에 비해
个子 gèzi 명 (사람의) 키　姐姐 jiějie 명 언니, 누나
高 gāo 형 (키가) 크다, 높다

대사+的+명사	개사	명사	형용사	수량사
我的个子	比	姐姐	高	一点儿。
관형어+주어	比	비교대상	술어	보어

해석 : 내 키는 언니보다 조금 더 크다.

해설 제시된 어휘 중 比가 있으므로 比자문을 완성해야 한다. 제시된 어휘 중 술어 자리에 올 수 있는 형용사 高((키가) 크다)를 술어 자리에 배치하고, 比를 술어 앞에 배치한다. '대사+的+명사' 형태인 我的个子(내 키)와 명사 姐姐(언니) 중, 我的个子를 주어 자리에, 문맥상 주어의 비교 대상으로 자연스러운 姐姐를 比뒤에 배치한다. 남은 어휘 수량사 一点儿(조금)은 술어 뒤에 보어로 배치하여 문장을 완성한다.

✅ **어법체크** 一点儿(조금)은 比자문에서 항상 보어 자리에 배치하며, '(비교한 결과) 조금 ~하다'라는 의미로 술어를 보충하는 보어 역할을 한다는 것을 알아두자.

75 상

你们下次　玩儿　欢迎　再来我家

次 cì 양 번, 회　玩儿 wánr 동 놀다
欢迎 huānyíng 동 환영하다　再 zài 부 다시, 재차

➡

동사	대사+명사+양사	부사+동사+대사+명사	동사
欢迎	你们下次	再来我家	玩儿。
欢迎	주어+부사어	부사어+술어1+명사	술어2

해석 : 다음 번에 너희가 다시 우리 집에 와서 노는 것을 환영해.

해설 제시된 어휘 중 문장 맨 앞에서 '~을 환영합니다'라는 의미를 나타내는 동사 欢迎(환영하다)을 문장 맨 앞에 바로 배치한다. 남은 어휘 중 再来我家(다시 우리 집에 오다)의 来(오다)와 玩儿(놀다) 두 개가 동사이므로 연동문 완성을 고려해야 한다. 따라서 再来我家를 술어1 자리에, '오다'라는 행위의 목적이 되는 玩儿을 술어2 자리에 배치한다. 남은 어휘인 '대사+명사+양사' 형태의 你们下次(다음 번에 너희)를 '주어+부사어' 자리에 배치하여 문장을 완성한다.

✅ **어법체크** 欢迎(환영하다), 请(~해 주세요)과 같은 동사는 문장 맨 앞에 배치한다.

76 하

shēng
儿子（生）病了，今天没去上学。

生病 shēngbìng 동 아프다, 병이 나다
上学 shàngxué 동 등교하다

아들이 아파서, 오늘 등교하지 않았어요.

해설 빈칸 뒤에 病이 있고, 제시된 병음이 shēng이므로 生病(아프다)이라는 단어의 生을 정답으로 쓴다. 병음이 같은 声을 쓰지 않도록 주의한다.

77 중

在中国留学，不但可以认识很多中国朋友，而且还能了解中国（文）化。
(wén)

留学 liúxué 동 유학하다　不但 búdàn 접 ~할 뿐만 아니라
可以 kěyǐ 조동 ~할 수 있다, ~해도 좋다
认识 rènshi 동 알다　而且 érqiě 접 게다가, 또한
还 hái 부 더, 또　了解 liǎojiě 동 이해하다, 분명히 알다
文化 wénhuà 명 문화

중국에서 유학하는 것은, 많은 중국 친구를 알 수 있을 뿐만 아니라, 게다가 중국 문화를 더 이해할 수 있다.

해설 빈칸 뒤에 化가 있고, 제시된 병음이 wén이므로 文化(문화)라는 단어의 文을 정답으로 쓴다.

78 중

yuán
今天的鱼才十（元）一斤，而且特别新鲜。

鱼 yú 명 생선, 물고기　才 cái 부 겨우, ~에야
元 yuán 양 위안[중국의 화폐 단위]　斤 jīn 양 근(500g)
而且 érqiě 접 게다가, 또한　特别 tèbié 부 아주, 특히
新鲜 xīnxiān 형 신선하다

오늘 생선은 한 근에 겨우 10위안이다. 게다가 아주 신선하다.

해설 빈칸 앞에 수사 十(10)이 있고, 제시된 병음이 yuán이므로 十元(10위안)이라는 어구의 元(위안)을 정답으로 쓴다.

79 중

fa
我妹妹的头（发）又黑又长。

妹妹 mèimei 명 여동생　头发 tóufa 명 머리카락
又…… 又…… yòu…… yòu…… ~하고 ~하다
黑 hēi 형 까맣다, 어둡다　长 cháng 형 길다

내 여동생의 머리카락은 까맣고 길다.

해설 빈칸 앞에 头가 있고, 제시된 병음이 fa이므로 头发(머리카락)라는 단어의 发를 정답으로 쓴다.

80 중	chéng 黄河经过中国很多（城）市。	黄河 Huánghé 고유 황허 (강) 经过 jīngguò 동 (장소, 시간 등을) 지나다, 경과하다 城市 chéngshì 명 도시
	황허는 중국의 많은 도시를 지나간다.	

해설 빈칸 뒤에 市이 있고, 제시된 병음이 chéng이므로 城市(도시)이라는 단어의 城을 정답으로 쓴다.

고사장 소음까지 대비하고
듣기 점수 올리려면?

해커스중국어(**china.Hackers.com**)에서
고사장 소음 버전 MP3 무료 다운받기!

실전모의고사

제5회

听力 듣기 / 어휘 · 해석 · 해설

阅读 독해 / 어휘 · 해석 · 해설

书写 쓰기 / 어휘 · 해석 · 해설

一、听力 듣기

문제별 분할 mp3
바로듣기

1-5

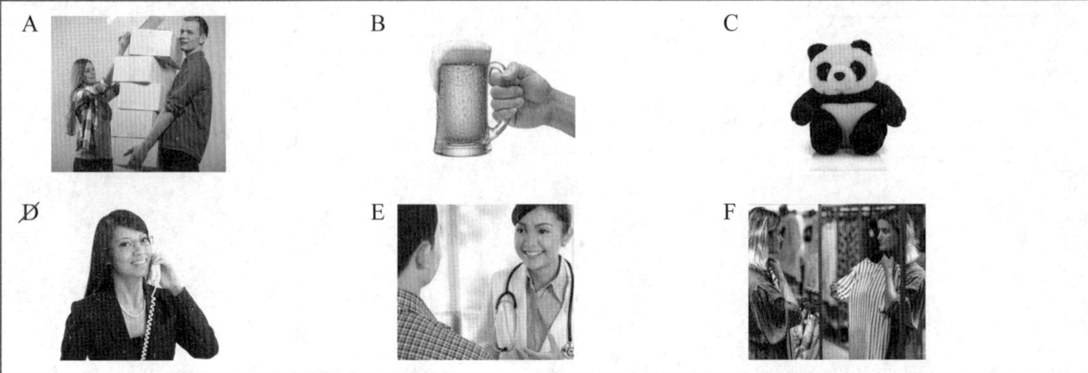

* D는 예시 사진이므로, 이를 제외한 나머지 5개의 사진 중에서 정답을 고른다.

1 중

女：为了身体，从现在开始您应该多锻炼，少吃甜的。
男：好的医生，我会注意的。

为了 wèile 개 ~을 위해서 身体 shēntǐ 명 몸, 신체
从 cóng 개 ~(에서)부터 开始 kāishǐ 동 시작하다
您 nín 대 당신[你의 존칭] 应该 yīnggāi 조동 ~해야 한다
锻炼 duànliàn 동 단련하다 甜 tián 형 달다
注意 zhùyì 동 주의하다, 조심하다

여: 몸을 위해서, 지금부터 많이 단련하고, 단 것을 적게 먹기 시작해야 합니다.
남: 알겠습니다, 의사 선생님, 주의하겠습니다. 정답 E

해설 음성에서 医生(의사)이 언급되었으므로 청진기를 목에 두르고 의사 가운을 입은 사람이 있는 사진 E가 정답이다.

2 하

男：这个熊猫真可爱，是在动物园买的吧？
女：是啊，我儿子最喜欢熊猫了。

熊猫 xióngmāo 명 판다 真 zhēn 부 정말, 진짜로
可爱 kě'ài 형 귀엽다, 사랑스럽다
动物园 dòngwùyuán 명 동물원 最 zuì 부 가장, 제일

남: 이 판다 정말 귀엽네요. 동물원에서 산 것이죠?
여: 맞아요. 제 아들은 판다를 가장 좋아해요. 정답 C

해설 음성에서 熊猫(판다)가 언급되었으므로 판다 인형이 있는 사진 C가 정답이다.

3 중

女：请你帮我搬一下这些东西。
男：好的，给我，你快去上班吧！

帮 bāng 동 돕다 搬 bān 동 옮기다, 운반하다
一下 yíxià 수량 좀 ~해보다 快 kuài 부 빨리, 곧, 어서
上班 shàngbān 동 출근하다

여: 저를 도와 이 물건들 좀 옮겨 주세요.
남: 좋아요. 주세요. 당신 빨리 출근하러 가세요! 정답 A

해설 음성에서 请你帮我搬一下这些东西。(저를 도와 이 물건들 좀 옮겨 주세요.)가 언급되었으므로 두 사람이 상자 여러 개를 들고 있는 사진 A가 정답이다.

4 하

男: 妈妈，我也想喝这个。
女: 不行，你还小，不能喝啤酒。

也 yě 부 ~도, 또한 行 xíng 동 ~해도 좋다
还 hái 부 아직, 여전히 啤酒 píjiǔ 명 맥주

남: 엄마, 저도 이거 마시고 싶어요.
여: 안 돼, 넌 아직 어려서, 맥주를 마시면 안 돼.

정답 B

해설 음성에서 啤酒(맥주)가 언급되었으므로 컵에 담긴 맥주가 있는 사진 B가 정답이다.

5 중

女: 你觉得哪条裙子漂亮?
男: 那条白色的更好看，你快去试试吧。

觉得 juéde 동 ~라고 생각하다, ~이라고 여기다
条 tiáo 양 [가늘고 긴 것을 세는 단위]
裙子 qúnzi 명 치마, 스커트 白色 báisè 명 흰색
更 gèng 부 더, 더욱 好看 hǎokàn 형 예쁘다, 근사하다
试 shì 동 시험 삼아 해 보다, 시험하다

여: 당신은 어느 치마가 예쁘다고 생각해요?
남: 그 흰색이 더 예뻐요. 당신 빨리 가서 입어 보세요.

정답 F

해설 음성에서 裙子(치마)가 언급되었으므로 치마를 들고 있는 사람 사진 F가 정답이다.

6-10

A

B

C

D

E

6 하

男: 快来吃我做的蛋糕吧。
女: 蛋糕看起来很好吃，但我担心吃了会长胖。

快 kuài 부 빨리, 곧, 어서 蛋糕 dàngāo 명 케이크
看起来 kànqǐlai ~해 보이다
好吃 hǎochī 형 맛있다, 먹기 좋다 但 dàn 접 하지만, 그러나
担心 dānxīn 동 걱정하다, 염려하다
长胖 zhǎng pàng 살찌다

남: 빨리 와서 제가 만든 케이크 먹어보세요.
여: 케이크가 맛있어 보이네요. 하지만 먹으면 살찔까 봐 걱정이에요.

정답 E

해설 음성에서 蛋糕(케이크)가 언급되었으므로 케이크가 있는 사진 E가 정답이다.

7 상

女：对不起，马老师，我又迟到了。 男：快进来吧。下次早点儿来，别再晚了。	**又** yòu 부 또, 다시 **迟到** chídào 동 지각하다, 늦다 **快** kuài 부 빨리, 곧 **进来** jìnlai 동 들어오다 **下次** xià cì 다음 번 **早** zǎo 형 이르다, 빠르다 **别** bié 부 ~하지 마라 **再** zài 부 다시, 재차 **晚** wǎn 형 늦다

여: 죄송합니다. 마 선생님. 제가 또 지각했어요.
남: 빨리 들어오렴. 다음 번엔 좀 일찍 오고, 다시는 늦지 말아라. 정답 C

해설 음성에서 **我又迟到了**(제가 또 지각했어요), **别再晚了**(다시는 늦지 말아라)가 언급되었으므로 학생이 선생님에게 혼나고 있는 사진 C가 정답이다.

8 중

男：我们去哪儿慢跑？ 女：我带你去一个好地方，不远，就在前面。	**慢跑** mànpǎo 조깅(하다), 느리게 달리다 **带** dài 동 데리다, 가지다 **地方** dìfang 명 곳, 장소 **远** yuǎn 형 멀다

남: 우리 어디에 가서 조깅할까요?
여: 제가 당신을 좋은 곳에 데려가 줄게요. 멀지 않아요, 바로 앞에 있어요. 정답 A

해설 음성에서 **慢跑**(조깅하다)가 언급되었으므로 두 사람이 달리고 있는 사진 A가 정답이다.

9 상

女：到北京后记得给我打电话。 男：知道了，妈妈，保重身体。再见。	**到** dào 동 도착하다 **记得** jìde 동 기억하고 있다 **给** gěi 개 ~에게 **知道** zhīdào 동 알다, 이해하다 **保重** bǎozhòng 동 몸조심하다 **身体** shēntǐ 명 몸, 신체

여: 베이징에 도착한 후에 나에게 전화하는 것 기억하렴.
남: 알겠어요, 엄마. 몸조심하세요. 안녕히 계세요. 정답 D

해설 음성에서 **到北京后记得给我打电话。**(베이징에 도착한 후에 나에게 전화하는 것 기억하렴.), **再见。**(안녕히 계세요.)이 언급되었으므로 캐리어를 끌며 인사를 하는 사람 사진 D가 정답이다.

10 상

男：这个人长得好可爱，是谁呀？ 女：他是我最好的朋友，下个月要结婚了。	**长** zhǎng 동 생기다, 나다 **得** de 조 [술어와 정도보어를 연결함] **可爱** kě'ài 형 귀엽다, 사랑스럽다 **最** zuì 부 가장, 제일 **下个月** xià ge yuè 다음 달 **要……了** yào……le 곧 ~하려고 하다 **结婚** jiéhūn 동 결혼하다

남: 이 사람 귀엽게 생겼네요. 누구예요?
여: 그는 나의 가장 친한 친구예요. 다음 달에 결혼하려고 해요. 정답 B

해설 음성에서 남자가 **是谁呀?**(누구예요?)라고 묻자 여자가 **他是我最好的朋友**(그는 나의 가장 친한 친구예요)라고 했으므로 남자가 웃고 있는 사진 B가 정답이다.

11 상

★ 说话人和小李关系不太好。 (　) 我有什么不能解决的问题，就会找小李帮忙，他总是很热情地帮助我，所以我很喜欢他。	**说话人** shuōhuàrén 화자 **关系** guānxi 명 사이, 관계 **解决** jiějué 동 해결하다, 풀다 **问题** wèntí 명 문제, 질문 **找** zhǎo 동 찾다, 구하다 **帮忙** bāngmáng 동 (일을) 돕다, 도움을 주다 **总是** zǒngshì 부 늘, 항상 **热情** rèqíng 형 친절하다, 열정적이다 **帮助** bāngzhù 동 돕다 **所以** suǒyǐ 접 그래서

★ 화자와 샤오리의 사이는 그다지 좋지 않다. ( )

나는 어떤 해결할 수 없는 문제가 있으면, 바로 샤오리를 찾아 도움을 청한다. 그는 늘 친절하게 나를 도와준다. 그래서 나는 그를 매우 좋아한다.

정답 X

해설 제시된 문장이 说话人和小李关系不太好。(화자와 샤오리의 사이는 그다지 좋지 않다.)이므로 이 내용이 음성에서 언급되는지를 주의 깊게 듣는다. 음성에서 小李……他总是很热情地帮助我，所以我很喜欢他(샤오리 …… 그는 늘 친절하게 나를 도와준다. 그래서 나는 그를 매우 좋아한다)라고 했으므로 화자와 샤오리의 사이는 좋다는 것을 알 수 있다. 따라서 제시된 문장과 음성의 내용은 불일치한다.

12 중

★ 说话人经常去图书馆。 ( )

我经常去我家附近的图书馆，去那儿的时候不需要查地图，因为我知道走哪条路最近。

经常 jīngcháng 부 자주, 늘
图书馆 túshūguǎn 명 도서관 附近 fùjìn 명 근처, 부근
……的时候 ……de shíhou ~할 때
需要 xūyào 동 필요하다, 요구되다 查 chá 동 찾아보다
地图 dìtú 명 지도 因为 yīnwèi 접 ~하기 때문에
知道 zhīdào 동 알다, 이해하다 走 zǒu 동 가다, 걷다
条 tiáo 양 [가늘고 긴 것을 세는 단위] 路 lù 명 길, 도로
最 zuì 부 가장, 제일 近 jìn 형 가깝다

★ 화자는 도서관에 자주 간다. ( )

나는 우리 집 근처 도서관을 자주 가는데, 그곳을 갈 때는 지도를 찾아볼 필요가 없다. 나는 어느 길로 가는 것이 가장 가까운지 알기 때문이다.

정답 ✓

해설 제시된 문장이 说话人经常去图书馆。(화자는 도서관에 자주 간다.)이므로 이 내용이 음성에서 언급되는지를 주의 깊게 듣는다. 음성에서 我经常去我家附近的图书馆(나는 우리 집 근처 도서관을 자주 간다)이라고 했으므로 제시된 문장과 음성의 내용은 일치한다.

13 상

★ 小高是中国人。 ( )

小高是我见过的外国人中汉语最好的。他说汉语的时候，没人能想到他是外国人。

过 guo 조 [동사 뒤에서 동작의 완료를 나타냄]
最 zuì 부 가장, 제일 ……的时候 ……de shíhou ~할 때
想到 xiǎngdào 생각하다, 생각이 미치다
外国人 wàiguórén 명 외국인

★ 샤오까오는 중국인이다. ( )

샤오까오는 내가 본 외국인 중 중국어를 가장 잘 하는 사람이다. 그가 중국어를 할 때, 아무도 그가 외국인이라고는 생각하지 못한다.

정답 X

해설 제시된 문장이 小高是中国人。(샤오까오는 중국인이다.)이므로 이 내용이 음성에서 언급되는지를 주의 깊게 듣는다. 음성에서 小高……他说汉语的时候，没人能想到他是外国人(샤오까오 …… 그가 중국어를 할 때, 아무도 그가 외국인이라고는 생각하지 못한다)이라고 했으므로 샤오까오는 중국인이 아닌 외국인이라는 것을 알 수 있다. 따라서 제시된 문장과 음성의 내용은 불일치한다.

14 중

★ 说话人的妹妹生病了。 ( )

我妹妹感冒了，为了让她早点儿好起来，我给她做了一些她爱吃的菜。

妹妹 mèimei 명 여동생
生病 shēngbìng 동 아프다, 병에 걸리다
感冒 gǎnmào 동 감기에 걸리다 명 감기
为了 wèile 개 ~을 하기 위하여 让 ràng 동 ~하게 하다
早 zǎo 형 빠르다, 이르다
好起来 hǎo qǐlai 좋아지다, 나아지다 给 gěi 개 ~에게

★ 화자의 여동생은 아프다. ( )

내 여동생이 감기에 걸렸다. 그녀가 빨리 좋아지게 하기 위해, 나는 그녀에게 그녀가 먹기 좋아하는 몇몇 음식을 만들어주었다.

정답 ✓

해설 제시된 문장이 **说话人的妹妹生病了。**(화자의 여동생은 아프다.)이므로 이 내용이 음성에서 언급되는지를 주의 깊게 듣는다. 음성에서 **我妹妹感冒了**(내 여동생이 감기에 걸렸다)라고 했으므로 화자의 여동생은 아프다는 것을 알 수 있다. 따라서 제시된 문장과 음성의 내용은 일치한다.

15 중

★ 说话人的妻子对新家很满意。 (　)

我妻子很喜欢新买的房子，因为她觉得这儿离公司近，环境也好，还很安静。

妻子 qīzi 명 아내, 부인 **对** duì 개 ~에 (대해), ~에게
新 xīn 형 새롭다 부 새로 **满意** mǎnyì 동 만족하다
房子 fángzi 명 집 **因为** yīnwèi 접 ~하기 때문에
觉得 juéde 동 ~라고 생각하다, ~이라고 여기다
离 lí 개 ~에서, ~으로부터 **公司** gōngsī 명 회사
近 jìn 형 가깝다 **环境** huánjìng 명 환경
也 yě 부 ~도, 또한 **还** hái 부 게다가, 또
安静 ānjìng 형 조용하다, 고요하다

★ 화자의 아내는 새 집에 매우 만족한다. (　)

내 아내는 새로 산 집을 매우 좋아하는데, 그녀는 여기가 회사에서 가깝고, 환경도 좋고, 게다가 조용하다고 생각하기 때문이다.

정답 ✓

해설 제시된 문장이 **说话人的妻子对新家很满意。**(화자의 아내는 새 집에 매우 만족한다.)이므로 이 내용이 음성에서 언급되는지를 주의 깊게 듣는다. 음성에서 **我妻子很喜欢新买的房子**(내 아내는 새로 산 집을 매우 좋아한다)라고 했으므로 화자의 아내는 새 집에 만족한다는 것을 알 수 있다. 따라서 제시된 문장과 음성의 내용은 일치한다.

16 상

★ 说话人是一位老师。 (　)

如果选了我的课，就要认真听课，好好儿写作业，这样才能拿到好成绩。

位 wèi 양 분, 명 **如果** rúguǒ 접 만약
选 xuǎn 동 선택하다, 고르다 **课** kè 명 수업, 강의
认真 rènzhēn 형 성실하다, 진지하다
听课 tīngkè 동 수업을 듣다
好好儿 hǎohāor 부 제대로, 잘
写作业 xiě zuòyè 과제를 하다, 숙제를 하다
才 cái 부 ~에야만, 겨우 **拿到** nádào 받다, 손에 넣다
成绩 chéngjì 명 성적

★ 화자는 선생님이다. (　)

만약 내 수업을 선택했다면, 성실하게 수업을 듣고, 과제를 제대로 해야 합니다. 이렇게 해야만 좋은 성적을 받을 수 있습니다.

정답 ✓

해설 제시된 문장이 **说话人是一位老师。**(화자는 선생님이다.)이므로 이 내용이 음성에서 언급되는지를 주의 깊게 듣는다. 음성에서 **如果选了我的课，就要认真听课**(만약 내 수업을 선택했다면, 성실하게 수업을 들어야 한다)라고 했으므로 화자는 학생들에게 이야기를 하고 있는 선생님이라는 것을 알 수 있다. 따라서 제시된 문장과 음성의 내용은 일치한다.

17 중

★ 说话人准备去北方旅游。 (　)

我最近准备去南方上学，没时间去踢足球了，以后有机会的话一起玩儿吧。

准备 zhǔnbèi 동 ~할 계획이다, 준비하다
北方 běifāng 명 북방, 북쪽 **旅游** lǚyóu 동 여행하다
最近 zuìjìn 명 최근, 요즘 **南方** nánfāng 명 남방, 남쪽
上学 shàngxué 동 학교에 다니다, 등교하다
时间 shíjiān 명 시간 **踢足球** tī zúqiú 축구를 하다
以后 yǐhòu 명 나중, 이후 **机会** jīhuì 명 기회
……的话 ……dehuà 조 ~한다면 **一起** yìqǐ 부 같이, 함께
玩儿 wánr 동 놀다

★ 화자는 북방에 여행하러 갈 계획이다. (　)

나는 최근 남방에 가서 학교를 다닐 계획이라서, 축구를 하러 갈 시간이 없어. 나중에 기회가 있다면 같이 놀자.

정답 X

해설 제시된 문장이 **说话人准备去北方旅游。**(화자는 북방에 여행하러 갈 계획이다.)이므로 이 내용이 음성에서 언급되는지를 주의 깊게 듣는다. 음성에서 **我最近准备去南方上学**(나는 최근 남방에 가서 학교를 다닐 계획이다)라고 했으므로 화자는 북방으로 여행하러 가는 것이 아닌 남방에서 학교를 다닐 계획이라는 것을 알 수 있다. 따라서 제시된 문장과 음성의 내용은 불일치한다.

18 중

★ 今天不开会。 (　)

经理今天有事一直在外面，不能开会。所以今天的会议推到下周五了。

开会 kāihuì 동 회의를 하다, 회의를 열다
经理 jīnglǐ 명 사장, 매니저 **事** shì 명 일
一直 yìzhí 부 계속, 줄곧 **外面** wàimian 명 밖, 바깥
所以 suǒyǐ 접 그래서 **会议** huìyì 명 회의
推 tuī 동 미루다, 연기하다
下周五 xià zhōuwǔ 다음 주 금요일

★ 오늘은 회의하지 않는다. (　)

사장님께서 오늘 일이 있어 계속 밖에 계셔서, 회의를 할 수 없어요. 그래서 오늘 회의는 다음 주 금요일로 미뤄졌어요.

정답 ✓

해설 제시된 문장이 **今天不开会。**(오늘은 회의하지 않는다.)이므로 이 내용이 음성에서 언급되는지를 주의 깊게 듣는다. 음성에서 **今天……不能开会**(오늘 …… 회의를 할 수 없어요)라고 했으므로 오늘은 회의를 하지 않는다는 것을 알 수 있다. 따라서 제시된 문장과 음성의 내용은 일치한다.

19 중

★ 说话人的生日是2005年2月2号。 (　)

我同学的生日是2005年1月1号，我的生日和他一样。

生日 shēngrì 명 생일 **和** hé 개 ~와/과
一样 yíyàng 형 같다, 동일하다

★ 화자의 생일은 2005년 2월 2일이다. (　)

내 학우의 생일은 2005년 1월 1일인데, 내 생일은 그와 같다.

정답 X

해설 제시된 문장이 **说话人的生日是2005年2月2号。**(화자의 생일은 2005년 2월 2일이다.)이므로 이 내용이 음성에서 언급되는지를 주의 깊게 듣는다. 음성에서 **我同学的生日是2005年1月1号，我的生日和他一样。**(내 학우의 생일은 2005년 1월 1일인데, 내 생일은 그와 같다.)이라고 했으므로 화자의 생일은 2005년 2월 2일이 아닌 2005년 1월 1일임을 알 수 있다. 따라서 제시된 문장과 음성의 내용은 불일치한다.

20 하

★ 弟弟从今年开始画画儿了。 (　)

弟弟从六岁就开始学画画儿，到现在都五年了，他画的动物跟真的一样。

弟弟 dìdi 명 남동생 **从** cóng 개 ~(에서)부터
开始 kāishǐ 동 시작하다 **画** huà 동 (그림을) 그리다 명 그림
就 jiù 부 일찍이, 벌써 **都** dōu 부 벌써, 이미
动物 dòngwù 명 동물 **跟** gēn 개 ~와/과
真 zhēn 형 진짜이다, 사실이다
一样 yíyàng 형 같다, 동일하다

★ 남동생은 올해부터 그림을 그리기 시작했다. (　)

남동생은 여섯 살부터 일찍이 그림 그리는 것을 배우기 시작했는데, 지금까지 벌써 5년이 되었다. 그가 그린 동물은 진짜 같다.

정답 X

해설 제시된 문장이 **弟弟从今年开始画画儿了。**(남동생은 올해부터 그림을 그리기 시작했다.)이므로 이 내용이 음성에서 언급되는지를 주의 깊게 듣는다. 음성에서 **弟弟从六岁就开始学画画儿**(남동생은 여섯 살부터 일찍이 그림 그리는 것을 배우기 시작했다)이라고 했으므로 남동생은 올해부터가 아닌 여섯 살부터 그림을 그리기 시작했다는 것을 알 수 있다. 따라서 제시된 문장과 음성의 내용은 불일치한다.

21 상

A 有意思　　B 不好看　　C 太长了

女: 你觉得这个电影怎么样?
男: 不怎么样, 太没意思了。

问: 男的觉得这个电影怎么样?

有意思 yǒuyìsi 재미있다
好看 hǎokàn 형 재미있다, 예쁘다
太……了 tài……le 너무 ~하다　长 cháng 형 길다
觉得 juéde 동 ~라고 생각하다, ~이라고 여기다
不怎么样 bù zěnmeyàng 그냥 그렇다, 평범하다

A 재미있다　　B 재미없다　　C 너무 길다

여: 이 영화 어떻다고 생각해요?
남: 그냥 그래요. 너무 재미없어요.

질문: 남자는 이 영화가 어떻다고 생각하는가?

정답 B

해설 제시된 보기가 모두 상태·상황 관련 표현이므로 상태·상황과 관련된 내용에 유의하며 대화를 듣는다. 대화에서 여자가 你觉得这个电影怎么样?(이 영화 어떻다고 생각해요?)이라고 묻자 남자가 太没意思了(너무 재미없어요)라고 답했다. 질문이 남자는 이 영화가 어떻다고 생각하는지 물었으므로 B 不好看(재미없다)을 정답으로 선택한다. 참고로 好看은 '예쁘다, 근사하다'라는 뜻뿐만 아니라 영화, 책 등의 내용이 재미가 있음을 나타낼 때도 쓰인다.

22 상

A 公园　　B 教室　　C 图书馆

男: 小白, 你现在去图书馆的话, 能帮我还这本书吗?
女: 不好意思, 我现在要去教室, 不能帮你还书了。

问: 女的要去哪儿?

公园 gōngyuán 명 공원　教室 jiàoshì 명 교실
图书馆 túshūguǎn 명 도서관
……的话 ……dehuà 조 ~이면, ~하다면　帮 bāng 동 돕다
还 huán 동 반납하다, 돌려주다
不好意思 bùhǎoyìsi 미안합니다, 죄송합니다
要 yào 조동 ~해야 한다, ~하려고 하다

A 공원　　B 교실　　C 도서관

남: 샤오바이, 너 지금 도서관 가면, 나를 도와 이 책을 반납해줄 수 있어?
여: 미안해. 나 지금 교실에 가야 해서, 너를 도와 책을 반납해줄 수 없어.

질문: 여자는 어디에 가려고 하는가?

정답 B

해설 제시된 보기가 모두 장소 관련 표현이므로 장소와 관련된 내용에 유의하며 대화를 듣는다. 대화에서 남자가 你现在去图书馆的话, 能帮我还这本书吗?(너 지금 도서관 가면, 나를 도와 이 책을 반납해줄 수 있어?)라고 묻자, 여자가 我现在要去教室(나 지금 교실에 가야 해)이라고 답했다. 질문이 여자는 어디에 가려고 하는지 물었으므로 B 教室(교실)을 정답으로 선택한다.

23 중

A 听音乐　　B 打篮球　　C 看比赛

女: 你喜欢在家看书还是出去骑自行车?
男: 都不喜欢, 我喜欢在家看足球比赛。

问: 男的喜欢做什么?

音乐 yīnyuè 명 음악　打篮球 dǎ lánqiú 농구를 하다
比赛 bǐsài 명 경기, 시합　还是 háishi 접 아니면, 또는
骑 qí 동 (동물이나 자전거 등에) 타다
自行车 zìxíngchē 명 자전거　足球 zúqiú 명 축구

A 음악을 듣는다　　B 농구를 한다　　C 경기를 본다

여: 당신은 집에서 책 보는 것을 좋아해요? 아니면 나가서 자전거를 타는 것을 좋아해요?
남: 모두 좋아하지 않아요. 저는 집에서 축구 경기 보는 것을 좋아해요.

질문: 남자는 무엇을 하는 것을 좋아하는가?

정답 C

해설 제시된 보기가 모두 행동 관련 표현이므로 행동과 관련된 내용에 유의하며 대화를 듣는다. 대화에서 남자가 我喜欢在家看足球比赛(저는 집에서 축구 경기 보는 것을 좋아해요)라고 한 내용을 듣고 C 看比赛(경기를 본다)를 정답의 후보로 체크해 둔다. 질문이 남자는 무엇을 하는 것을 좋아하는지 물었으므로 C 看比赛(경기를 본다)를 정답으로 선택한다.

24 중

A 蓝色的　　B 白色的　　C 黑色的

男: 红色的衬衫卖得最好，一件两百块。白色的有点儿贵，要八百块。
女: 我要那件贵的衬衫。

问: 女的要买哪种衬衫?

蓝色 lánsè 명 파란색　白色 báisè 명 흰색
黑色 hēisè 명 검은색　红色 hóngsè 명 빨간색
衬衫 chènshān 명 셔츠, 블라우스
卖 mài 동 팔다, 판매하다　最 zuì 부 가장, 제일
件 jiàn 양 벌, 건, 개[의류, 각각의 물건을 세는 단위]
有点儿 yǒudiǎnr 부 조금, 약간　贵 guì 형 비싸다
种 zhǒng 양 종류, 가지

A 파란색　B 흰색　C 검은색

남: 빨간색 셔츠가 가장 잘 팔리는데, 한 벌에 200위안이에요. 흰색은 조금 비싸요. 800위안이에요.
여: 저는 그 비싼 셔츠 주세요.

질문: 여자는 어느 셔츠를 사려고 하는가?　정답 B

해설 제시된 보기가 모두 색깔 관련 표현이므로 색깔과 관련된 내용에 유의하며 대화를 듣는다. 대화에서 남자가 **白色的有点儿贵**(흰색은 조금 비싸요)라고 하자, 여자가 **我要那件贵的衬衫。**(저는 그 비싼 셔츠 주세요.)이라고 했다. 질문이 여자는 어느 셔츠를 사려고 하는지 물었으므로 남자가 비싸다고 언급한 B **白色的**(흰색)를 정답으로 선택한다.

25 하

A 回家　　B 去吃饭　　C 去别的地方

女: 这里很漂亮啊，我们进去看看吧。
男: 人太多了，我们先去别的地方，一会儿再回来吧。

问: 他们现在要做什么?

别的 biéde 다른 것　地方 dìfang 명 곳, 장소
进去 jìnqu 동 들어가다　太……了 tài……le 너무 ~하다
先 xiān 부 먼저, 우선　一会儿 yíhuìr 수량 이따가, 잠시, 곧
再 zài 부 다시, 재차

A 집에 간다　B 밥 먹으러 간다　C 다른 곳을 간다

여: 여기 예쁘네요. 우리 들어가서 좀 봐요.
남: 사람이 너무 많은데, 우리 먼저 다른 곳을 가고, 이따가 다시 돌아와요.

질문: 그들은 지금 무엇을 하려고 하는가?　정답 C

해설 제시된 보기가 모두 행동 관련 표현이므로 행동과 관련된 내용에 유의하며 대화를 듣는다. 대화에서 여자가 들어가자고 하자 남자가 **我们先去别的地方**(우리 먼저 다른 곳을 가요)이라고 했고, 질문이 그들은 지금 무엇을 하려고 하는지 물었으므로 C **去别的地方**(다른 곳을 간다)을 정답으로 선택한다.

26 하

A 爸爸　　B 叔叔　　C 爷爷

男: 这个礼物是谁送你的? 看起来好贵啊!
女: 这是爸爸送给我的生日礼物。

问: 礼物是谁送的?

叔叔 shūshu 명 삼촌, 아저씨　爷爷 yéye 명 할아버지
礼物 lǐwù 명 선물　送 sòng 동 주다, 선물하다
看起来 kànqǐlai ~해 보이다
好 hǎo 부 [형용사나 동사 앞에 쓰여 정도가 심함을 나타냄]
贵 guì 형 비싸다　给 gěi 개 ~에게　生日 shēngrì 명 생일

A 아빠　B 삼촌　C 할아버지

남: 이 선물은 누가 당신에게 준 것인가요? 매우 비싸 보이는데요!
여: 이것은 아빠가 저에게 준 생일 선물이에요.

질문: 선물은 누가 준 것인가?　정답 A

해설 제시된 보기가 모두 신분 표현이므로 대화에서 언급되는 신분 표현에 유의하며 대화를 듣는다. 대화에서 여자가 **这是爸爸送给我的生日礼物。**(이것은 아빠가 저에게 준 생일 선물이에요.)라고 했고, 질문이 선물은 누가 준 것인지 물었으므로 A **爸爸**(아빠)를 정답으로 선택한다.

27 상

A 机场　　B 汽车站　　C 火车站

女：先生，请问有什么可以帮您的吗？
男：我要三张去南京的火车票。

问：他们最可能在哪儿？

机场 jīchǎng ⓜ 공항　汽车站 qìchēzhàn ⓜ 버스 정류장
火车站 huǒchēzhàn ⓜ 기차역
您 nín ⓓ 당신[你의 존칭]　要 yào ⓢ 필요하다
张 zhāng ⓛ 장[종이·책상 등을 세는 단위]
南京 Nánjīng ⓖ 난징, 남경　票 piào ⓜ 표, 티켓

A 공항　　B 버스 정류장　　C 기차역

여: 선생님, 무엇을 도와드릴까요?
남: 난징으로 가는 기차표 세 장 주세요.

질문: 그들은 어디에 있을 가능성이 가장 큰가?　　정답 C

해설 제시된 보기가 모두 장소 관련 표현이므로 장소와 관련된 내용에 유의하며 대화를 듣는다. 대화에서 남자가 **我要三张去南京的火车票。**(난징으로 가는 기차표 세 장 주세요.)라고 한 내용을 듣고 C **火车站**(기차역)을 정답의 후보로 체크해 둔다. 질문이 그들은 어디에 있을 가능성이 가장 큰지 물었으므로 기차표를 살 수 있는 장소인 C **火车站**(기차역)을 정답으로 선택한다.

28 하

A 八周　　B 十年　　C 九个月

男：上大学后，我们有十年没见面了吧？你也在这儿上班吗？
女：是啊，以后我们就是同事了。

问：他们多长时间没见面了？

周 zhōu ⓜ 주, 주일
上大学 shàng dàxué 대학에 들어가다
见面 jiànmiàn ⓢ 만나다, 대면하다
上班 shàngbān ⓢ 일하다, 출근하다
以后 yǐhòu ⓜ 이후　同事 tóngshì ⓜ 동료
多长时间 duō cháng shíjiān 얼마 동안

A 8주　　B 10년　　C 9개월

남: 대학에 들어가고 난 후, 우리 10년은 안 만났지? 너도 여기서 일해?
여: 맞아. 이후에 우리는 바로 동료가 되겠네.

질문: 그들은 얼마 동안 만나지 않았는가?　　정답 B

해설 제시된 보기가 모두 시간 표현이므로 시간과 관련된 내용에 유의하며 대화를 듣는다. 대화에서 남자가 **我们有十年没见面了吧?**(우리 10년은 안 만났지?)라고 했고, 질문이 그들은 얼마 동안 만나지 않았는지 물었으므로 B **十年**(10년)을 정답으로 선택한다.

29 중

A 香蕉　　B 苹果　　C 鸡蛋

女：我记得爷爷爱吃西瓜，我们买些西瓜回去吧。
男：你记错了，其实爷爷喜欢吃香蕉。

问：爷爷爱吃什么？

香蕉 xiāngjiāo ⓜ 바나나　鸡蛋 jīdàn ⓜ 달걀
记得 jìde ⓢ 기억하고 있다　爷爷 yéye ⓜ 할아버지
西瓜 xīguā ⓜ 수박　记错 jìcuò 잘못 기억하다
其实 qíshí ⓑ 사실, 실은

A 바나나　　B 사과　　C 달걀

여: 내가 기억하기로는 할아버지께서 수박 드시는 것을 좋아하셨는데, 우리 수박 좀 사서 돌아가자.
남: 너 잘못 기억했어. 사실 할아버지께서는 바나나 드시는 것을 좋아하셔.

질문: 할아버지는 무엇을 드시는 것을 좋아하는가?　　정답 A

해설 제시된 보기가 모두 음식 관련 명사이므로 음식이 언급되는지 유의하며 대화를 듣는다. 대화에서 여자가 **我记得爷爷爱吃西瓜**(내가 기억하기로는 할아버지께서 수박 드시는 것을 좋아하셨다)라고 했지만, 남자가 **其实爷爷喜欢吃香蕉**(사실 할아버지께서는 바나나 드시는 것을 좋아하신다)라고 했다. 질문이 할아버지는 무엇을 드시는 것을 좋아하는지 물었으므로 A **香蕉**(바나나)를 정답으로 선택한다.

30 중

A 太旧了　B 爸爸买的　C 超市送的

男：这个杯子是新买的吗？
女：不是，是在超市买牛奶的时候，他们送的。如果你喜欢，就给你吧。

问：关于那个杯子，可以知道什么？

太……了 tài……le 너무 ~하다　旧 jiù 형 낡다, 옛날의
超市 chāoshì 명 슈퍼　送 sòng 동 주다, 선물하다
新 xīn 부 새로 형 새롭다　牛奶 niúnǎi 명 우유
……的时候 ……de shíhou ~할 때　如果 rúguǒ 접 만약
给 gěi 동 ~에게 주다 개 ~에게　关于 guānyú 개 ~에 관해

A 너무 낡았다　B 아빠가 산 것이다　C 슈퍼에서 준 것이다

남: 이 컵은 새로 산 거야?
여: 아니, 슈퍼에서 우유를 살 때, 그들이 준 거야. 만약 마음에 들면, 너 줄게.

질문: 그 컵에 관해, 알 수 있는 것은 무엇인가?　정답 C

해설 제시된 보기가 모두 상태·상황 관련 표현이므로 상태·상황과 관련된 내용에 유의하며 대화를 듣는다. 대화에서 남자가 **这个杯子是新买的吗?**(이 컵은 새로 산 거야?)라고 묻자 여자가 **不是, 是在超市……他们送的**(아니, 슈퍼에서 …… 그들이 준 거야)라고 답했다. 질문이 그 컵에 관해 알 수 있는 것이 무엇인지 물었으므로 C **超市送的**(슈퍼에서 준 것이다)를 정답으로 선택한다.

31 중

A 得看书　B 要吃饭　C 老师有事

男：你怎么这么早就回来了？不是12点才下课吗？
女：今天音乐老师有事，11点就下课了。
男：是吗？那你先看看书，我马上做饭。
女：好的，谢谢爸爸。

问：女的为什么回家这么早？

得 děi 조동 ~해야 한다
要 yào 조동 ~하려고 하다, ~해야 한다　事 shì 명 일
早 zǎo 형 이르다, 빠르다　才 cái 부 ~에야, 겨우
下课 xiàkè 동 수업이 끝나다　音乐 yīnyuè 명 음악
先 xiān 부 먼저, 우선　马上 mǎshàng 부 금방, 곧

A 책을 봐야 한다　B 밥을 먹으려고 한다　C 선생님이 일이 있다

남: 너 왜 이렇게 일찍 돌아왔니? 12시에야 수업이 끝나는 것 아니었어?
여: 오늘 음악 선생님이 일이 있어서, 11시에 바로 수업이 끝났어요.
남: 그래? 그럼 먼저 책 좀 보고 있으렴. 밥 금방 해줄게.
여: 알겠어요. 고마워요 아빠.

질문: 여자는 왜 이렇게 일찍 집에 돌아왔는가?　정답 C

해설 제시된 보기가 모두 상태·상황 관련 표현이므로 상태·상황과 관련된 내용에 유의하며 대화를 듣는다. 대화에서 남자가 **你怎么这么早就回来了?**(너 왜 이렇게 일찍 돌아왔니?)라고 묻자 여자가 **老师有事**(선생님이 일이 있다)이라고 답했다. 질문이 여자는 왜 이렇게 일찍 집에 돌아왔는지 물었으므로 C **老师有事**(선생님이 일이 있다)을 정답으로 선택한다.

32 하

A 一楼　B 二楼　C 五楼

女：请问李校长的办公室在几楼？
男：三楼最里面的那个房间就是。
女：谢谢，那王老师的办公室也在三楼吗？
男：不，王老师的办公室在一楼。

问：王老师的办公室在几楼？

楼 lóu 명 층, 건물　请问 qǐngwèn 동 실례합니다
校长 xiàozhǎng 명 교장　办公室 bàngōngshì 명 사무실
最 zuì 부 가장, 제일　里面 lǐmian 명 안쪽, 내부
房间 fángjiān 명 방　也 yě 부 ~도, 또한

A 1층　　B 2층　　C 5층

여: 실례지만 리 교장 선생님의 사무실은 몇 층에 있나요?
남: 바로 3층 가장 안쪽 저 방이에요.
여: 감사합니다. 그럼 왕 선생님의 사무실도 3층에 있나요?
남: 아니요, 왕 선생님의 사무실은 1층에 있어요.

질문: 왕 선생님의 사무실은 몇 층에 있는가?　　정답 A

해설 제시된 보기가 모두 숫자 관련 표현이므로 숫자와 관련된 내용에 유의하며 대화를 듣는다. 대화에서 남자가 **王老师的办公室在一楼**(왕 선생님의 사무실은 1층에 있어요)라고 했고, 질문이 왕 선생님의 사무실은 몇 층에 있는지 물었으므로 A **一楼**(1층)를 정답으로 선택한다.

33
중

A 铅笔　　B 词典　　C 数学笔记

男：我能借你的数学笔记吗？
女：就在我桌子上，自己拿走吧，是黑色的那本。
男：谢谢你，我看完马上还给你。
女：没关系，我不着急用。

问：男的要借什么？

铅笔 qiānbǐ 명 연필　**词典** cídiǎn 명 사전
数学 shùxué 명 수학　**笔记** bǐjì 명 필기 동 필기하다
借 jiè 동 빌리다, 빌려 주다　**自己** zìjǐ 대 스스로, 자신, 자기
拿走 názǒu 가져가다　**黑色** hēisè 명 검은색
马上 mǎshàng 부 바로, 금방
还 huán 동 돌려주다, 반납하다
着急 zháojí 형 급하다, 초조하다　**用** yòng 동 사용하다, 쓰다

A 연필　　B 사전　　C 수학 필기

남: 내가 너의 수학 필기를 빌릴 수 있을까?
여: 바로 내 책상 위에 있어. 스스로 가져가. 저 검은색 노트야.
남: 고마워. 다 보고 바로 너에게 돌려줄게.
여: 괜찮아. 나는 급하지 않아.

질문: 남자는 무엇을 빌리려고 하는가?　　정답 C

해설 제시된 보기가 모두 특정 명사이므로 특정 명사가 언급되는지 유의하며 대화를 듣는다. 대화에서 남자가 **我能借你的数学笔记吗？**(내가 너의 수학 필기를 빌릴 수 있을까?)라고 했고, 질문이 남자는 무엇을 빌리려고 하는지 물었으므로 C **数学笔记**(수학 필기)를 정답으로 선택한다.

34
중

A 伞　　B 帽子　　C 照相机

女：这不是我一直想要的照相机吗？
男：是的，我知道你喜欢照相，所以给你买了一个。
女：谢谢你，你最懂我了。
男：不客气，希望你能喜欢。

问：男的送了什么礼物？

伞 sǎn 명 우산　**帽子** màozi 명 모자
照相机 zhàoxiàngjī 명 카메라　**一直** yìzhí 부 계속, 줄곧
想要 xiǎngyào 갖고 싶다, 원하다, ~하려고 하다
知道 zhīdào 동 알다, 이해하다
照相 zhàoxiàng 동 사진을 찍다　**所以** suǒyǐ 접 그래서
给 gěi 동 ~에게 주다 개 ~에게　**最** zuì 부 가장, 제일
懂 dǒng 동 알다, 이해하다
希望 xīwàng 동 바라다, 희망하다
送 sòng 동 선물하다, 주다　**礼物** lǐwù 명 선물

A 우산　　B 모자　　C 카메라

여: 이것은 내가 계속 갖고 싶었던 카메라 아니야?
남: 맞아. 네가 사진 찍는 것을 좋아하는 것을 알아서, 너에게 하나 사주었어.
여: 고마워. 너는 나를 가장 잘 아는구나.
남: 천만에. 네가 좋아하길 바라.

질문: 남자는 어떤 선물을 하였는가?　　정답 C

해설 제시된 보기가 모두 특정 명사이므로 특정 명사가 언급되는지 유의하며 대화를 듣는다. 대화에서 여자가 **这不是……照相机吗?**(이것은 …… 카메라 아니야?)라고 하자 남자가 **是的……给你买了一个**(맞아 …… 너에게 하나 사주었어)라고 했다. 질문이 남자는 어떤 선물을 하였는지 물었으므로 C **照相机**(카메라)를 정답으로 선택한다.

35 중

A 吃饱了　　B 发烧了　　C 生气了

男: 你怎么了? 哪儿不舒服吗?
女: 我从昨天开始一直发烧。
男: 去医院了吗? 医生怎么说?
女: 去了, 医生说吃点儿药, 多喝热水就会好。

问: 女的怎么了?

饱 bǎo 형 배부르다　发烧 fāshāo 동 열이 나다
生气 shēngqì 동 화나다, 화내다
不舒服 bù shūfu 아프다　从 cóng 개 ~(에서)부터
开始 kāishǐ 동 시작하다　一直 yìzhí 부 계속, 줄곧
药 yào 명 약

A 배부르게 먹었다　B 열이 난다　C 화가 났다

남: 당신 무슨 일이에요? 어디 아파요?
여: 어제부터 계속 열이 나기 시작했어요.
남: 병원 갔어요? 의사 선생님께서 어떻게 말씀하셨어요?
여: 갔어요. 의사 선생님이 약을 좀 먹고, 따뜻한 물을 많이 마시면 좋아질 거라고 했어요.

질문: 여자는 무슨 일인가?　정답 B

해설 제시된 보기가 모두 상태·상황 관련 표현이므로 상태·상황과 관련된 내용에 유의하며 대화를 듣는다. 대화에서 여자가 **我从昨天开始一直发烧。**(어제부터 계속 열이 나기 시작했어요.)라고 한 내용을 듣고 B **发烧了**(열이 난다)를 정답의 후보로 체크해 둔다. 질문이 여자는 무슨 일인지 물었으므로 B **发烧了**(열이 난다)를 정답으로 선택한다.

36 중

A 自己看书　　B 一起锻炼　　C 讲新的故事

女: 爸爸, 我不想睡觉, 你能不能给我讲故事?
男: 爸爸还有很多工作要做呢, 你去找哥哥吧。
女: 哥哥只会讲一个故事, 我不想听了。
男: 那爸爸让哥哥给你讲新的故事, 好吗?

问: 爸爸会让哥哥做什么?

自己 zìjǐ 대 스스로, 자신, 자기　一起 yìqǐ 부 같이, 함께
锻炼 duànliàn 동 단련하다　讲 jiǎng 동 말하다
新 xīn 형 새롭다 부 새로　故事 gùshi 명 이야기
给 gěi 개 ~에게 동 주다
要 yào 조동 ~해야 한다, ~하려고 하다
找 zhǎo 동 찾다, 구하다　哥哥 gēge 명 오빠, 형
只 zhǐ 부 오직, 단지　让 ràng 동 ~하게 하다

A 스스로 책을 본다　B 같이 단련한다　C 새로운 이야기를 해준다

여: 아빠, 저 자고 싶지 않아요. 저에게 이야기를 해주실 수 있어요?
남: 아빠는 아직 해야 하는 많은 일이 있는걸, 오빠를 찾아 가렴.
여: 오빠는 오직 한 가지 이야기만 해준단 말이에요. 저는 듣고 싶지 않아졌어요.
남: 그럼 아빠가 오빠한테 새로운 이야기를 해주라고 할게. 어때?

질문: 아빠는 오빠한테 무엇을 하라고 할 것인가?　정답 C

해설 제시된 보기가 모두 행동 관련 표현이므로 행동과 관련된 내용에 유의하며 대화를 듣는다. 대화에서 남자가 **爸爸让哥哥给你讲新的故事**(아빠가 오빠한테 새로운 이야기를 해주라고 할게)이라고 한 내용을 듣고 C **讲新的故事**(새로운 이야기를 해준다)을 정답의 후보로 체크해 둔다. 질문이 아빠는 오빠한테 무엇을 하라고 할 것인지 물었으므로 C **讲新的故事**(새로운 이야기를 해준다)을 정답으로 선택한다.

37 중

A 坐地铁　　B 坐出租车　　C 坐公共汽车

男：你打算怎么去机场？
女：行李太多了，我想叫一辆出租车。
男：路上小心点儿，下车时别把行李忘在车上。
女：知道了，我会注意的。

问：女的打算怎么去机场？

地铁 dìtiě 명 지하철
公共汽车 gōnggòng qìchē 명 버스
打算 dǎsuan 동 ~할 계획이다, ~할 생각이다
机场 jīchǎng 명 공항　行李 xíngli 명 짐
叫 jiào 동 (택시를) 부르다
辆 liàng 양 대, 량[차량·자전거 등 탈 것을 세는 단위]
路 lù 명 길, 도로　小心 xiǎoxīn 동 조심하다, 주의하다
下车 xià chē 차에서 내리다　别 bié 부 ~하지 마라
把 bǎ 개 ~을(를)　忘在 wàng zài ~에 두고 오다
知道 zhīdào 동 알다, 이해하다
注意 zhùyì 동 주의하다, 조심하다

A 지하철을 탄다　　B 택시를 탄다　　C 버스를 탄다

남: 당신은 어떻게 공항에 갈 계획이에요?
여: 짐이 너무 많아서, 저는 택시 한 대를 부르려고 해요.
남: 가는 길 조심하세요, 차에서 내릴 때 짐을 차에 두고 내리지 마세요.
여: 알겠어요. 주의할게요.

질문: 여자는 어떻게 공항에 가려고 하는가?　　정답 B

해설 제시된 보기가 모두 행동 관련 표현이므로 행동과 관련된 내용에 유의하며 대화를 듣는다. 대화에서 남자가 **你打算怎么去机场?**(당신은 어떻게 공항에 갈 계획이에요?)이라고 묻자 여자가 **我想叫一辆出租车**(저는 택시 한 대를 부르려고 해요)라고 답했다. 질문이 여자는 어떻게 공항에 가려고 하는지 물었으므로 B **坐出租车**(택시를 탄다)를 정답으로 선택한다.

38 상

A 朋友　　B 同事　　C 邻居

女：今天上班有人迟到了吗？
男：没有。但是小马没来上班，因为他家里有事。
女：他还说什么了吗？
男：他说有什么事的话，给他打电话。

问：他们最可能是什么关系？

同事 tóngshì 명 동료　邻居 línjū 명 이웃, 이웃 사람
上班 shàngbān 동 출근하다　迟到 chídào 동 지각하다
但是 dànshì 접 하지만, 그러나
因为 yīnwèi 접 ~하기 때문에　还 hái 부 또, 더
事 shì 명 일　……的话 ……dehuà 조 ~하다면
给 gěi 개 ~에게　关系 guānxi 명 사이, 관계

A 친구　　B 동료　　C 이웃

여: 오늘 출근 지각한 사람 있나요?
남: 없어요. 하지만 샤오마가 출근하지 않았어요. 그의 집에 일이 있기 때문이에요.
여: 그가 또 뭐라고 했나요?
남: 무슨 일 있으면, 그에게 전화하라고 했어요.

질문: 그들은 무슨 사이일 가능성이 가장 큰가?　　정답 B

해설 제시된 보기가 모두 신분 관련 표현이므로 신분과 관련된 내용에 유의하며 대화를 듣는다. 대화에서 여자가 **今天上班有人迟到了吗?**(오늘 출근 지각한 사람 있나요?)라고 했고, 남자가 **小马没来上班**(샤오마가 출근하지 않았어요)이라고 했다. 질문이 그들은 무슨 사이일 가능성이 가장 큰지 물었으므로 출근에 대한 이야기를 나누는 것을 통해 알 수 있는 B **同事**(동료)을 정답으로 선택한다.

39 중

A 问题不难　　B 有些难过　　C 打算请假

男：今天的考试怎么样？
女：老师出的题不太难，我回答得还不错。
男：太好了。你觉得这次能拿第一名吗？
女：我觉得应该没问题。希望成绩能快点儿出来。

问：女的是什么意思？

问题 wèntí 명 문제, 질문　难 nán 형 어렵다
有些 yǒuxiē 부 조금, 약간
难过 nánguò 형 슬프다, 괴롭다
打算 dǎsuan 동 ~할 계획이다, ~할 생각이다
请假 qǐngjià 동 병가·휴가 등을 신청하다
考试 kǎoshì 명 시험 동 시험을 보다(치다)
出 chū 동 (문제를) 내다　题 tí 명 문제
不太 bú tài 그다지 ~지 않다　回答 huídá 동 대답하다
还不错 hái búcuò 그런대로 괜찮다
觉得 juéde 동 ~라고 생각하다　次 cì 양 번, 회
拿 ná 동 얻다, 가지다, 잡다　第一名 dì-yī míng 1등
应该 yīnggāi 조동 아마도, 마땅히 ~해야 한다
没问题 méi wèntí 문제없다
希望 xīwàng 동 바라다, 희망하다　成绩 chéngjì 명 성적

A 문제가 어렵지 않다　　B 조금 슬프다　　C 병가를 신청할 계획이다

남: 오늘 시험 어땠어?
여: 선생님이 낸 문제는 그다지 어렵지 않았어. 나는 그런대로 잘 대답했어.
남: 잘됐네. 너는 이번에 1등 할 수 있을 거라고 생각해?
여: 나는 아마도 문제없을 거라고 생각해. 성적이 빨리 나오길 바라.

질문: 여자의 말은 무슨 뜻인가?　　정답 A

해설 제시된 보기가 모두 상태·상황 관련 표현이므로 상태·상황과 관련된 내용에 유의하며 대화를 듣는다. 대화에서 남자가 **今天的考试怎么样?**(오늘 시험 어땠어?)이라고 묻자 여자가 **老师出的题不太难**(선생님이 낸 문제는 그다지 어렵지 않았어)이라고 답했다. 질문이 여자의 말은 무슨 뜻인지 물었으므로 A **问题不难**(문제가 어렵지 않다)을 정답으로 선택한다.

40 중

A 天热了　　B 天晴了　　C 下雪了

女：今天下大雪呢，还刮着风，你怎么穿得这么少？
男：没关系，除了耳朵冷，其他的都还好。
女：我们还是去买个帽子吧。
男：好的，我想买大一点儿的，这样耳朵就不会冷了。

问：今天天气怎么样？

晴 qíng 형 (하늘이) 맑다　下雪 xià xuě 눈이 내리다
刮风 guāfēng 동 바람이 불다
着 zhe 조 ~하고 있다, ~한 채로
穿 chuān 동 (옷·신발·양말 등을) 입다, 신다
除了 chúle 개 ~빼고, ~외에　耳朵 ěrduo 명 귀
其他 qítā 대 다른, 기타　还是 háishi 부 ~하는 것이 좋다
帽子 màozi 명 모자

A 날이 더워졌다　　B 날이 맑아졌다　　C 눈이 내린다

여: 오늘 큰 눈이 내리는데요. 바람도 불고 있고요. 당신은 왜 이렇게 적게 입었어요?
남: 괜찮아요. 귀가 추운 것 빼고, 다른 건 다 괜찮아요.
여: 우리는 그래도 모자를 하나 사러 가는 게 좋겠어요.
남: 좋아요. 저는 조금 큰 것을 사고 싶어요. 그러면 귀가 춥지 않을 거예요.

질문: 오늘 날씨는 어떠한가?　　정답 C

해설 제시된 보기가 모두 상태·상황 관련 표현이므로 상태·상황과 관련된 내용에 유의하며 대화를 듣는다. 대화에서 여자가 **今天下大雪呢，还刮着风**(오늘 큰 눈이 내리는데요. 바람도 불고 있고요)이라고 한 내용을 듣고 C **下雪了**(눈이 내린다)를 정답의 후보로 체크해 둔다. 질문이 오늘 날씨는 어떤지 물었으므로 C **下雪了**(눈이 내린다)를 정답으로 선택한다.

二、阅读 독해

독해 mp3
바로듣기

41-45

A 今天晚上我们一起去看篮球比赛吧，我有两张票。
B 你不舒服的话，还是去医院检查一下吧。
C 我喜欢运动，我想做中国最好的体育人。
D 是我的音乐老师，他是新来的。
~~E~~ 我们先坐地铁2号线，然后换公共汽车。
F 我比你小三岁。

晚上 wǎnshang 명 저녁 一起 yìqǐ 부 같이, 함께
比赛 bǐsài 명 경기, 시합 两 liǎng 수 둘, 2
张 zhāng 양 장[종이·책상 등을 세는 단위]
票 piào 명 표, 티켓 不舒服 bù shūfu 아프다
还是 háishi 부 ~하는 것이 (더) 좋다
检查 jiǎnchá 동 검사하다, 점검하다
一下 yíxià 수량 좀 ~해보다
运动 yùndòng 동 운동하다 명 운동 最 zuì 부 제일, 가장
体育 tǐyù 명 체육, 스포츠 音乐 yīnyuè 명 음악
新 xīn 부 새로 형 새롭다 地铁 dìtiě 명 지하철
然后 ránhòu 접 그 다음에 换 huàn 동 갈아타다, 바꾸다
公共汽车 gōnggòng qìchē 명 버스
比 bǐ 개 ~보다, ~에 비해

A 오늘 저녁에 우리 같이 농구 경기를 보러 가요. 저는 표가 두 장 있어요.
B 몸이 아프다면, 병원에 가서 검사해 보는 것이 좋겠어요.
C 저는 운동하는 것을 좋아해요. 저는 중국에서 제일가는 체육인이 되고 싶어요.
D 제 음악 선생님이에요. 그는 새로 왔어요.
~~E~~ 우리 먼저 지하철 2호선을 타고, 그 다음에 버스로 갈아타자.
F 저는 당신보다 세 살 적어요.

* E는 예시 보기이므로 취소선을 그은 후, 이를 제외한 나머지 5개의 보기 중에서 정답을 고른다.

41 하

我今年28岁，你多大了？

多 duō 부 어떻게[의문문에 쓰여 정도나 수량을 물음]

저는 올해 28살이에요. 당신은 나이가 어떻게 돼요? 정답 F

해설 문제의 핵심어구가 岁(살)이므로 岁(살)가 언급된 보기 F 我比你小三岁。(저는 당신보다 세 살 적어요.)를 정답으로 선택한다.

42 중

没事，我吃点儿药休息两天就好。

药 yào 명 약 休息 xiūxi 동 쉬다, 휴식하다
两 liǎng 수 2, 둘

괜찮아요. 저는 약을 좀 먹고 이틀 쉬면 괜찮을 거예요. 정답 B

해설 문제의 핵심어구가 药(약)이므로, 같은 주제로 연결되는 不舒服(아프다), 医院(병원)이 언급된 보기 B 你不舒服的话，还是去医院检查一下吧。(몸이 아프다면, 병원에 가서 검사해 보는 것이 좋겠어요.)를 정답으로 선택한다.

43 상

太好了，那晚上我请你吃饭吧，吃完饭一起去。

晚上 wǎnshang 명 저녁 请 qǐng 동 대접하다, 초대하다
完 wán 동 다하다, 끝내다 一起 yìqǐ 부 같이, 함께

좋아요. 그럼 저녁에 제가 당신에게 밥을 대접할게요. 밥 다 먹고 같이 가요. 정답 A

해설 보기 A가 今天晚上我们一起去看篮球比赛吧(오늘 저녁에 우리 같이 농구 경기를 보러 가요)라고 제안하고 있으므로, 太好了(좋아요)라는 답변으로 시작하는 문제 43번과 연결된다. 따라서 보기 A를 43번의 정답으로 선택한다. 여기서는 보기 A가 문제의 앞 문장으로 연결되는 것에 주의한다.

44 중

你为什么来参加这个节目?	为什么 wèishénme 대 왜 参加 cānjiā 동 참가하다, 참석하다 节目 jiémù 명 프로그램
당신은 왜 이 프로그램에 참가하러 왔나요?	정답 C

해설 문제가 为什么(왜)를 사용한 의문문이므로, 프로그램에 참가하는 이유에 대한 답변으로 연결되는 보기 C 我喜欢运动, 我想做中国最好的体育人。(저는 운동하는 것을 좋아해요. 저는 중국에서 제일가는 체육인이 되고 싶어요.)을 정답으로 선택한다.

45 중

站在中间的那个人是谁啊?	站 zhàn 동 서다, 멈추다 中间 zhōngjiān 명 중간, 사이
중간에 서 있는 저 사람은 누구예요?	정답 D

해설 문제가 谁(누구)를 사용한 의문문이고, 저 사람이 누구인지 설명해주는 상황으로 연결되는 보기 D 是我的音乐老师, 他是新来的。(제 음악 선생님이에요. 그는 새로 왔어요.)를 정답으로 선택한다.

46-50

A 你奶奶最喜欢的季节是秋天吗? B 能在那么好的地方工作, 真为你高兴。 C 希望我们班这次能有个好成绩。 D 服务员, 洗手间在哪儿? E 不行, 那是给你妹妹喝的。	奶奶 nǎinai 명 할머니 最 zuì 부 가장, 제일 季节 jìjié 명 계절 秋天 qiūtiān 명 가을 地方 dìfang 명 곳, 장소 真 zhēn 부 정말, 진짜로 为 wèi 개 ~덕분에, ~ 때문에 希望 xīwàng 동 바라다, 희망하다 班 bān 명 반 次 cì 양 번, 회 成绩 chéngjì 명 성적, 결과 服务员 fúwùyuán 명 종업원 洗手间 xǐshǒujiān 명 화장실 行 xíng 동 ~해도 좋다 给 gěi 개 ~에게 동 주다 妹妹 mèimei 명 여동생
A 너희 할머니께서 가장 좋아하시는 계절은 가을이니? B 그렇게 좋은 곳에서 일할 수 있다니, 너 덕분에 정말 기뻐. C 우리 반이 이번에 좋은 성적이 있기를 바라요. D 종업원, 화장실은 어디에 있어요? E 안 돼. 그건 여동생이 마실 거야.	

46 하

妈妈, 我可以喝这碗牛奶吗?	可以 kěyǐ 조동 ~해도 된다, ~할 수 있다 碗 wǎn 양 그릇, 공기 牛奶 niúnǎi 명 우유
엄마, 이 우유 한 그릇 마셔도 돼요?	정답 E

해설 문제의 핵심어구가 喝(마시다)이므로 喝(마시다)가 언급된 보기 E 不行, 那是给你妹妹喝的。(안 돼. 그건 여동생이 마실 거야.)를 정답으로 선택한다.

47 하

洗手间在二层最里面, 别走错了。	洗手间 xǐshǒujiān 명 화장실 层 céng 양 층 最 zuì 부 가장, 제일 别 bié 부 ~하지 마라 走 zǒu 동 가다, 걷다 错 cuò 형 틀리다, 맞지 않다
화장실은 2층 가장 안쪽에 있어요. 잘못 가지 마세요.	정답 D

해설 문제의 핵심어구가 洗手间(화장실)이므로 洗手间(화장실)이 언급된 보기 D 服务员, 洗手间在哪儿?(종업원, 화장실은 어디에 있어요?)을 정답으로 선택한다.

48 중

足球比赛马上就要开始了。	足球 zúqiú 명 축구 比赛 bǐsài 명 경기, 시합 马上 mǎshàng 부 곧, 금방, 즉시 就要……了 jiùyào……le (곧) ~하려고 하다 开始 kāishǐ 동 시작하다
축구 경기가 곧 시작되려고 합니다.	정답 C

해설 문제가 **足球比赛马上就要开始了。**(축구 경기가 곧 시작되려고 합니다.)라고 했으므로, 이번 경기에서 좋은 성적이 있기를 바란다는 상황으로 연결되는 보기 C **希望我们班这次能有个好成绩。**(우리 반이 이번에 좋은 성적이 있기를 바라요.)를 정답으로 선택한다.

49 상

不是，是春天。因为春天有很多漂亮的花。	春天 chūntiān 명 봄 因为 yīnwèi 접 ~하기 때문에 花 huā 명 꽃
아니요. 봄이에요. 봄에는 예쁜 꽃이 많이 있기 때문이에요.	정답 A

해설 문제의 핵심어구가 **春天**(봄)이므로, 같은 주제로 연결되는 **季节**(계절), **秋天**(가을)이 언급된 보기 A **你奶奶最喜欢的季节是秋天吗?**(너희 할머니께서 가장 좋아하시는 계절은 가을이니?)를 정답으로 선택한다.

50 중

我下周要去北京大学上班了。	要 yào 조동 ~할 것이다, ~해야 한다, ~하려고 하다 北京大学 Běijīng Dàxué 고유 베이징대학, 북경대학 上班 shàngbān 동 출근하다
저는 다음 주에 베이징대학에 출근하러 갈 거예요.	정답 B

해설 문제가 **我下周要去北京大学上班了。**(저는 다음 주에 베이징대학에 출근하러 갈 거예요.)라고 했으므로, 기뻐하는 상황으로 연결되는 보기 B **能在那么好的地方工作，真为你高兴。**(그렇게 좋은 곳에서 일할 수 있다니, 너 덕분에 정말 기뻐.)을 정답으로 선택한다.

51-55

A 其他 B 关 C 还是 D 年轻 ~~E~~ 声音 F 提高	其他 qítā 대 다른, 기타 关 guān 동 끄다, 닫다 还是 háishi 부 ~하는 것이 좋다 年轻 niánqīng 형 젊다, 어리다 声音 shēngyīn 명 목소리, 소리 提高 tígāo 동 향상시키다, 높이다
A 다른 B 끄다 C ~하는 것이 좋다 D 젊다 ~~E~~ 목소리 F 향상시키다	

* E 声音(목소리)은 예시 어휘이므로, 이를 제외한 나머지 5개의 보기 중에서 정답을 고른다.

51 중

你一会儿能帮我（B 关）灯吗?	一会儿 yíhuìr 수량 이따가, 잠시, 곧 关 guān 동 끄다, 닫다 灯 dēng 명 불, 등, 램프
당신 이따가 나를 도와 불을 (B 꺼)줄 수 있어요?	정답 B

해설 빈칸 뒤에 목적어가 되는 명사 **灯**(불)이 있으므로 빈칸에는 동사가 온다. 동사 B **关**(끄다), F **提高**(향상시키다) 중 '불을 ______'라는 문맥에 어울리는 B **关**(끄다)을 정답으로 선택한다.

52 상

在老师的帮助下，我写句子的水平（F 提高）了很多。	帮助 bāngzhù 명 도움 동 돕다 句子 jùzi 명 문장 水平 shuǐpíng 명 수준, 능력 提高 tígāo 동 향상시키다, 높이다
선생님의 도움 아래, 내가 문장을 쓰는 수준은 많이 (F 향상)되었다.	정답 F

해설 빈칸이 있는 구절에 술어가 없고, 빈칸 뒤에 어기조사 了(~가 되다)가 있으므로 동사이면서 '문장을 쓰는 수준은 많이 ______되었다'라는 문맥에 어울리는 F 提高(향상시키다)를 정답으로 선택한다.

53 상

你穿这件衣服看上去（D 年轻）了好几岁。	穿 chuān 동 (옷·신발·양말 등을) 입다, 신다 件 jiàn 양 벌, 건, 개[의류, 각각의 물건을 세는 단위] 看上去 kànshàngqu ~해 보이다, 보기에 年轻 niánqīng 형 젊다, 어리다
당신 이 옷을 입으니 몇 살이나 (D 젊어) 보이네요.	정답 D

해설 '당신 이 옷을 입으니 몇 살이나 ______ 보이네요'라는 문맥에 어울리는 형용사 D 年轻(젊다)을 정답으로 선택한다.

54 하

张老师还在办公室，（A 其他）人都回家了。	还 hái 부 아직, 여전히 办公室 bàngōngshì 명 사무실 其他 qítā 대 다른, 기타
장 선생님은 아직 사무실에 있고, (A 다른) 사람은 모두 집에 갔다.	정답 A

해설 빈칸 뒤의 명사 人(사람)과 문맥상 어울리는 대사 A 其他(다른)를 정답으로 선택한다. 참고로, 其他는 其他人(다른 사람)의 형태로 관용구처럼 자주 쓰임을 알아 둔다.

55 중

带雨伞太不方便了，（C 还是）穿雨衣出去吧。	带 dài 동 휴대하다, 가지다 雨伞 yǔsǎn 명 우산 太……了 tài……le 너무 ~하다 方便 fāngbiàn 형 편리하다 동 편리하게 하다 还是 háishi 부 ~하는 것이 좋다 穿 chuān 동 (옷·신발·양말 등을) 입다, 신다 雨衣 yǔyī 명 비옷
우산을 휴대하는 것이 너무 불편한데, 비옷을 입고 나(C 가는 것이 좋겠어요).	정답 C

해설 빈칸 앞에 쉼표(,)가 있으므로 빈칸에는 부사나 접속사가 온다. 따라서 유일한 부사 C 还是(~하는 것이 좋다)을 정답으로 선택한다. 참고로, 빈칸이 문장 맨 앞 또는 쉼표(,) 바로 뒤에 있으면 빈칸에는 주로 부사나 접속사가 온다.

56-60

A 虽然 B 可爱 C 裙子 ~~D~~ 爱好 E 黑板 F 安静	虽然 suīrán 접 비록 可爱 kě'ài 형 귀엽다 裙子 qúnzi 명 치마 黑板 hēibǎn 명 칠판 安静 ānjìng 형 조용하다
A 비록 B 귀엽다 C 치마 ~~D~~ 취미 E 칠판 F 조용하다	

* D 爱好(취미)는 예시 어휘이므로, 이를 제외한 나머지 5개의 보기 중에서 정답을 고른다.

56 중

A: 这次旅游（A 虽然）很累，但是很有意思。
B: 我也这么想，每次和你玩儿都很高兴。

次 cì 양 번, 회　旅游 lǚyóu 명 여행 동 여행하다
虽然 suīrán 접 비록　累 lèi 형 힘들다, 피곤하다
但是 dànshì 접 그러나, 하지만　有意思 yǒuyìsi 재미있다
也 yě 부 ~도, 또한　每 měi 대 매, 각, ~마다
玩儿 wánr 동 놀다

A: 이번 여행은 (A 비록) 힘들지만, 그러나 매우 재미있었어.
B: 나도 이렇게 생각해. 매번 너와 놀 때마다 즐거워.　정답 A

해설 빈칸 뒤에 접속사 但是(그러나)이 있으므로 虽然……但是……(비록 ~, 그러나 ~)의 형태로 자주 쓰이는 접속사 A 虽然(비록)을 정답으로 선택한다. 참고로, 접속사는 주로 문장 맨 앞에 위치하지만, 한 문장에서 주어가 같다면 주어 뒤에 위치할 수 있다.

57 중

A: 爸爸，电影里的孩子为什么哭了？
B: 别说话了，看电影的时候要（F 安静），不能影响别人。

孩子 háizi 명 아이, 자식　为什么 wèishénme 대 왜
哭 kū 동 울다　别……了 bié……le ~하지 말아라
说话 shuōhuà 동 말하다, 이야기하다
……的时候 ……de shíhou ~할 때
要 yào 조동 ~해야 한다, ~할 것이다
安静 ānjìng 형 조용하다
影响 yǐngxiǎng 동 영향을 주다 명 영향
别人 biérén 대 다른 사람, 타인

A: 아빠, 영화 속의 아이는 왜 울어요?
B: 말하지 마. 영화를 볼 때는 (E 조용해)야 해. 다른 사람에게 영향을 주면 안 돼.　정답 F

해설 빈칸이 있는 구절에 술어가 없으므로 빈칸에는 동사나 형용사가 온다. 제시된 어휘 형용사 B 可爱(귀엽다)와 F 安静(조용하다) 중 '영화를 볼 때는 ______야 해'라는 문맥에 어울리는 F 安静(조용하다)을 정답으로 선택한다.

58 중

A: 老师在（E 黑板）上写了什么？
B: 他写了明天上课的时间。

黑板 hēibǎn 명 칠판
上课 shàngkè 동 수업을 하다, 수업을 듣다
时间 shíjiān 명 시간

A: 선생님이 (E 칠판)에 무엇을 썼어?
B: 그는 내일 수업 시간을 썼어.　정답 E

해설 빈칸 뒤에 방위명사 上(~에)이 있으므로 명사 C 裙子(치마), E 黑板(칠판) 중 '선생님이 ______에 무엇을 썼어?'라는 문맥에 어울리는 E 黑板(칠판)을 정답으로 선택한다. 참고로 방위명사는 단독으로 쓰이지 않고, 주로 일반명사나 장소명사 뒤에 붙어서 쓰인다는 것을 알아 둔다.

59 하

A: 你看，这是我昨天照的照片，好看吗？
B: 好看，照片里的这只小狗太（B 可爱）了！

照 zhào 동 (사진을) 찍다　照片 zhàopiàn 명 사진
好看 hǎokàn 형 예쁘다, 근사하다
只 zhī 양 마리, 짝　太……了 tài……le 너무 ~하다
可爱 kě'ài 형 귀엽다

A: 보세요. 이것은 어제 찍은 사진이에요. 예쁜가요?
B: 예뻐요. 사진 속의 이 강아지 너무 (B 귀엽네요)!　정답 B

해설 빈칸 앞에는 정도부사 太(너무)가 있고 빈칸 뒤에는 了가 있으므로 형용사 B 可爱(귀엽다)를 정답으로 선택한다. 참고로 太……了는 '너무 ~하다'라는 의미로 太와 了 사이에는 주로 형용사가 온다는 것을 알아 둔다.

60 중

A: 你妈妈个子高，头发长，穿这条红（C 裙子）一定很好看。

B: 那就买这个吧！

个子 gèzi 명 키 高 gāo 형 (키가) 크다, 높다
头发 tóufa 명 머리카락 长 cháng 형 길다
穿 chuān 동 (옷·신발·양말 등을) 입다, 신다
条 tiáo 양 [가늘고 긴 것을 세는 단위] 红 hóng 형 빨갛다
裙子 qúnzi 명 치마 一定 yídìng 부 분명, 반드시
好看 hǎokàn 형 근사하다, 보기 좋다

A: 너희 엄마는 키가 크고, 머리카락이 기니까, 이 빨간 (C 치마)를 입으면 분명 근사하실 거야.
B: 그럼 이거 사자! 정답 C

해설 빈칸 앞에 양사 条가 있으므로 명사이면서 양사 条와 문맥상 어울리는 C 裙子(치마)를 정답으로 선택한다. 참고로 条는 '치마(裙子)', '길(路)', '생선(鱼)', '강(河)'과 같이 가늘고 긴 것을 세는 양사임을 알아 둔다.

61 하

地铁站离我家不太远。走过去需要15分钟，骑自行车需要10分钟，坐出租车过去最快，只要5分钟。

★ 从我家怎么去地铁站最快？

A 跑步
B 坐出租车
C 坐公共汽车

地铁 dìtiě 명 지하철 站 zhàn 명 역, 정거장
离 lí 개 ~에서, ~으로부터 远 yuǎn 형 멀다
走 zǒu 동 걷다, 가다 过去 guòqu 동 가다, 지나가다
需要 xūyào 동 걸리다, 필요하다
骑 qí 동 (동물이나 자전거 등에) 타다
自行车 zìxíngchē 명 자전거 最 zuì 부 가장, 제일
快 kuài 형 빠르다 부 빨리, 곧 只 zhǐ 부 ~만, 오직, 단지
从 cóng 개 ~에서(부터) 跑步 pǎobù 동 달리다, 뛰다
公共汽车 gōnggòng qìchē 명 버스

지하철역은 우리 집에서 그다지 멀지 않다. 걸어서 가면 15분이 걸리고, 자전거를 타면 10분이 걸린다. 택시를 타고 가는 것이 가장 빠른데, 5분 밖에 걸리지 않는다.

★ 우리 집에서 어떻게 지하철역을 가는 것이 가장 빠른가?
A 달린다 B 택시를 탄다 C 버스를 탄다 정답 B

해설 질문이 우리 집에서 어떻게 지하철역을 가는 것이 가장 빠른지 물었다. 지문의 地铁站离我家不太远……坐出租车过去最快(지하철역은 우리 집에서 그다지 멀지 않다 …… 택시를 타고 가는 것이 가장 빠르다)를 통해 알 수 있는 B 坐出租车(택시를 탄다)를 정답으로 선택한다.

62 중

今天早上，我的小狗从家里跑出去了，我一直都没有找到它。我害怕它再也不回来了。

★ 说话人害怕狗：

A 不回家
B 吃很多
C 不睡觉

早上 zǎoshang 명 아침 从 cóng 개 ~에서(부터)
跑 pǎo 동 뛰다, 달리다 一直 yìzhí 부 줄곧, 계속
找 zhǎo 동 찾다, 구하다
它 tā 대 그, 그것[사람 이외의 것을 가리킴]
害怕 hàipà 동 걱정하다, 무서워하다 再 zài 부 다시, 재차

오늘 아침에, 내 강아지는 집에서 뛰쳐나갔는데, 나는 줄곧 그를 찾지 못했다. 나는 그가 다시는 돌아오지 않을까봐 걱정된다.

★ 화자는 강아지가 어떻게 할까봐 걱정하는가:
A 집으로 돌아오지 않는다 B 많이 먹는다 C 잠을 자지 않는다 정답 A

해설 질문이 화자는 강아지가 어떻게 할까봐 걱정하는지 물었다. 지문의 我的小狗从家里跑出去了……我害怕它再也不回来了。(내 강아지는 집에서 뛰쳐나갔는데 …… 나는 그가 다시는 돌아오지 않을까봐 걱정된다.)를 통해 알 수 있는 A 不回家(집으로 돌아오지 않는다)를 정답으로 선택한다.

63
상

爸爸一直跟我说，吃饭时不能吃得太饱。因为那样容易让人发胖，对身体也不好。

★ 这段话主要是说：

A 不要吃得太饱
B 要多吃苹果
C 吃饭别太快

一直 yìzhí 부 줄곧, 계속 **跟** gēn 개 ~에게, ~와/과
饱 bǎo 형 배부르다 **因为** yīnwèi 접 ~하기 때문에
容易 róngyì 형 쉽다 **让** ràng 동 하여금 ~하게 하다
发胖 fāpàng 동 살이 찌다 **对** duì 개 ~에 (대해)
身体 shēntǐ 명 몸, 신체 **也** yě 부 ~도
段 duàn 양 단락, 마디 **主要** zhǔyào 형 주요하다
别 bié 부 ~하지 마라 **快** kuài 형 빠르다 부 빨리

아빠는 줄곧 내게, 밥을 먹을 때 너무 배부르게 먹으면 안 된다고 말씀하셨다. 그렇게 하면 사람으로 하여금 살이 찌기 쉽게 하고, 몸에도 좋지 않기 때문이다.

★ 지문이 주로 말하는 것은:
A 너무 배부르게 먹으면 안 된다 B 사과를 많이 먹어야 한다 C 밥을 너무 빨리 먹지 마라 정답 A

해설 질문이 지문의 중심 내용을 물었다. 지문의 **吃饭时不能吃得太饱**(밥을 먹을 때 너무 배부르게 먹으면 안 된다)를 바꿔 표현한 A **不要吃得太饱**(너무 배부르게 먹으면 안 된다)를 정답으로 선택한다.

64
상

这里的环境非常好，能看到高高的山，也能看到漂亮的花。妈妈，我们能在这里多住几天吗？

★ 关于说话人，可以知道什么？

A 要去旅游
B 喜欢这儿
C 不太高兴

环境 huánjìng 명 환경 **非常** fēicháng 부 매우, 아주
看到 kàndào 보이다, 보다 **高** gāo 형 높다
山 shān 명 산 **也** yě 부 ~도, 또한 **花** huā 명 꽃
旅游 lǚyóu 동 여행하다

여기 환경이 매우 좋네요. 높디높은 산도 보이고, 예쁜 꽃도 볼 수 있고요. 엄마, 우리 여기서 며칠 더 묵을 수 있어요?

★ 화자에 관해, 알 수 있는 것은 무엇인가?
A 여행을 가려고 한다 B 이곳을 좋아한다 C 그다지 기쁘지 않다 정답 B

해설 질문이 화자에 관해 알 수 있는 것이 무엇인지 물었다. 지문의 **这里的环境非常好……我们能在这里多住几天吗?**(여기 환경이 매우 좋네요 …… 우리 여기서 며칠 더 묵을 수 있어요?)를 통해 추론할 수 있는 B **喜欢这儿**(이곳을 좋아한다)을 정답으로 선택한다.

65
중

想要喝到好喝的茶，要注意的地方比较多。好的茶和好的水都很重要，而且用多热的水也是有要求的。

★ 想要喝到好喝的茶，需要：

A 好的水
B 便宜的茶杯
C 新的办法

想要 xiǎngyào 동 ~하고 싶다, ~하려고 하다
注意 zhùyì 동 주의하다, 조심하다
地方 dìfang 명 부분, 곳, 장소 **比较** bǐjiào 부 비교적
重要 zhòngyào 형 중요하다 **而且** érqiě 접 게다가, 또한
用 yòng 동 사용하다, 쓰다 **多** duō 부 얼마나
要求 yāoqiú 명 요구 사항, 요구 동 요구하다
需要 xūyào 동 필요하다 **便宜** piányi 형 저렴하다, 싸다
新 xīn 형 새롭다 부 새로 **办法** bànfǎ 명 방법, 수단

맛있는 차를 마시고 싶다면, 주의해야 할 부분이 비교적 많다. 좋은 차와 좋은 물은 모두 중요하고, 게다가 얼마나 뜨거운 물을 사용하는지도 요구 사항이 있다.

★ 맛있는 차를 마시고 싶다면, 필요한 것은:
A 좋은 물 B 저렴한 찻잔 C 새로운 방법 정답 A

해설 질문이 맛있는 차를 마시고 싶다면 필요한 것이 무엇인지 물었다. 지문의 **想要喝到好喝的茶……好的水都很重要**(맛있는 차를 마시고 싶다면 …… 좋은 물은 모두 중요하다)를 통해 알 수 있는 A **好的水**(좋은 물)를 정답으로 선택한다.

66 중

从火车站出来后，我找不到自己的钱包了。我没有其他办法，所以只能给你打电话了。你能来接我吗？

★ 说话人怎么了？
A 想吃饭
B 要坐飞机
C 钱包不见了

从 cóng 개 ~에서(부터) **火车站** huǒchēzhàn 명 기차역
找不到 zhǎo bu dào 찾을 수 없다 **自己** zìjǐ 대 자신, 자기
其他 qítā 대 다른, 기타 **办法** bànfǎ 명 방법, 수단
所以 suǒyǐ 접 그래서 **只** zhǐ 부 ~밖에 없다, 오직, 단지
给 gěi 개 ~에게 동 주다 **接** jiē 동 마중하다, 연결하다
不见 bújiàn 동 (물건이) 보이지 않다, 찾을 수 없다

기차역에서 나온 후에, 나는 내 지갑을 찾을 수 없었어. 나는 다른 방법이 없어서, 너에게 전화하는 수 밖에 없었어. 나를 마중하러 올 수 있니?

★ 화자는 무슨 일인가?
A 밥을 먹고 싶다 B 비행기를 타려고 한다 C 지갑이 보이지 않는다 정답 C

해설 질문이 화자는 무슨 일인지 물었다. 지문의 **我找不到自己的钱包了**(나는 내 지갑을 찾을 수 없다)를 통해 알 수 있는 C **钱包不见了**(지갑이 보이지 않는다)를 정답으로 선택한다.

67 상

很多人觉得迟到是一件小事，但其实不是这样。如果你经常迟到的话，别人就会觉得你是不认真的人。所以我们要注意时间。

★ 这段话主要想告诉我们：
A 认真上课
B 不要迟到
C 早点儿回家

觉得 juéde 동 ~라고 생각하다, ~이라고 여기다
迟到 chídào 동 지각하다, 늦다
件 jiàn 양 건, 벌, 개[일, 의류, 각각의 물건을 세는 단위]
事 shì 명 일 **其实** qíshí 부 사실 **如果** rúguǒ 접 만약
经常 jīngcháng 부 자주, 늘 **别人** biérén 대 다른 사람
认真 rènzhēn 형 성실하다, 진지하다
所以 suǒyǐ 접 그래서 **要** yào 조동 ~해야 한다
注意 zhùyì 동 주의하다, 조심하다 **时间** shíjiān 명 시간
告诉 gàosu 동 말하다, 알리다

많은 사람이 지각하는 것을 작은 일이라고 생각하는데, 하지만 사실 그렇지 않다. 만약 당신이 자주 지각을 한다면, 다른 사람은 당신이 성실하지 않은 사람이라고 생각할 것이다. 그래서 우리는 시간에 주의해야 한다.

★ 지문이 주로 말하는 것은:
A 열심히 수업을 한다 B 지각하지 말아야 한다 C 일찍 집에 간다 정답 B

해설 질문이 지문의 중심 내용을 물었다. 지문의 **如果你经常迟到的话，别人就会觉得你是不认真的人。所以我们要注意时间。**(만약 당신이 자주 지각을 한다면, 다른 사람은 당신이 성실하지 않은 사람이라고 생각할 것이다. 그래서 우리는 시간에 주의해야 한다.)을 바꿔 표현한 B **不要迟到**(지각하지 말아야 한다)를 정답으로 선택한다.

68 하

弟弟，你还记得吗？小时候，妈妈经常带我们来这家店吃饭。这么多年过去了，这里还是一点儿都没变啊。

★ 那家店：
A 关门了
B 没有变
C 人很多

弟弟 dìdi 명 남동생 记得 jìde 동 기억하고 있다
小时候 xiǎo shíhou 어릴 때 经常 jīngcháng 부 늘, 자주
带 dài 동 데리다, 가지다, 휴대하다
过去 guòqu 동 지나다, 지나가다
还是 háishi 부 여전히, 아직도 变 biàn 동 변하다
关 guān 동 닫다 门 mén 명 문

남동생아, 아직 기억나니? 어릴 때, 엄마가 늘 우리를 데리고 이 가게에 와서 밥을 먹었잖아. 이렇게 많은 해가 지났는데도, 여기는 여전히 하나도 변하지 않았구나.

★ 그 가게는:
A 문을 닫았다 B 변하지 않았다 C 사람이 많다 정답 B

해설 질문이 그 가게에 대해 물었다. 지문의 **这家店……这里还是一点儿都没变啊**(이 가게 …… 여기는 여전히 하나도 변하지 않았구나)를 통해 알 수 있는 B **没有变**(변하지 않았다)을 정답으로 선택한다.

69 하

冬天从早到晚都很冷，不注意的话，很容易感冒发烧。所以一定要多穿点儿衣服，多喝热水。

★ 冬天的时候，要：
A 多喝热水
B 多吃水果
C 多打篮球

冬天 dōngtiān 명 겨울
从……到 cóng…… dào ~부터 ~까지
注意 zhùyì 동 주의하다, 조심하다 容易 róngyì 형 쉽다
感冒 gǎnmào 동 감기에 걸리다 명 감기
发烧 fāshāo 동 열이 나다 所以 suǒyǐ 접 그래서
一定 yídìng 부 반드시, 필히
穿 chuān 동 (옷·신발·양말 등을) 입다, 신다
打篮球 dǎ lánqiú 농구를 하다

겨울에는 아침부터 저녁까지 추운데, 주의하지 않으면, 감기에 걸려 열이 나기 쉽다. 그래서 반드시 옷을 많이 입고, 따뜻한 물을 많이 마셔야 한다.

★ 겨울에 해야 하는 것은:
A 따뜻한 물을 많이 마신다 B 과일을 많이 먹는다 C 농구를 많이 한다 정답 A

해설 질문이 겨울에 해야 하는 것을 물었다. 지문의 **冬天……多喝热水**(겨울 …… 따뜻한 물을 많이 마신다)를 통해 알 수 있는 A **多喝热水**(따뜻한 물을 많이 마신다)를 정답으로 선택한다.

70 상

您丈夫的腿已经好了，现在可以出院回家了。回家之后要让他注意休息，这几天不要再打篮球了。

★ 说话人最可能是做什么的？
A 司机
B 医生
C 老师

您 nín 대 당신[你의 존칭] 丈夫 zhàngfu 명 남편
腿 tuǐ 명 다리 已经 yǐjīng 부 이미, 벌써
可以 kěyǐ 조동 ~해도 된다, ~할 수 있다
出院 chūyuàn 동 퇴원하다 要 yào 조동 ~해야 한다
让 ràng 동 ~하게 하다
注意 zhùyì 동 주의하다, 조심하다 休息 xiūxi 동 쉬다
再 zài 부 더, 다시, 재차 打篮球 dǎ lánqiú 농구를 하다
司机 sījī 명 기사, 운전사

당신 남편의 다리는 이미 나았어요. 지금 퇴원하셔서 집으로 돌아가셔도 됩니다. 집으로 돌아가신 후에는 휴식에 주의하게 하시고, 요 며칠은 더는 농구를 하지 마세요.

★ 화자는 무엇을 하는 사람일 가능성이 가장 큰가?
A 기사 B 의사 C 선생님 정답 B

해설 질문이 화자는 무엇을 하는 사람일 가능성이 가장 큰지 물었다. 지문의 **您丈夫的腿已经好了，现在可以出院回家了。**(당신 남편의 다리는 이미 나았어요. 지금 퇴원하셔서 집으로 돌아가셔도 됩니다.)를 통해 추론할 수 있는 B **医生**(의사)을 정답으로 선택한다.

三、书写 쓰기

쓰기 mp3 바로듣기

71 중

哭了　地　奶奶　难过

哭 kū 동 울다　地 de 조 [관형어 뒤에 쓰여, 이것 앞의 단어나 구가 부사어로서 동사·형용사를 수식함을 나타냄]
奶奶 nǎinai 명 할머니　难过 nánguò 형 슬프다, 괴롭다

명사	형용사	地	동사+了
奶奶	难过	地	哭了。
주어	부사어		술어+了

해석 : 할머니는 슬프게 울었다.

해설 제시된 어휘 중 '동사+了' 형태의 哭了(울었다)를 술어 자리에 바로 배치한다. 유일한 명사 奶奶(할머니)를 주어 자리에 배치하고, 구조조사 地와 형용사 难过(슬프다)를 难过地(슬프게)로 연결하여 술어 앞 부사어로 배치하여 문장을 완성한다.

✔ **어법체크** 구조조사 地는 형용사 뒤에 붙어 '형용사+地' 형태의 부사어가 될 수 있다.

72 중

蓝色的裙子　这　很好看　条

蓝色 lánsè 명 파란색　裙子 qúnzi 명 치마
条 tiáo 양 [가늘고 긴 것을 세는 단위]

대사	양사	명사+的+명사	부사+형용사
这	条	蓝色的裙子	很好看。
관형어		주어	부사어+술어

해석 : 이 파란색 치마는 예쁘다.

해설 제시된 어휘 중 유일하게 술어가 될 수 있는 형용사 好看(예쁘다)을 포함한 很好看(예쁘다)을 술어 자리에 배치한다. 남은 어휘 중 유일하게 명사를 포함하고 있는 蓝色的裙子(파란색 치마)를 주어로 배치하고, 대사 这(이것)와 양사 条는 这条(이)로 연결한 후 주어 앞에 관형어로 배치하여 문장을 완성한다.

✔ **어법체크** 지시대명사 뒤에 명사가 올 때는 '지시대명사(这/那)+수사+양사+명사'의 형태로 자주 쓰이며, 수사가 '一(1)'면 수사는 대개 생략된다.

73 중

马校长　非常生气　这件事　让

校长 xiàozhǎng 명 교장　生气 shēngqì 동 화내다
件 jiàn 양 건, 벌, 개[일, 의류, 각각의 물건을 세는 단위]
事 shì 명 일　让 ràng 동 ~하게 하다

대사+양사+명사	동사	명사	부사+동사
这件事	让	马校长	非常生气。
관형어+주어1	술어1	겸어 목적어1/주어2	부사어+술어2

해석 : 이 일은 마 교장 선생님을 매우 화나게 한다.

해설 제시된 어휘 중 사역동사 让이 있으므로, 겸어문을 완성해야 한다. 따라서 让(~하게 하다)을 술어1 자리에 배치한다. 술어2가 될 수 있는 동사 生气(화내다)가 포함된 非常生气(매우 화나다)를 술어2 자리에 배치하고, 술어1 让의 대상이 되면서 非常生气의 주어가 될 수 있는 马校长(마 교장 선생님)을 겸어로 배치한다. 남은 '대사+양사+명사' 형태의 这件事(이 일)은 주어1로 배치하여 문장을 완성한다.

✔ **어법체크** 제시된 어휘 중 让(~하게 하다)과 동사 또는 형용사가 1개 있으면 让을 술어1 자리에, 동사 또는 형용사를 술어2 자리에 배치한다.

74 상

大家　把　看清楚　一定要　考试时间

大家 dàjiā 대 모두, 여러분　把 bǎ 개 ~을(를)
清楚 qīngchu 형 분명하다, 명확하다
一定 yídìng 부 반드시　要 yào 조동 ~해야 한다
考试 kǎoshì 명 시험 동 시험을 보다(치다)
时间 shíjiān 명 시간

대사	부사+조동사	把	명사+명사	동사+형용사
大家	一定要	把	考试时间	看清楚。
주어	부사어	把	목적어(행위의 대상)	술어+보어 기타성분

해석 : 모두들 반드시 시험 시간을 분명하게 봐야 해요.

해설 제시된 어휘 중 개사 把가 있으므로 把자문을 완성한다. 술어가 될 수 있는 동사 看(보다)이 포함된 看清楚(분명하게 보다)를 술어로 배치하고, 把(~을)를 술어 앞에 배치한다. 대사 大家(모두)와 '명사+명사' 형태의 考试时间(시험 시간) 중, 술어 看과 문맥상 주어로 어울리는 大家를 주어 자리에 배치하고, 考试时间을 목적어 자리에 배치한다. 남은 어휘인 '부사+조동사' 형태의 一定要(반드시 ~해야 한다)는 把앞에 부사어로 배치하여 문장을 완성한다. 참고로 조동사, 부정부사, 시간부사는 把 앞에서 부사어로 쓰인다는 것을 알아 둔다.

✓ **어법체크** 제시된 어휘 중 개사 把(~을)와 '동사+보어'가 있으면 把를 부사어 자리에, '동사+보어'를 '술어+기타성분' 자리에 바로 배치한다.

75 중

很高　哥哥　自己的要求　对

高 gāo 형 높다, (키가) 크다　哥哥 gēge 명 형, 오빠
自己 zìjǐ 대 자신, 자기
要求 yāoqiú 명 요구 동 요구하다　对 duì 개 ~에 대해

➡

명사	개사	대사+的+명사	부사+형용사
哥哥	对	自己的要求	很高。
주어		관형어 / 주어	부사어+술어
		술어(주술구)	

해석 : 형은 자신에 대한 요구가 높다.

해설 제시된 어휘 중 '부사+형용사' 형태의 很高(높다)를 술어 자리에 바로 배치한다. 주어가 될 수 있는 명사가 哥哥(형), 要求(요구) 2개이므로 주술술어문을 고려하여 문장을 완성한다. 很高와 문맥상 주어로 어울리는 要求를 포함한 自己的要求(자신의 요구)와 很高를 自己的要求很高(자신의 요구가 높다)라는 주술구 형태로 연결한 후 술어 자리에 배치한다. 남은 어휘 중 哥哥를 주어 자리에 배치하고, 개사 对(~에 대해)를 自己的(자신의) 앞에 배치하여 对自己的(자신에 대한)로 연결하여 문장을 완성한다.

✓ **어법체크** 제시된 어휘 중 주어가 될 수 있는 명사가 2개면 주술술어문을 고려하여 문장을 완성한다.

76 중

mǎi
我饿了，昨天（买）的苹果呢？

饿 è 형 배고프다

저 배고파요. 어제 산 사과는요?

해설 제시된 병음 mǎi를 보고 买를 떠올린다. '어제 ______ 사과는요?'라는 문맥에도 어울리므로 买를 정답으로 쓴다.

77 중

xīn
您放（心），我会照顾好自己的。

您 nín 대 당신[你의 존칭]
放心 fàngxīn 동 안심하다, 마음을 놓다
照顾 zhàogù 동 돌보다, 보살피다　自己 zìjǐ 대 스스로, 자신

안심하세요. 저는 스스로를 잘 돌볼 거예요.

해설 빈칸 앞에 放이 있고, 제시된 병음이 xīn이므로 放心(안심하다)이라는 단어의 心을 정답으로 쓴다. 병음이 같은 新을 쓰지 않도록 주의한다.

78 중

zhōng
我明天要搬家，因为我（终）于买了一个大房子。

搬家 bānjiā 동 이사하다　因为 yīnwèi 접 ~하기 때문에
终于 zhōngyú 부 드디어, 마침내, 결국　房子 fángzi 명 집

나는 내일 이사를 하려고 한다. 내가 드디어 큰 집을 하나 샀기 때문이다.

해설 빈칸 뒤에 于가 있고, 제시된 병음이 zhōng이므로 终于(드디어)라는 단어의 终을 정답으로 쓴다.

79 하

wèn
请你回答下面的（问）题。

回答 huídá 동 대답하다, 응답하다
问题 wèntí 명 질문, 문제

아래의 질문에 대답해주세요.

해설 빈칸 뒤에 题가 있고, 제시된 병음이 wèn이므로 问题(질문)라는 단어의 问을 정답으로 쓴다.

80 상

jīn
香蕉两块五一（斤），真便宜!

香蕉 xiāngjiāo 명 바나나 两 liǎng 수 2, 둘
斤 jīn 양 근[무게의 단위, 500g] 真 zhēn 부 정말, 진짜로
便宜 piányi 형 (값이) 싸다

바나나가 한 근에 2.5위안이네, 정말 싸다!

해설 빈칸 앞에 一(하나, 1)가 있고, 제시된 병음이 jīn이므로 一斤(한 근)이라는 어구의 斤(근)을 정답으로 쓴다.

부록

제1회~제5회 핵심어휘

실전모의고사 제1회 핵심어휘

☑ 잘 외워지지 않는 단어는 박스에 체크하여 복습하세요.

핵심어휘_1회.mp3

[듣기]

청록색 : 3급 추가어휘

	단어	급수	병음	뜻
□	题	2급	tí	(명) 문제
□	难		nán	(형) 어렵다
□	教		jiāo	(동) 가르치다
□	要	2급	yào	(조동) ~해야 한다, ~하려고 하다
□	结束		jiéshù	(동) 끝나다, 마치다
□	客人		kèrén	(명) 손님, 방문객
□	离	2급	lí	(개) ~으로부터, ~에서
□	开始	2급	kāishǐ	(동) 시작하다
□	还	2급	hái	(부) 아직, 여전히, 또, 더
□	迟到		chídào	(동) 지각하다
□	只		zhǐ	(부) 겨우, 단지, 다만
□	公司	2급	gōngsī	(명) 회사
□	给	2급	gěi	(동) 주다 (개) ~에게
□	包		bāo	(명) 가방
□	新	2급	xīn	(형) 새롭다 (부) 새로
□	爱好		àihào	(명) 취미
□	玩	2급	wán	(동) 놀다, (게임을) 하다
□	踢足球	2급	tī zúqiú	축구를 하다
□	打篮球	2급	dǎ lánqiú	농구를 하다
□	游泳	2급	yóuyǒng	(동) 수영하다 (명) 수영
□	从	2급	cóng	(개) ~에서(부터)
□	一起	2급	yìqǐ	(부) 같이, 함께
□	起床	2급	qǐchuáng	(동) 일어나다, 기상하다
□	新闻		xīnwén	(명) 뉴스
□	事情	2급	shìqing	(명) 일, 사건
□	一共		yígòng	(부) 총, 모두, 전부
□	花		huā	(명) 꽃 (동) 쓰다, 소비하다
□	百	2급	bǎi	(수) 100, 백
□	点	1급	diǎn	(양) 시 (동) 주문하다
□	自己		zìjǐ	(대) 자신, 자기, 스스로
□	您	2급	nín	(대) 당신[你의 존칭]
□	觉得	2급	juéde	(동) ~라고 생각하다, ~이라고 여기다
□	问题	2급	wèntí	(명) 질문, 문제
□	地铁		dìtiě	(명) 지하철

	단어	급수	병음	뜻
□	站		zhàn	(명) 역, 정거장 (동) 서다, 멈추다
□	张		zhāng	(양) 장[종이·책상 등을 세는 단위]
□	票	2급	piào	(명) 표, 티켓
□	真	2급	zhēn	(부) 정말, 진짜로 (형) 진실이다
□	啊		a	(조) [문장 끝에 쓰여 긍정·감탄을 나타냄]
□	应该		yīnggāi	(조동) ~해야 한다, 아마도
□	贵	2급	guì	(형) 비싸다
□	吧	2급	ba	(조) [문장 끝에 쓰여 청유·명령·추측을 나타냄]
□	银行		yínháng	(명) 은행
□	换		huàn	(동) 바꾸다, 교환하다
□	跑步	2급	pǎobù	(동) 달리다, 뛰다
□	考试	2급	kǎoshì	(동) 시험을 보다(치다) (명) 시험
□	太	1급	tài	(부) 너무
□	双		shuāng	(양) 쌍, 켤레[짝을 이룬 물건을 세는 단위]
□	皮鞋		píxié	(명) 가죽 구두
□	超市		chāoshì	(명) 슈퍼
□	生日	2급	shēngrì	(명) 생일
□	快	2급	kuài	(형) 빠르다 (부) 빨리, 곧, 어서
□	送	2급	sòng	(동) 주다, 선물하다, 바래다주다
□	身体	2급	shēntǐ	(명) 몸, 신체
□	舒服		shūfu	(형) 편안하다, 안락하다
□	帽子		màozi	(명) 모자
□	裤子		kùzi	(명) 바지
□	楼		lóu	(명) 층, 건물, 빌딩
□	运动	2급	yùndòng	(동) 운동하다 (명) 운동
□	卖	2급	mài	(동) 팔다, 판매하다
□	教室	2급	jiàoshì	(명) 교실
□	认真		rènzhēn	(형) 성실하다, 진지하다
□	课	2급	kè	(명) 수업, 강의
□	除了		chúle	(개) ~외에, ~을(를) 제외하고
□	复习		fùxí	(동) 복습하다
□	裙子		qúnzi	(명) 치마, 스커트
□	件	2급	jiàn	(양) 벌, 건, 개[의류, 각각의 물건을 세는 단위]
□	妹妹	2급	mèimei	(명) 여동생

	단어	병음	뜻
☐	穿 2급	chuān	동 (옷·신발·양말 등을) 입다, 신다
☐	腿	tuǐ	명 다리
☐	自行车	zìxíngchē	명 자전거
☐	骑	qí	동 (동물이나 자전거 등에) 타다
☐	带	dài	동 데리다, 가지다, 휴대하다
☐	公园	gōngyuán	명 공원
☐	搬	bān	동 옮기다, 운반하다
☐	房间 2급	fángjiān	명 방
☐	准备 2급	zhǔnbèi	동 준비하다, ~할 계획이다
☐	马上	mǎshàng	부 곧, 금방, 즉시
☐	伞	sǎn	명 우산
☐	公共汽车 2급	gōnggòng qìchē	명 버스

[독해]

	단어	병음	뜻
☐	读 1급	dú	동 읽다
☐	旁边 2급	pángbiān	명 옆, 근처
☐	动物	dòngwù	명 동물
☐	条	tiáo	양 [가늘고 긴 것을 세는 단위]
☐	洗手间	xǐshǒujiān	명 화장실
☐	雪 2급	xuě	명 눈
☐	清楚	qīngchu	형 명확하다, 분명하다
☐	检查	jiǎnchá	동 검사하다, 점검하다
☐	害怕	hàipà	동 걱정하다, 무서워하다, 두려워하다
☐	声音	shēngyīn	명 목소리, 소리
☐	附近	fùjìn	명 근처, 부근
☐	洗 2급	xǐ	동 빨다, 씻다
☐	大家 2급	dàjiā	대 여러분, 모든 사람
☐	作业	zuòyè	명 숙제, 과제
☐	筷子	kuàizi	명 젓가락
☐	解决	jiějué	동 해결하다, 풀다
☐	服务员 2급	fúwùyuán	명 종업원
☐	最 2급	zuì	부 가장, 제일
☐	城市	chéngshì	명 도시
☐	机会	jīhuì	명 기회
☐	见面	jiànmiàn	동 만나다, 대면하다
☐	长	zhǎng	동 생기다, 자라다
☐	着 2급	zhe	조 ~하고 있다, ~한 채로 있다
☐	眼睛 2급	yǎnjing	명 눈
☐	需要	xūyào	동 필요하다, 요구되다 명 요구
☐	参加	cānjiā	동 참석하다, 참가하다
☐	班	bān	명 반, 그룹
☐	着急	zháojí	형 조급하다, 초조하다
☐	找 2급	zhǎo	동 찾다, 구하다
☐	非常 2급	fēicháng	부 매우, 아주
☐	邻居	línjū	명 이웃, 이웃 사람
☐	聊天	liáotiān	동 수다를 떨다, 이야기하다
☐	妻子 2급	qīzi	명 아내, 부인
☐	跳舞 2급	tiàowǔ	동 춤을 추다

[쓰기]

	단어	병음	뜻
☐	草	cǎo	명 풀
☐	正在 2급	zhèngzài	부 ~하고 있다
☐	熊猫	xióngmāo	명 판다
☐	发现	fāxiàn	동 발견하다, 알아차리다
☐	年轻	niánqīng	형 젊다, 어리다
☐	经理	jīnglǐ	명 사장, 매니저
☐	打扫	dǎsǎo	동 청소하다
☐	把	bǎ	개 ~을(를)
☐	办公室	bàngōngshì	명 사무실
☐	特别	tèbié	부 아주, 특히 형 특이하다, 특별하다
☐	词典	cídiǎn	명 사전
☐	让 2급	ràng	동 ~하게 하다
☐	知道 2급	zhīdào	동 알다, 이해하다
☐	为什么 2급	wèishénme	대 왜, 어째서
☐	突然	tūrán	부 갑자기 형 갑작스럽다, 의외다
☐	哭	kū	동 울다
☐	得 2급	de	조 [술어와 정도보어를 연결함]
☐	疼	téng	형 아프다
☐	姐姐 2급	jiějie	명 누나, 언니
☐	经常	jīngcháng	부 자주, 늘, 항상
☐	旅游 2급	lǚyóu	동 여행하다
☐	过 2급	guo	조 ~한 적이 있다
☐	地方	dìfang	명 곳, 장소, 부분
☐	故事	gùshi	명 이야기
☐	渴	kě	형 목마르다
☐	可以 2급	kěyǐ	조동 ~할 수 있다, ~해도 좋다
☐	冰箱	bīngxiāng	명 냉장고

실전모의고사 제2회 핵심어휘

☑ 잘 외워지지 않는 단어는 박스에 체크하여 복습하세요.

🎧 핵심어휘_2회.mp3

[듣기]

청록색 : 3급 추가어휘

	단어	병음	뜻
☐	白 2급	bái	(형) 희다, 하얗다
☐	动物	dòngwù	(명) 동물
☐	带	dài	(동) 가지다, 휴대하다, 데리다
☐	火车站 2급	huǒchēzhàn	(명) 기차역
☐	走 2급	zǒu	(동) 가다, 걷다
☐	一直	yìzhí	(부) 줄곧, 계속
☐	向	xiàng	(개) ~으로, ~을 향해, ~에게
☐	然后	ránhòu	(접) 그 다음에, 그런 후에
☐	百 2급	bǎi	(수) 100, 백
☐	米	mǐ	(명) 쌀 (양) 미터(m)
☐	房间 2급	fángjiān	(명) 방
☐	空调	kōngtiáo	(명) 에어컨
☐	故事	gùshi	(명) 이야기
☐	楼	lóu	(명) 층, 건물, 빌딩
☐	阿姨	āyí	(명) 아주머니, 이모
☐	穿 2급	chuān	(동) (옷·신발·양말 등을) 입다, 신다
☐	休息 2급	xiūxi	(동) 쉬다, 휴식하다
☐	咖啡 2급	kāfēi	(명) 커피
☐	还是	háishi	(부) 여전히, 아직도 (접) 아니면, 또는
☐	其实	qíshí	(부) 사실
☐	牛奶 2급	niúnǎi	(명) 우유
☐	为	wèi	(개) ~을 위해, ~에게, ~ 때문에
☐	洗澡	xǐzǎo	(동) 목욕하다, 씻다
☐	鼻子	bízi	(명) 코
☐	行李箱	xínglixiāng	(명) 캐리어, 여행용 가방
☐	地方	dìfang	(명) 곳, 장소, 부분
☐	同事	tóngshì	(명) 동료
☐	画	huà	(동) (그림을) 그리다 (명) 그림
☐	体育	tǐyù	(명) 체육, 스포츠
☐	课 2급	kè	(명) 수업, 강의
☐	过去	guòqu	(동) 가다, 지나가다, 지나다
☐	迟到	chídào	(동) 지각하다
☐	校长	xiàozhǎng	(명) 교장
☐	次 2급	cì	(양) 번, 회, 차례
☐	家 1급	jiā	(명) 집 (양) [가게나 집을 세는 단위]
☐	银行	yínháng	(명) 은행
☐	重要	zhòngyào	(형) 중요하다
☐	会议	huìyì	(명) 회의
☐	照相机	zhàoxiàngjī	(명) 사진기
☐	手表 2급	shǒubiǎo	(명) 손목시계
☐	新 2급	xīn	(형) 새롭다 (부) 새로
☐	历史	lìshǐ	(명) 역사
☐	打扫	dǎsǎo	(동) 청소하다
☐	慢 2급	màn	(형) 느리다
☐	注意	zhùyì	(동) 주의하다, 조심하다
☐	阴 2급	yīn	(형) (하늘이) 흐리다
☐	结婚	jiéhūn	(동) 결혼하다
☐	周末	zhōumò	(명) 주말
☐	起床 2급	qǐchuáng	(동) 일어나다, 기상하다
☐	都 1급	dōu	(부) 모두, 다, 전부
☐	张	zhāng	(양) 장[종이·책상 등을 세는 단위]
☐	上 1급	shàng	(명) 위
☐	层	céng	(양) 층
☐	电梯	diàntī	(명) 엘리베이터
☐	马上	mǎshàng	(부) 곧, 금방, 바로
☐	门 2급	mén	(명) 문, 현관
☐	发烧	fāshāo	(동) 열이 나다
☐	照片	zhàopiàn	(명) 사진
☐	像	xiàng	(동) 닮다, ~와 같다
☐	好吃 2급	hǎochī	(형) 맛있다, 먹기 좋다
☐	音乐	yīnyuè	(명) 음악
☐	面包	miànbāo	(명) 빵
☐	结束	jiéshù	(동) 끝나다, 마치다
☐	热情	rèqíng	(형) 열정적이다, 친절하다
☐	环境	huánjìng	(명) 환경
☐	新闻	xīnwén	(명) 뉴스
☐	教	jiāo	(동) 가르치다
☐	遇到	yùdào	(동) 만나다, 마주치다, 부닥치다

☐ 年级 niánjí		명 학년
☐ 身体 2급 shēntǐ		명 몸, 신체
☐ 得 2급 de		조 [술어와 정도보어를 연결함]
☐ 愿意 yuànyì		동 ~하고 싶다, 원하다
☐ 选择 xuǎnzé		동 선택하다, 고르다
☐ 颜色 2급 yánsè		명 색깔, 색

[독해]

☐ 爱好 àihào	명 취미
☐ 药 2급 yào	명 약
☐ 比较 bǐjiào	부 비교적, 상대적으로 동 비교하다
☐ 简单 jiǎndān	형 간단하다, 단순하다
☐ 复习 fùxí	동 복습하다
☐ 聊天 liáotiān	동 수다를 떨다, 이야기하다
☐ 关于 guānyú	개 ~에 관해, ~에 관한
☐ 记得 jìde	동 기억하고 있다
☐ 丈夫 2급 zhàngfu	명 남편
☐ 换 huàn	동 바꾸다, 교환하다
☐ 照顾 zhàogù	동 돌보다, 보살피다
☐ 打篮球 2급 dǎ lánqiú	농구를 하다
☐ 笔记本 bǐjìběn	명 노트, 노트북
☐ 一定 yídìng	부 반드시, 필히
☐ 有名 yǒumíng	형 유명하다
☐ 别人 biérén	대 다른 사람, 타인
☐ 影响 yǐngxiǎng	동 영향을 주다 명 영향
☐ 考试 2급 kǎoshì	동 시험을 보다(치다) 명 시험
☐ 快乐 2급 kuàilè	형 즐겁다, 행복하다
☐ 总是 zǒngshì	부 항상, 늘, 언제나
☐ 努力 nǔlì	동 노력하다, 힘쓰다
☐ 成绩 chéngjì	명 성적, 결과
☐ 半 bàn	수 절반, 2분의 1
☐ 习惯 xíguàn	명 습관 동 습관이 되다, 익숙해지다
☐ 介绍 2급 jièshào	동 소개하다
☐ 文化 wénhuà	명 문화
☐ 等 2급 děng	동 기다리다
☐ 一边 yìbiān	부 ~하면서 ~하다
☐ 事情 2급 shìqing	명 일, 사건
☐ 明白 míngbai	동 이해하다, 알다
☐ 一样 yíyàng	형 같다, 동일하다

☐ 旧 jiù	형 낡다, 옛날의
☐ 告诉 2급 gàosu	동 말하다, 알리다
☐ 地图 dìtú	명 지도
☐ 难过 nánguò	형 슬프다, 괴롭다
☐ 最后 zuìhòu	명 맨 마지막, 최후, 끝
☐ 脚 jiǎo	명 발
☐ 护照 hùzhào	명 여권
☐ 太阳 tàiyáng	명 태양, 해
☐ 从 2급 cóng	개 ~에서(부터)
☐ 意思 2급 yìsi	명 뜻, 의미
☐ 突然 tūrán	부 갑자기
☐ 刷牙 shuāyá	동 이를 닦다, 양치질하다
☐ 新鲜 xīnxiān	형 신선하다
☐ 鸡蛋 2급 jīdàn	명 달걀
☐ 盘子 pánzi	명 접시, 쟁반
☐ 干净 gānjìng	형 깨끗하다, 청결하다
☐ 裤子 kùzi	명 바지

[쓰기]

☐ 变化 biànhuà	명 변화 동 변화하다, 달라지다
☐ 最近 zuìjìn	명 요즘, 최근
☐ 弟弟 2급 dìdi	명 남동생
☐ 冰箱 bīngxiāng	명 냉장고
☐ 蛋糕 dàngāo	명 케이크
☐ 被 bèi	동 ~에게 ~을 당하다
☐ 放 fàng	동 놓다, 넣다, 두다
☐ 着 2급 zhe	조 ~하고 있다, ~한 채로 있다
☐ 双 shuāng	양 쌍, 켤레[짝을 이룬 물건을 세는 단위]
☐ 黑板 hēibǎn	명 칠판
☐ 清楚 qīngchu	형 명확하다, 분명하다
☐ 再 2급 zài	부 다시, 재차
☐ 疼 téng	형 아프다
☐ 好 1급 hǎo	형 좋다
☐ 饿 è	형 배고프다
☐ 碗 wǎn	양 그릇, 공기, 사발
☐ 图书馆 túshūguǎn	명 도서관
☐ 离 2급 lí	개 ~으로부터, ~에서
☐ 远 2급 yuǎn	형 멀다
☐ 只 zhǐ	부 오직, 단지

실전모의고사 제3회 핵심어휘

☑ 잘 외워지지 않는 단어는 박스에 체크하여 복습하세요.

핵심어휘_3회.mp3

[듣기]

청록색 : 3급 추가어휘

☐	教室 2급	jiàoshì	명 교실
☐	笔记本	bǐjìběn	명 노트, 노트북
☐	熊猫	xióngmāo	명 판다
☐	忙 2급	máng	형 바쁘다
☐	带	dài	동 가지다, 휴대하다, 데리다
☐	开始 2급	kāishǐ	동 시작하다
☐	洗手间	xǐshǒujiān	명 화장실
☐	灯	dēng	명 불, 등, 램프
☐	关	guān	동 닫다, 끄다
☐	图书馆	túshūguǎn	명 도서관
☐	除了	chúle	개 ~외에, ~을(를) 제외하고
☐	奇怪	qíguài	형 이상하다, 기괴하다
☐	手机 2급	shǒujī	명 휴대폰
☐	刚才	gāngcái	명 방금, 지금, 막
☐	包	bāo	명 가방
☐	游泳 2급	yóuyǒng	명 수영 동 수영하다
☐	锻炼	duànliàn	동 단련하다
☐	真 2급	zhēn	부 정말, 진짜로 형 진실이다
☐	便宜 2급	piányi	형 (값이) 싸다
☐	块 1급	kuài	양 위안[중국 화폐 단위]
☐	分	fēn	양 분[시간]
☐	差	chà	동 모자라다, 부족하다 형 나쁘다
☐	一会儿	yíhuìr	수량 이따가, 잠시, 곧
☐	踢足球 2급	tī zúqiú	축구를 하다
☐	时间 2급	shíjiān	명 시간
☐	更	gèng	부 더, 더욱
☐	觉得 2급	juéde	동 ~라고 생각하다, ~이라고 여기다
☐	自己	zìjǐ	대 자신, 자기, 스스로
☐	游戏	yóuxì	명 게임, 놀이
☐	咖啡 2급	kāfēi	명 커피
☐	参加	cānjiā	동 참가하다, 참석하다
☐	香蕉	xiāngjiāo	명 바나나
☐	作业	zuòyè	명 숙제, 과제
☐	成绩	chéngjì	명 성적

☐	满意	mǎnyì	동 만족하다
☐	数学	shùxué	명 수학
☐	历史	lìshǐ	명 역사
☐	一般	yìbān	형 일반적이다, 보통이다
☐	裙子	qúnzi	명 치마, 스커트
☐	试	shì	동 시험 삼아 해 보다, 시험하다
☐	讲	jiǎng	동 설명하다, 말하다
☐	公园	gōngyuán	명 공원
☐	火车站 2급	huǒchēzhàn	명 기차역
☐	累 2급	lèi	형 피곤하다, 지치다
☐	照顾	zhàogù	동 돌보다, 보살피다
☐	休息 2급	xiūxi	동 쉬다, 휴식하다
☐	周末	zhōumò	명 주말
☐	船	chuán	명 배, 선박
☐	画	huà	동 (그림을) 그리다 명 그림
☐	月亮	yuèliang	명 달
☐	难	nán	형 어렵다, 힘들다
☐	地铁	dìtiě	명 지하철
☐	打算	dǎsuan	동 ~할 계획이다 명 계획
☐	方便	fāngbiàn	형 편리하다 동 편리하게 하다
☐	搬	bān	동 옮기다, 운반하다
☐	同意	tóngyì	동 동의하다, 찬성하다
☐	机场 2급	jīchǎng	명 공항
☐	经理	jīnglǐ	명 사장, 매니저
☐	接	jiē	동 마중하다, 잇다, 연결하다
☐	阿姨	āyí	명 아주머니, 이모
☐	容易	róngyì	형 쉽다
☐	个子	gèzi	명 (사람의) 키
☐	运动 2급	yùndòng	동 운동하다 명 운동
☐	马	mǎ	명 말
☐	感冒	gǎnmào	동 감기에 걸리다 명 감기
☐	药 2급	yào	명 약
☐	晚上 2급	wǎnshang	명 저녁
☐	生病 2급	shēngbìng	동 아프다, 병이 나다, 병에 걸리다

[독해]

- □ 一直 yìzhí 부 줄곧, 계속
- □ 一起 2급 yìqǐ 부 같이, 함께
- □ 先 xiān 부 먼저, 우선
- □ 超市 chāoshì 명 슈퍼
- □ 饮料 yǐnliào 명 음료
- □ 弟弟 2급 dìdi 명 남동생
- □ 难过 nánguò 형 슬프다, 괴롭다
- □ 会议 huìyì 명 회의
- □ 关于 guānyú 개 ~에 관해, ~에 관한
- □ 干净 gānjìng 형 깨끗하다, 청결하다
- □ 留学 liúxué 동 유학하다
- □ 也 2급 yě 부 ~도, 또한
- □ 礼物 lǐwù 명 선물
- □ 办公室 bàngōngshì 명 사무실
- □ 信用卡 xìnyòngkǎ 명 신용카드
- □ 忘记 wàngjì 동 잊어버리다, 까먹다
- □ 楼 lóu 명 층, 건물, 빌딩
- □ 词典 cídiǎn 명 사전
- □ 爷爷 yéye 명 할아버지
- □ 奶奶 nǎinai 명 할머니
- □ 重要 zhòngyào 형 중요하다
- □ 极 jí 부 아주, 극히
- □ 了解 liǎojiě 동 이해하다, 알아보다
- □ 辆 liàng 양 대, 량[차량·자전거 등을 세는 단위]
- □ 发烧 fāshāo 동 열이 나다
- □ 好吃 2급 hǎochī 형 맛있다
- □ 回答 huídá 동 대답하다, 응답하다
- □ 街道 jiēdào 명 길거리, 거리
- □ 比赛 bǐsài 명 경기, 시합
- □ 如果 rúguǒ 접 만약
- □ 安静 ānjìng 형 조용하다, 고요하다
- □ 害怕 hàipà 동 걱정하다, 무서워하다, 두려워하다
- □ 找 2급 zhǎo 동 찾다, 구하다
- □ 句子 jùzi 명 문장
- □ 城市 chéngshì 명 도시
- □ 种 zhǒng 양 종류, 부류, 가지
- □ 北方 běifāng 명 북방, 북쪽
- □ 还是 háishi 부 여전히, 아직도, ~하는 것이 (더) 좋다
- □ 准备 2급 zhǔnbèi 동 준비하다, ~할 계획이다
- □ 节目 jiémù 명 프로그램
- □ 洗澡 xǐzǎo 동 목욕하다, 씻다
- □ 附近 fùjìn 명 근처, 부근 형 가까운
- □ 站 zhàn 명 역, 정거장 동 서다, 멈추다
- □ 鼻子 bízi 명 코
- □ 耳朵 ěrduo 명 귀
- □ 或者 huòzhě 접 혹은, ~이거나, ~이든지

[쓰기]

- □ 感兴趣 gǎn xìngqù 관심이 있다, 흥미가 있다
- □ 对 2급 duì 개 ~에 (대해), ~에게
- □ 文化 wénhuà 명 문화
- □ 终于 zhōngyú 부 드디어, 마침내, 결국
- □ 衬衫 chènshān 명 셔츠, 블라우스
- □ 把 bǎ 개 ~을(를)
- □ 拿 ná 동 가지다, 잡다, 쥐다
- □ 走 2급 zǒu 동 가다, 걷다
- □ 叔叔 shūshu 명 삼촌, 아저씨
- □ 关系 guānxi 명 관계, 사이
- □ 和 1급 hé 접 ~와/과 개 ~와/과
- □ 非常 2급 fēicháng 부 아주, 매우
- □ 邻居 línjū 명 이웃, 이웃 사람
- □ 骑 qí 동 (동물이나 자전거 등에) 타다
- □ 自行车 zìxíngchē 명 자전거
- □ 要 2급 yào 조동 ~해야 한다, ~하려고 하다
- □ 两 2급 liǎng 수 2, 둘
- □ 啤酒 píjiǔ 명 맥주
- □ 一共 yígòng 부 총, 모두, 전부
- □ 花 huā 동 쓰다, 소비하다 명 꽃
- □ 万 wàn 수 10000, 만
- □ 元 yuán 양 위안[중국의 화폐 단위]
- □ 为了 wèile 개 ~을 하기 위하여, ~을 위해서
- □ 提高 tígāo 동 향상시키다, 높이다
- □ 水平 shuǐpíng 명 수준, 능력
- □ 练习 liànxí 동 연습하다, 익히다
- □ 电梯 diàntī 명 엘리베이터
- □ 又 yòu 부 또, 다시
- □ 坏 huài 동 고장 나다, 상하다 형 나쁘다

실전모의고사 제4회 핵심어휘

☑ 잘 외워지지 않는 단어는 박스에 체크하여 복습하세요.

핵심어휘_4회.mp3

[듣기]

청록색 : 3급 추가어휘

	단어	병음	뜻
□	花	huā	[명] 꽃 [동] 쓰다, 소비하다
□	伞	sǎn	[명] 우산
□	礼物	lǐwù	[명] 선물
□	疼	téng	[형] 아프다
□	只	zhī	[양] 마리, 짝
□	鸟	niǎo	[명] 새
□	明白	míngbai	[동] 이해하다, 알다
□	电子邮件	diànzǐ yóujiàn	[명] 이메일
□	结婚	jiéhūn	[동] 결혼하다
□	照片	zhàopiàn	[명] 사진
□	季节	jìjié	[명] 계절
□	开 1급	kāi	[동] (꽃이) 피다, 열다, 켜다, 개업하다
□	工作 1급	gōngzuò	[동] 일하다 [명] 일, 직업
□	裤子	kùzi	[명] 바지
□	一般	yìbān	[형] 일반적이다, 보통이다
□	起床 2급	qǐchuáng	[동] 일어나다, 기상하다
□	上班 2급	shàngbān	[동] 출근하다
□	离 2급	lí	[개] ~으로부터, ~에서
□	近 2급	jìn	[형] 가깝다
□	远 2급	yuǎn	[형] 멀다
□	年轻	niánqīng	[형] 젊다, 어리다
□	位	wèi	[양] 분, 명
□	借	jiè	[동] 빌려 주다, 빌리다
□	词典	cídiǎn	[명] 사전
□	给 2급	gěi	[동] 주다 [개] ~에게
□	难	nán	[형] 어렵다, 힘들다
□	奶奶	nǎinai	[명] 할머니
□	公园	gōngyuán	[명] 공원
□	更	gèng	[부] 더, 더욱
□	简单	jiǎndān	[형] 간단하다, 단순하다
□	游戏	yóuxì	[명] 게임, 놀이
□	洗 2급	xǐ	[동] 빨다, 씻다
□	银行	yínháng	[명] 은행
□	皮鞋	píxié	[명] 가죽 구두
□	面包	miànbāo	[명] 빵
□	注意	zhùyì	[동] 주의하다, 조심하다
□	健康	jiànkāng	[형] 건강하다
□	周末	zhōumò	[명] 주말
□	司机	sījī	[명] 기사, 운전사
□	遇到	yùdào	[동] 만나다, 마주치다, 부닥치다
□	送 2급	sòng	[동] 주다, 선물하다, 바래다주다
□	题 2급	tí	[명] 문제
□	必须	bìxū	[부] 반드시 ~해야 한다, 꼭 ~해야 한다
□	数学	shùxué	[명] 수학
□	黑板	hēibǎn	[명] 칠판
□	关于	guānyú	[개] ~에 관해, ~에 관한
□	才	cái	[부] ~에야, 겨우
□	零 2급	líng	[수] 0, 영
□	舒服	shūfu	[형] 편안하다, 안락하다
□	讲	jiǎng	[동] 강의하다, 말하다, 설명하다
□	起飞	qǐfēi	[동] 이륙하다
□	需要	xūyào	[동] 필요하다, 요구되다 [명] 요구
□	愿意	yuànyì	[동] 원하다
□	还是	háishi	[부] ~하는 것이 (더) 좋다, 여전히, 아직도
□	感兴趣	gǎn xìngqù	관심이 있다, 흥미가 있다
□	包	bāo	[명] 가방
□	干净	gānjìng	[형] 깨끗하다, 청결하다
□	宾馆 2급	bīnguǎn	[명] 호텔
□	环境	huánjìng	[명] 환경

[독해]

	단어	병음	뜻
□	一定	yídìng	[부] 반드시, 필히
□	刚才	gāngcái	[명] 방금, 지금, 막
□	电梯	diàntī	[명] 엘리베이터
□	复习	fùxí	[동] 복습하다
□	放心	fàngxīn	[동] 마음을 놓다, 안심하다
□	空调	kōngtiáo	[명] 에어컨

- ☐ 久 jiǔ　형 오래되다, 시간이 길다
- ☐ 当然 dāngrán　부 당연히, 물론 형 당연하다, 물론이다
- ☐ 可能 2급 kěnéng　조동 아마도 (~일 것이다)
- ☐ 坏 huài　동 고장 나다, 상하다 형 나쁘다
- ☐ 检查 jiǎnchá　동 검사하다, 점검하다
- ☐ 放 fàng　동 넣다, 놓다, 두다
- ☐ 句子 jùzi　명 문장
- ☐ 年级 niánjí　명 학년
- ☐ 然后 ránhòu　접 그 다음에, 그런 후에
- ☐ 结束 jiéshù　동 끝나다, 마치다
- ☐ 聪明 cōngming　형 똑똑하다, 총명하다
- ☐ 菜单 càidān　명 메뉴판, 메뉴
- ☐ 公斤 gōngjīn　양 킬로그램(kg)
- ☐ 一直 yìzhí　부 줄곧, 계속
- ☐ 努力 nǔlì　동 노력하다, 힘쓰다
- ☐ 相信 xiāngxìn　동 믿다, 신뢰하다
- ☐ 决定 juédìng　동 결정하다 명 결정
- ☐ 记得 jìde　동 기억하고 있다
- ☐ 段 duàn　양 마디, 단락
- ☐ 到 2급 dào　동 도착하다
- ☐ 担心 dānxīn　동 걱정하다, 염려하다
- ☐ 带 dài　동 가지다, 휴대하다, 데리다
- ☐ 地方 dìfang　명 곳, 장소, 부분
- ☐ 碗 wǎn　양 그릇, 공기, 사발
- ☐ 一边 yìbiān　부 ~하면서 ~하다
- ☐ 鸡蛋 2급 jīdàn　명 달걀
- ☐ 蛋糕 dàngāo　명 케이크
- ☐ 甜 tián　형 달다
- ☐ 比较 bǐjiào　부 비교적, 상대적으로 동 비교하다
- ☐ 运动 2급 yùndòng　동 운동하다 명 운동
- ☐ 经常 jīngcháng　부 자주, 늘, 항상
- ☐ 骑 qí　동 (동물이나 자전거 등에) 타다
- ☐ 自行车 zìxíngchē　명 자전거
- ☐ 过去 guòqu　동 가다, 지나가다, 지나다
- ☐ 旅游 2급 lǚyóu　동 여행하다
- ☐ 打扫 dǎsǎo　동 청소하다
- ☐ 锻炼 duànliàn　동 단련하다
- ☐ 胖 pàng　형 통통하다, 뚱뚱하다
- ☐ 像 xiàng　동 닮다, ~와 같다
- ☐ 瘦 shòu　형 마르다, 여위다
- ☐ 希望 2급 xīwàng　동 바라다, 희망하다 명 희망, 가능성
- ☐ 快乐 2급 kuàilè　형 즐겁다, 행복하다
- ☐ 水平 shuǐpíng　명 수준, 능력
- ☐ 着 2급 zhe　조 ~하고 있다, ~한 채로 있다

[쓰기]

- ☐ 关 guān　동 닫다, 끄다
- ☐ 房间 2급 fángjiān　명 방
- ☐ 解决 jiějué　동 해결하다, 풀다
- ☐ 已经 2급 yǐjīng　부 이미, 벌써
- ☐ 问题 2급 wèntí　명 질문, 문제
- ☐ 被 bèi　동 ~에게 ~을 당하다
- ☐ 最 2급 zuì　부 가장, 제일
- ☐ 节目 jiémù　명 프로그램
- ☐ 一点儿 1급 yìdiǎnr　수량 조금
- ☐ 比 2급 bǐ　개 ~보다, ~에 비해
- ☐ 个子 gèzi　명 (사람의) 키
- ☐ 姐姐 2급 jiějie　명 누나, 언니
- ☐ 高 2급 gāo　형 (키가) 크다, 높다
- ☐ 次 2급 cì　양 번, 회, 차례
- ☐ 欢迎 huānyíng　동 환영하다
- ☐ 再 2급 zài　부 다시, 재차
- ☐ 留学 liúxué　동 유학하다
- ☐ 可以 2급 kěyǐ　조동 ~할 수 있다, ~해도 좋다
- ☐ 认识 1급 rènshi　동 알다, 인식하다
- ☐ 还 2급 hái　부 아직, 여전히, 또, 더
- ☐ 了解 liǎojiě　동 이해하다, 조사하다
- ☐ 文化 wénhuà　명 문화
- ☐ 鱼 2급 yú　명 생선, 물고기
- ☐ 元 yuán　양 위안[중국의 화폐 단위]
- ☐ 特别 tèbié　부 아주, 특히
- ☐ 新鲜 xīnxiān　형 신선하다
- ☐ 妹妹 2급 mèimei　명 여동생
- ☐ 头发 tóufa　명 머리카락
- ☐ 黑 2급 hēi　형 까맣다, 어둡다
- ☐ 长 2급 cháng　형 길다
- ☐ 黄河 Huánghé　고유 황허(강)
- ☐ 经过 jīngguò　동 (장소, 시간 등을) 지나다, 경과하다

실전모의고사 제5회 핵심어휘

☑ 잘 외워지지 않는 단어는 박스에 체크하여 복습하세요.

핵심어휘_5회.mp3

[듣기]

청록색 : 3급 추가어휘

	단어	병음	뜻
□	应该	yīnggāi	조동 ~해야 한다
□	注意	zhùyì	동 주의하다, 조심하다
□	熊猫	xióngmāo	명 판다
□	搬	bān	동 옮기다, 운반하다
□	还 2급	hái	부 아직, 여전히, 또, 더
□	啤酒	píjiǔ	명 맥주
□	蛋糕	dàngāo	명 케이크
□	又	yòu	부 또, 다시, 거듭
□	迟到	chídào	동 지각하다
□	到 2급	dào	동 도착하다, 도달하다
□	记得	jìde	동 기억하고 있다
□	长	zhǎng	동 생기다, 자라다
□	得 2급	de	조 [술어와 정도보어를 연결함]
□	解决	jiějué	동 해결하다, 풀다
□	帮忙	bāngmáng	동 (일을) 돕다, 도움을 주다
□	总是	zǒngshì	부 항상, 늘, 언제나
□	热情	rèqíng	형 열정적이다, 친절하다
□	帮助 2급	bāngzhù	동 돕다
□	经常	jīngcháng	부 자주, 늘, 항상
□	图书馆	túshūguǎn	명 도서관
□	附近	fùjìn	명 근처, 부근 형 가까운
□	妹妹 2급	mèimei	명 여동생
□	生病 2급	shēngbìng	동 병이 나다, 병에 걸리다
□	感冒	gǎnmào	동 감기에 걸리다 명 감기
□	妻子 2급	qīzi	명 아내, 부인
□	新 2급	xīn	형 새롭다 부 새로
□	满意	mǎnyì	동 만족하다
□	环境	huánjìng	명 환경
□	认真	rènzhēn	형 성실하다, 진지하다
□	准备 2급	zhǔnbèi	동 준비하다, ~할 계획이다
□	北方	běifāng	명 북방, 북쪽
□	旅游 2급	lǚyóu	동 여행하다
□	最近	zuìjìn	명 요즘, 최근
□	经理	jīnglǐ	명 사장, 매니저
□	会议	huìyì	명 회의
□	生日 2급	shēngrì	명 생일
□	和 1급	hé	접 ~와/과 개 ~와/과
□	一样	yíyàng	형 같다, 동일하다
□	弟弟 2급	dìdi	명 남동생
□	画	huà	동 (그림을) 그리다 명 그림
□	教室 2급	jiàoshì	명 교실
□	比赛	bǐsài	명 경기, 시합
□	衬衫	chènshān	명 셔츠, 블라우스
□	先	xiān	부 먼저, 우선
□	礼物	lǐwù	명 선물
□	送 2급	sòng	동 주다, 선물하다, 바래다주다
□	机场 2급	jīchǎng	명 공항
□	火车站 2급	huǒchēzhàn	명 기차역
□	张	zhāng	양 장[종이·책상 등을 세는 단위]
□	票 2급	piào	명 표, 티켓
□	见面	jiànmiàn	동 만나다, 대면하다
□	西瓜 2급	xīguā	명 수박
□	其实	qíshí	부 사실, 실은
□	超市	chāoshì	명 슈퍼
□	办公室	bàngōngshì	명 사무실
□	楼	lóu	명 층, 건물, 빌딩
□	铅笔 2급	qiānbǐ	명 연필
□	词典	cídiǎn	명 사전
□	借	jiè	동 빌려 주다, 빌리다
□	照相机	zhàoxiàngjī	명 사진기
□	发烧	fāshāo	동 열이 나다
□	讲	jiǎng	동 말하다, 설명하다
□	故事	gùshi	명 이야기
□	叫 1급	jiào	동 부르다
□	辆	liàng	양 대, 량[차량·자전거 등을 세는 단위]
□	上班 2급	shàngbān	동 출근하다
□	雪 2급	xuě	명 눈
□	刮风	guāfēng	동 바람이 불다

[독해]

- □ 晚上 2급 wǎnshang 명 저녁
- □ 检查 jiǎnchá 동 검사하다, 점검하다
- □ 吧 2급 ba 조 [문장 끝에 쓰여 청유·명령·추측을 나타냄]
- □ 药 2급 yào 명 약
- □ 然后 ránhòu 접 그 다음에, 그런 후에
- □ 比 2급 bǐ 개 ~보다, ~에 비해
- □ 为什么 2급 wèishénme 대 왜, 어째서
- □ 参加 cānjiā 동 참석하다, 참가하다
- □ 节目 jiémù 명 프로그램
- □ 站 zhàn 명 역, 정거장 동 서다, 멈추다
- □ 中间 zhōngjiān 명 중간, 사이
- □ 季节 jìjié 명 계절
- □ 为 wèi 개 ~에게, ~ 때문에, ~을 위해
- □ 洗手间 xǐshǒujiān 명 화장실
- □ 给 2급 gěi 동 주다 개 ~에게
- □ 碗 wǎn 양 그릇, 공기, 사발
- □ 牛奶 2급 niúnǎi 명 우유
- □ 关 guān 동 닫다, 끄다
- □ 年轻 niánqīng 형 젊다, 어리다
- □ 还是 háishi 부 여전히, 아직도 접 아니면, 또는
- □ 提高 tígāo 동 향상시키다, 높이다
- □ 其他 qítā 대 다른, 기타, 그 밖
- □ 灯 dēng 명 불, 등, 램프
- □ 虽然 2급 suīrán 접 비록 ~일지라도
- □ 但是 2급 dànshì 접 그러나, 하지만
- □ 安静 ānjìng 형 조용하다, 고요하다
- □ 黑板 hēibǎn 명 칠판
- □ 影响 yǐngxiǎng 동 영향을 주다 명 영향
- □ 别人 biérén 대 다른 사람, 타인
- □ 头发 tóufa 명 머리카락
- □ 红 2급 hóng 형 빨갛다, 붉다
- □ 过去 guòqu 동 가다, 지나가다, 지나다
- □ 它 2급 tā 대 그, 그것[사람 이외의 것을 가리킴]
- □ 害怕 hàipà 동 걱정하다, 무서워하다, 두려워하다
- □ 容易 róngyì 형 쉽다
- □ 主要 zhǔyào 형 주요하다
- □ 非常 2급 fēicháng 부 아주, 매우, 대단히
- □ 重要 zhòngyào 형 중요하다
- □ 告诉 2급 gàosu 동 알리다, 말하다
- □ 丈夫 2급 zhàngfu 명 남편
- □ 腿 tuǐ 명 다리
- □ 已经 2급 yǐjīng 부 이미, 벌써
- □ 可以 kěyǐ 조동 ~할 수 있다, ~해도 좋다

[쓰기]

- □ 哭 kū 동 울다
- □ 奶奶 nǎinai 명 할머니
- □ 难过 nánguò 형 슬프다, 괴롭다
- □ 裙子 qúnzi 명 치마, 스커트
- □ 条 tiáo 양 [가늘고 긴 것을 세는 단위]
- □ 校长 xiàozhǎng 명 교장
- □ 生气 shēngqì 동 화나다, 화내다
- □ 件 2급 jiàn 양 벌, 건, 개[의류, 각각의 물건을 세는 단위]
- □ 大家 2급 dàjiā 대 여러분, 모든 사람
- □ 把 bǎ 개 ~을(를)
- □ 清楚 qīngchu 형 명확하다, 분명하다
- □ 一定 yídìng 부 반드시, 필히
- □ 要 2급 yào 조동 ~해야 한다, ~하려고 하다
- □ 考试 2급 kǎoshì 동 시험을 보다(치다) 명 시험
- □ 时间 2급 shíjiān 명 시간
- □ 高 2급 gāo 형 높다, (키가) 크다
- □ 哥哥 2급 gēge 명 오빠, 형
- □ 自己 zìjǐ 대 자신, 자기, 스스로
- □ 要求 yāoqiú 동 요구하다 명 요구
- □ 对 2급 duì 개 ~에 (대해), ~에게
- □ 饿 è 형 배고프다
- □ 您 2급 nín 대 당신[你의 존칭]
- □ 放心 fàngxīn 동 마음을 놓다, 안심하다
- □ 照顾 zhàogù 동 돌보다, 보살피다
- □ 终于 zhōngyú 부 마침내, 결국
- □ 回答 huídá 동 대답하다, 응답하다
- □ 问题 2급 wèntí 명 질문, 문제
- □ 香蕉 xiāngjiāo 명 바나나
- □ 两 2급 liǎng 수 2, 둘, 두 개의
- □ 真 2급 zhēn 부 정말, 진짜로, 확실히 형 진실이다
- □ 便宜 2급 piányi 형 (값이) 싸다
- □ 为了 wèile 개 ~을 하기 위하여, ~을 위해서

합격을 위한 단 5일!

해커스 중국어 HSK 3급 실전모의고사

초판 4쇄 발행 2024년 1월 22일
초판 1쇄 발행 2020년 4월 17일

지은이	해커스 HSK연구소
펴낸곳	㈜해커스
펴낸이	해커스 출판팀
주소	서울특별시 서초구 강남대로61길 23 ㈜해커스
고객센터	02-537-5000
교재 관련 문의	publishing@hackers.com 해커스중국어 사이트(china.Hackers.com) 교재Q&A 게시판
동영상강의	china.Hackers.com
ISBN	979-11-6430-481-3 (13720)
Serial Number	01-04-01

합격생들이 해커스중국어를 선택한 이유

1

HSK 베스트셀러
중국어인강 1위
굿콘텐츠 서비스
해커스중국어

HSK 전 급수 베스트셀러 | **중국어인강 1위** | **굿콘텐츠 서비스 인증 획득**

굿콘텐츠서비스 인증서

[중국어인강 1위] 주간동아 선정 2019 한국 브랜드 만족지수 교육(중국어인강) 부문 1위
[굿콘텐츠 서비스] 정보통신산업진흥원 인증 굿콘텐츠제공서비스 품질인증 (2019년도)
[단어장 베스트셀러] YES24 국어 외국어 사전 베스트셀러 중국어 한어수평고시(HSK) 분야(2021년 2월 3주 주별베스트 기준)
[기본서 베스트셀러] YES24 국어 외국어 사전 베스트셀러 중국어 한어수평고시(HSK) 분야(2022년 6월 2주 주별베스트 기준)
[3급 실전모의고사] 교보문고 외국어 베스트셀러 HSK/중국어시험 분야(2020.04.20. 온라인 주간집계 기준)
[4급 실전모의고사] 교보문고 외국어 베스트셀러 HSK/중국어시험 분야(2019.11.19. 온라인 주간집계 기준)
[5급 실전모의고사] 교보문고 외국어 베스트셀러 HSK모의고사/테스트 분야 모의고사 기준 1위(2018.06.15. 온라인 주간집계 기준)
[6급 실전모의고사] 교보문고 외국어 베스트셀러 HSK모의고사/테스트 분야 1위(2020.06.19. 온라인 주간집계 기준)

2

수강생이 직접
체험한 결과로 증명하는
해커스중국어
강의 효과

중국어 1도 몰랐지만, 오민경 선생님 수업으로 238점 합격!

중국어 1도 몰랐지만, 2주 공부하고 HSK3급 238점 합격했습니다. 저는 쓰기 부분은 오민경선생님의 도움을 많이 받았습니다. **쓰기 뿐만 아니라 듣기와 독해에서 자주 나오는 문장에 대해 알려주셨고 기초부터 어려운 내용까지 자세히 설명해 주셔서 좋았습니다.** 또 단어가 문장 안에서 어떤 성분으로 쓰이는지, 좋은 문장을 강조해 주셔서 다른 과목은 어떻게 활용할 수 있는지 알려주셨습니다.

\- 해커스중국어 인강 수강생 이*미님

오민경 선생님 강의로 HSK 기초를 확실하게 잡았어요!

HSK 공부를 시작하면서 가장 어렵고 적응하기가 쉽지 않은 부분이 쓰기 부분이었습니다. **오민경 선생님 강의로 쓰기 부분을 공부하였습니다. 강의를 다 마친 지금은 쓰기에 대해서 자신감이 생겼다는 것이 가장 큰 만족감을 저에게 주는 것 같습니다.** 강의시간도 길지 않아 직장인 분들이나 학생분들도 하루에 한 강의씩 부담 없이 수강할 수 있을 거라 생각합니다.

\- 해커스중국어 인강 수강생 a*****d님

해커스중국어 china.Hackers.com

실전모의고사 5회분

해커스 중국어 HSK 3급 실전모의고사

합격을 위한 단 5일!

문제집

추가 자료 해커스중국어 china.Hackers.com

본 교재 동영상강의(할인쿠폰 수록)·무료 HSK 3급 필수어휘 300+예문·무료 HSK 기출 사자성어·무료 매일 HSK 필수어휘 테스트

해커스 중국어 HSK 3급 실전모의고사

문제집

시험에 나올 어휘를
효과적으로 공부하려면?

해커스중국어(china.Hackers.com)에서
<폰 안에 쏙! HSK 3급 필수어휘300+예문> 무료 다운받기!

실전모의고사

제1회

* 시험을 보기 전, <해설집> p.164의 '제1회 핵심어휘'를 먼저 익히면 문제를 더 쉽게 풀 수 있어요.
* 실제 시험을 보는 것처럼 시간에 맞춰 실전모의고사를 풀어보세요.

잠깐! 테스트 전 확인 사항

1. 휴대 전화의 전원을 끄셨나요? ……………………… □
2. 답안지, 연필, 지우개가 준비되셨나요? …………… □
3. 시계가 준비되셨나요? ………………………………… □

*듣기 답안 작성 5분, 독해+쓰기 45분

고사장 소음까지 대비하고
듣기 점수 올리려면?

해커스중국어(china.Hackers.com)에서
고사장 소음 버전 MP3 무료 다운받기!

답안지 작성법

汉语水平考试 HSK（三级）答题卡

↙수험자 정보를 기입하세요.

请填写考生信息

请按照考试证件上的姓名填写：수험표 상의 영문 이름을 기입하세요.

姓名	KIM JEE YOUNG

如果有中文姓名，请填写：중문 이름이 있다면 기입하세요.

中文姓名	金志玲

↙수험 번호를 쓰고 마킹하세요.

考生序号		
	6	[0] [1] [2] [3] [4] [5] [6] [7] [8] [9]
	0	[0] [1] [2] [3] [4] [5] [6] [7] [8] [9]
	2	[0] [1] [2] [3] [4] [5] [6] [7] [8] [9]
	5	[0] [1] [2] [3] [4] [5] [6] [7] [8] [9]
	9	[0] [1] [2] [3] [4] [5] [6] [7] [8] [9]

↙고사장 정보를 기입하세요.

请填写考点信息

↙고사장 번호를 쓰고 마킹하세요.

考点序号		
	8	[0] [1] [2] [3] [4] [5] [6] [7] [8] [9]
	1	[0] [1] [2] [3] [4] [5] [6] [7] [8] [9]
	5	[0] [1] [2] [3] [4] [5] [6] [7] [8] [9]
	0	[0] [1] [2] [3] [4] [5] [6] [7] [8] [9]
	3	[0] [1] [2] [3] [4] [5] [6] [7] [8] [9]
	0	[0] [1] [2] [3] [4] [5] [6] [7] [8] [9]
	0	[0] [1] [2] [3] [4] [5] [6] [7] [8] [9]

↙국적 번호를 쓰고 마킹하세요.

国籍		
	5	[0] [1] [2] [3] [4] [5] [6] [7] [8] [9]
	2	[0] [1] [2] [3] [4] [5] [6] [7] [8] [9]
	3	[0] [1] [2] [3] [4] [5] [6] [7] [8] [9]

↙나이를 쓰고 마킹하세요.

年龄		
	2	[0] [1] [2] [3] [4] [5] [6] [7] [8] [9]
	3	[0] [1] [2] [3] [4] [5] [6] [7] [8] [9]

↙해당하는 성별에 마킹하세요.

性别	男 [1] 女 [2]

注意 请用2B铅笔这样写：■ 2B 연필로 마킹하세요.

답안표기방향에 주의하세요. **一、听力** 듣기

제1부분

1. [A] [B] [C] [D] [E] [F]
2. [A] [B] [C] [D] [E] [F]
3. [A] [B] [C] [D] [E] [F]
4. [A] [B] [C] [D] [E] [F]
5. [A] [B] [C] [D] [E] [F]
6. [A] [B] [C] [D] [E] [F]
7. [A] [B] [C] [D] [E] [F]
8. [A] [B] [C] [D] [E] [F]
9. [A] [B] [C] [D] [E] [F]
10. [A] [B] [C] [D] [E] [F]

제2부분

11. [✓] [×]
12. [✓] [×]
13. [✓] [×]
14. [✓] [×]
15. [✓] [×]
16. [✓] [×]
17. [✓] [×]
18. [✓] [×]
19. [✓] [×]
20. [✓] [×]

제3부분

21. [A] [B] [C]
22. [A] [B] [C]
23. [A] [B] [C]
24. [A] [B] [C]
25. [A] [B] [C]
26. [A] [B] [C]
27. [A] [B] [C]
28. [A] [B] [C]
29. [A] [B] [C]
30. [A] [B] [C]

제4부분

31. [A] [B] [C]
32. [A] [B] [C]
33. [A] [B] [C]
34. [A] [B] [C]
35. [A] [B] [C]
36. [A] [B] [C]
37. [A] [B] [C]
38. [A] [B] [C]
39. [A] [B] [C]
40. [A] [B] [C]

二、阅读 독해

제1부분

41. [A] [B] [C] [D] [E] [F]
42. [A] [B] [C] [D] [E] [F]
43. [A] [B] [C] [D] [E] [F]
44. [A] [B] [C] [D] [E] [F]
45. [A] [B] [C] [D] [E] [F]
46. [A] [B] [C] [D] [E] [F]
47. [A] [B] [C] [D] [E] [F]
48. [A] [B] [C] [D] [E] [F]
49. [A] [B] [C] [D] [E] [F]
50. [A] [B] [C] [D] [E] [F]

제2부분

51. [A] [B] [C] [D] [E] [F]
52. [A] [B] [C] [D] [E] [F]
53. [A] [B] [C] [D] [E] [F]
54. [A] [B] [C] [D] [E] [F]
55. [A] [B] [C] [D] [E] [F]
56. [A] [B] [C] [D] [E] [F]
57. [A] [B] [C] [D] [E] [F]
58. [A] [B] [C] [D] [E] [F]
59. [A] [B] [C] [D] [E] [F]
60. [A] [B] [C] [D] [E] [F]

제3부분

61. [A] [B] [C]
62. [A] [B] [C]
63. [A] [B] [C]
64. [A] [B] [C]
65. [A] [B] [C]
66. [A] [B] [C]
67. [A] [B] [C]
68. [A] [B] [C]
69. [A] [B] [C]
70. [A] [B] [C]

三、书写 쓰기

제1부분

71. 这只大熊猫真可爱。

72.

73.

74.

75.

제2부분

76. 好

77.

78.

79.

80.

请不要写到框线以外！선 밖으로 넘어가지 않도록 주의하세요!

답안지

汉语水平考试 HSK（三级）答题卡

请填写考生信息

请按照考试证件上的姓名填写：

姓名	

如果有中文姓名，请填写：

中文姓名	

考生序号		
		[0] [1] [2] [3] [4] [5] [6] [7] [8] [9]
		[0] [1] [2] [3] [4] [5] [6] [7] [8] [9]
		[0] [1] [2] [3] [4] [5] [6] [7] [8] [9]
		[0] [1] [2] [3] [4] [5] [6] [7] [8] [9]
		[0] [1] [2] [3] [4] [5] [6] [7] [8] [9]

请填写考点信息

考点序号		
		[0] [1] [2] [3] [4] [5] [6] [7] [8] [9]
		[0] [1] [2] [3] [4] [5] [6] [7] [8] [9]
		[0] [1] [2] [3] [4] [5] [6] [7] [8] [9]
		[0] [1] [2] [3] [4] [5] [6] [7] [8] [9]
		[0] [1] [2] [3] [4] [5] [6] [7] [8] [9]
		[0] [1] [2] [3] [4] [5] [6] [7] [8] [9]
		[0] [1] [2] [3] [4] [5] [6] [7] [8] [9]

国籍		
		[0] [1] [2] [3] [4] [5] [6] [7] [8] [9]
		[0] [1] [2] [3] [4] [5] [6] [7] [8] [9]
		[0] [1] [2] [3] [4] [5] [6] [7] [8] [9]

年龄		
		[0] [1] [2] [3] [4] [5] [6] [7] [8] [9]
		[0] [1] [2] [3] [4] [5] [6] [7] [8] [9]

性别	男 [1] 女 [2]

注意 请用2B铅笔这样写：▬

一、听力

1. [A] [B] [C] [D] [E] [F]
2. [A] [B] [C] [D] [E] [F]
3. [A] [B] [C] [D] [E] [F]
4. [A] [B] [C] [D] [E] [F]
5. [A] [B] [C] [D] [E] [F]
6. [A] [B] [C] [D] [E] [F]
7. [A] [B] [C] [D] [E] [F]
8. [A] [B] [C] [D] [E] [F]
9. [A] [B] [C] [D] [E] [F]
10. [A] [B] [C] [D] [E] [F]

11. [✓] [×]
12. [✓] [×]
13. [✓] [×]
14. [✓] [×]
15. [✓] [×]
16. [✓] [×]
17. [✓] [×]
18. [✓] [×]
19. [✓] [×]
20. [✓] [×]
21. [A] [B] [C]
22. [A] [B] [C]
23. [A] [B] [C]
24. [A] [B] [C]
25. [A] [B] [C]

26. [A] [B] [C]
27. [A] [B] [C]
28. [A] [B] [C]
29. [A] [B] [C]
30. [A] [B] [C]
31. [A] [B] [C]
32. [A] [B] [C]
33. [A] [B] [C]
34. [A] [B] [C]
35. [A] [B] [C]
36. [A] [B] [C]
37. [A] [B] [C]
38. [A] [B] [C]
39. [A] [B] [C]
40. [A] [B] [C]

二、阅读

41. [A] [B] [C] [D] [E] [F]
42. [A] [B] [C] [D] [E] [F]
43. [A] [B] [C] [D] [E] [F]
44. [A] [B] [C] [D] [E] [F]
45. [A] [B] [C] [D] [E] [F]
46. [A] [B] [C] [D] [E] [F]
47. [A] [B] [C] [D] [E] [F]
48. [A] [B] [C] [D] [E] [F]
49. [A] [B] [C] [D] [E] [F]
50. [A] [B] [C] [D] [E] [F]

51. [A] [B] [C] [D] [E] [F]
52. [A] [B] [C] [D] [E] [F]
53. [A] [B] [C] [D] [E] [F]
54. [A] [B] [C] [D] [E] [F]
55. [A] [B] [C] [D] [E] [F]
56. [A] [B] [C] [D] [E] [F]
57. [A] [B] [C] [D] [E] [F]
58. [A] [B] [C] [D] [E] [F]
59. [A] [B] [C] [D] [E] [F]
60. [A] [B] [C] [D] [E] [F]

61. [A] [B] [C]
62. [A] [B] [C]
63. [A] [B] [C]
64. [A] [B] [C]
65. [A] [B] [C]
66. [A] [B] [C]
67. [A] [B] [C]
68. [A] [B] [C]
69. [A] [B] [C]
70. [A] [B] [C]

三、书写

71. ______________________________
72. ______________________________
73. ______________________________
74. ______________________________
75. ______________________________

76. ☐ 77. ☐ 78. ☐ 79. ☐ 80. ☐

请不要写到框线以外！

汉语水平考试

HSK（三级）

注　意

一、HSK（三级）分三部分：

1. 听力（40题，约35分钟）

2. 阅读（30题，30分钟）

3. 书写（10题，15分钟）

二、听力结束后，有5分钟填写答题卡。

三、全部考试约90分钟（含考生填写个人信息时间5分钟）。

一、听力

모의고사용/고사장 소음 버전
mp3 바로듣기

第一部分

第1-5题

A 

B 

C 

D 

E 

F 

例如：男：喂，你好，请问李老师在吗？
女：她刚才出去了，您一个小时以后再打，好吗？ D

1. □

2. □

3. □

4. □

5. □

第6-10题

A

B

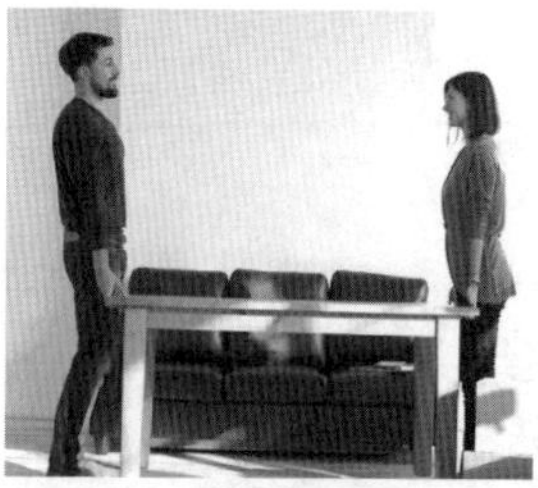

C

D

E

6. □

7. □

8. □

9. □

10. □

第二部分

第11-20题

例如：为了提高自己的汉语水平，小李每天都花一个小时看中国电影。

★ 小李想提高汉语水平。 （ ✓ ）

我中午打算见朋友。看了看手表，已经11点了。等了一会儿再看表，还是11点，我这才发现我的手表坏了。

★ 说话人的手表不见了。 （ × ）

11. ★ 儿子爱吃菜。 （ ）

12. ★ 现在离电影开始还有一刻钟。 （ ）

13. ★ 说话人不愿意在那儿工作。 （ ）

14. ★ 李老师是体育老师。 （ ）

15. ★ 这个包是新买的。 （ ）

16. ★ 说话人的爱好是踢足球。 （ ）

17. ★ 说话人和小李的关系很好。 （ ）

18. ★ 说话人的爸爸每天起床后看新闻。 （ ）

19. ★ 他们一共花了一百多块钱。 （ ）

20. ★ 张先生还没有写自己的名字。 （ ）

第三部分

第21-30题

例如：男：小张，可以帮我开门吗？谢谢！
女：好的。您去面包店了吗？买了这么多面包。
问：男的希望小张做什么？

A 吃饭　B 开门 ✓　C 买衣服

21. A 火车站　B 汽车站　C 地铁站

22. A 190元　B 200元　C 300元

23. A 医院　B 银行　C 办公室

24. A 洗澡　B 换鞋　C 刷牙

25. A 英语　B 历史　C 体育

26. A 很好看　B 很便宜　C 太贵了

27. A 做饭　B 休息　C 买牛奶

28. A 儿子过生日　B 儿子生病了　C 儿子出院了

29. A 牙疼　B 迟到了　C 身体不好

30. A 钱包　B 帽子　C 裤子

第四部分

第31-40题

例如：女：你怎么还在看电视呢？做完作业了吗？
　　　男：等一会儿，这个节目还有2分钟就结束了。
　　　女：你明天还有考试，快点儿去学习。
　　　男：好的，我马上看完了。
　　　问：男的在做什么？

	A 洗澡	B 看电视 ✓	C 做作业
31.	A 一楼	B 三楼	C 四楼
32.	A 家里	B 教室	C 图书馆
33.	A 认真听课	B 课前自学	C 买很多书
34.	A 帽子	B 鞋子	C 裙子
35.	A 生病了	B 搬家了	C 没睡好
36.	A 小晴	B 不认识的人	C 小晴的妹妹
37.	A 腿疼	B 在等朋友	C 爱坐电梯
38.	A 写信	B 听中文歌	C 玩儿游戏
39.	A 阿姨	B 爷爷	C 奶奶
40.	A 搬椅子	B 打扫房间	C 准备会议

二、阅读

第一部分

第41-45题

A 没关系，这个句子是有点儿难读，你再试试吧。

B 他在医院照顾生病的妈妈。

C 出门的时候记得带伞，听说今天要下雨。

D 五个工作日以后。

E 我们先坐地铁2号线，然后换公共汽车。

F 我现在就过去接你们。

例如：我们怎么去图书馆？ (E)

41. 我和妹妹马上就到你家旁边的地铁站了。 (　　)

42. 我要出门了。 (　　)

43. 小王为什么没来上课？ (　　)

44. 请问我的签证什么时候能拿到？ (　　)

45. 不好意思，我刚才读错了，能再读一次吗？ (　　)

第46-50题

A 这么可爱的小动物，谁不喜欢呢？

B 你终于要运动了！

C 好的，那你快点儿。

D 最近天冷，给你送些热牛奶。

E 不能穿了，所以我准备给他买几条新的。

46. 你是不是喜欢小猫？ （ ）

47. 儿子最近胖了不少，这些裤子还能穿吗？ （ ）

48. 我先去一下洗手间，你在门口等我吧。 （ ）

49. 因为我总是生病，所以医生让我做一些简单的运动。 （ ）

50. 叔叔，下这么大的雪，您怎么来了？ （ ）

第二部分

第51-55题

A 清楚　　B 检查　　C 害怕　　D 把　　E 声音　　F 附近

例如：小李说话的（　E　）真好听！

51. 客人一会儿就来，你（　　　）水果洗好放在桌子上。

52. 每天早晨，老师都会让班长（　　　）大家的作业。

53. 很多人都（　　　）在不认识的人面前说话。

54. 我们家（　　　）没有超市，所以很不方便。

55. 黑板离我太远了，我看不（　　　）上面的字。

第56-60题

A 筷子　　B 解决　　C 除了　　D 爱好　　E 突然　　F 熊猫

例如：A：你姐姐的（　D　）是什么？

B：她喜欢唱歌。

56. A：服务员，这一双（　　　）一个长，一个短，我用不了啊！

B：对不起，我马上给您换一双。

57. A：你（　　　）不去的话，我怎么办？

B：别担心，我已经和小李说了，他会和你一起去。

58. A：我想再喝几瓶啤酒。

B：别再喝了，你觉得喝酒能（　　　）问题吗？

59. A：你去北京动物园看过（　　　）吗？

B：当然了，我小学一年级的时候去看过。

60. A：叔叔你看，我画的这个马怎么样？

B：（　　　）有点儿胖，其他的都很好。

第三部分

第61-70题

例如：书店现在还没有开门，您来早了一点儿，现在是8点半，还有30分钟才开门，请等一下。

★ 书店几点开门？

A 9点 ✓　　B 9点半　　C 10点

61. 我和最好的朋友不在一个城市，她在离我很远的地方上大学，所以我们很少有机会见面，一年最多能见两次。

★ 说话人为什么不能经常见朋友？

A 搬家了　　B 觉得很累　　C 不在一个地方

62. 我妹妹比我小两岁，个子矮矮的，瘦瘦的，头发很长，还长着一双大大的眼睛，看起来又漂亮又可爱。

★ 说话人的妹妹：

A 眼睛大　　B 很热情　　C 不爱吃鱼

63. 因为工作的时候需要用汉语，所以我参加了中文学习班。学了三个月后，我觉得自己的汉语水平比以前提高了不少。

★ 说话人为了工作：

A 读了很多书　　B 参加了学习班　　C 看了很多电影

64. 上海有很多有名的学校，外国留学生也很多。所以我在那里上学时，不但认识了一些外国朋友，还了解到了不同的文化。

★ 说话人在上海：

A 工作了很久　　B 学习了数学　　C 有了外国朋友

65. 你放心，我刚才上网查过了，现在还有很多去南京的机票，所以不用着急买票，过几天再说吧。

★ 根据这段话，可以知道他们：

A 还没买票　　B 在找地图　　C 在写作业

66. 我们家附近有个小公园，那里有很多花，非常漂亮，所以很受欢迎。我经常看到邻居们在那里跑步、休息或者聊天。

★ 说话人经常看到邻居们在公园：

A 聊天　　B 唱歌　　C 旅游

67. 小明一开始做工作特别认真，但是最近不知道怎么了，他总是在重要的地方出错。所以经理想了解他最近遇到了什么问题。

★ 小明最近：

A 爱踢球　　B 总是出错　　C 不努力学习

68. 我朋友住的房子还不错。那个房子在四层，很安静，而且里面电视、冰箱、空调什么都有，附近还有地铁站，去哪儿都很方便。

★ 那个房子：

A 很旧　　B 没有电梯　　C 附近有地铁站

69. 我的小学同学上个月结婚了，我去看他的时候才发现，他的妻子是我以前的邻居。

★ 小学同学的妻子是我：

A 以前的邻居　　B 以前的同学　　C 以前的同事

70. 我妈妈的爱好是跳舞，她从七岁到现在一直都在练习，所以跳得非常好。她相信只有真的喜欢才能做好一件事。

★ 说话人的妈妈：

A 觉得不舒服　　B 对跳舞感兴趣　　C 很会关心别人

三、书 写

第一部分

第71-75题

例如：词典　桌子上　一本　有

桌子上有一本词典。

71. 吃草呢　动物园里的　正在　熊猫

72. 发现　很年轻　其实张经理　我

73. 打扫得　她　把　办公室　特别干净

74. 词典　老师　查一下　让我

75. 名字　什么　这种草的　叫

第二部分

第76-80题

例如：没（ guān 关 ）系，你已经做得很好了。

76. 我不知道他为什么突然（ kū ）了。

77. 昨天我睡得晚，所以现在头很（ téng ）。

78. 姐姐经常去国外旅游，她（ qù ）过很多地方。

79. 爸爸很喜欢看历史书，所以他（ zhī ）道很多历史故事。

80. 你渴了的话，可以喝冰箱里的水和（ niú ）奶。

다음 페이지(p.24)에 정답이 있으니 바로 채점해 보세요.

실전모의고사 제1회 정답

듣기

해설집 p.22

제1부분

1 E **2** A **3** B **4** C **5** F **6** D **7** B **8** A **9** C **10** E

제2부분

11 × **12** ✓ **13** × **14** × **15** ✓ **16** × **17** ✓ **18** × **19** ✓ **20** ✓

제3부분

21 A **22** A **23** B **24** B **25** B **26** C **27** C **28** A **29** C **30** B

제4부분

31 B **32** A **33** A **34** C **35** B **36** C **37** A **38** B **39** C **40** C

독해

해설집 p.36

제1부분

41 F **42** C **43** B **44** D **45** A **46** A **47** E **48** C **49** B **50** D

제2부분

51 D **52** B **53** C **54** F **55** A **56** A **57** E **58** B **59** F **60** C

제3부분

61 C **62** A **63** B **64** C **65** A **66** A **67** B **68** C **69** A **70** B

쓰기

해설집 p.46

제1부분

71 动物园里的熊猫正在吃草呢。

72 我发现其实张经理很年轻。

73 她把办公室打扫得特别干净。

74 老师让我查一下词典。

75 这种草的名字叫什么?

제2부분

76 哭

77 疼

78 去

79 知

80 牛

실전모의고사

제2회

* 시험을 보기 전, <해설집> p.166의 '제2회 핵심어휘'를 먼저 익히면 문제를 더 쉽게 풀 수 있어요.
* 실제 시험을 보는 것처럼 시간에 맞춰 실전모의고사를 풀어보세요.

잠깐! 테스트 전 확인 사항

1. 휴대 전화의 전원을 끄셨나요? ………………………… □
2. 답안지, 연필, 지우개가 준비되셨나요? ………… □
3. 시계가 준비되셨나요? ………………………………… □

* 듣기 답안 작성 5분, 독해+쓰기 45분

시험에 나올 어휘를 효과적으로 공부하려면?

답안지

汉语水平考试 HSK（三级）答题卡

请填写考生信息

请按照考试证件上的姓名填写：

姓名	

如果有中文姓名，请填写：

中文姓名	

考生序号		
		[0] [1] [2] [3] [4] [5] [6] [7] [8] [9]
		[0] [1] [2] [3] [4] [5] [6] [7] [8] [9]
		[0] [1] [2] [3] [4] [5] [6] [7] [8] [9]
		[0] [1] [2] [3] [4] [5] [6] [7] [8] [9]
		[0] [1] [2] [3] [4] [5] [6] [7] [8] [9]

请填写考点信息

考点序号		
		[0] [1] [2] [3] [4] [5] [6] [7] [8] [9]
		[0] [1] [2] [3] [4] [5] [6] [7] [8] [9]
		[0] [1] [2] [3] [4] [5] [6] [7] [8] [9]
		[0] [1] [2] [3] [4] [5] [6] [7] [8] [9]
		[0] [1] [2] [3] [4] [5] [6] [7] [8] [9]
		[0] [1] [2] [3] [4] [5] [6] [7] [8] [9]
		[0] [1] [2] [3] [4] [5] [6] [7] [8] [9]

国籍		
		[0] [1] [2] [3] [4] [5] [6] [7] [8] [9]
		[0] [1] [2] [3] [4] [5] [6] [7] [8] [9]
		[0] [1] [2] [3] [4] [5] [6] [7] [8] [9]

年龄		
		[0] [1] [2] [3] [4] [5] [6] [7] [8] [9]
		[0] [1] [2] [3] [4] [5] [6] [7] [8] [9]

性别	男 [1]　　女 [2]

注意	请用2B铅笔这样写：▬

一、听力

1. [A] [B] [C] [D] [E] [F]
2. [A] [B] [C] [D] [E] [F]
3. [A] [B] [C] [D] [E] [F]
4. [A] [B] [C] [D] [E] [F]
5. [A] [B] [C] [D] [E] [F]
6. [A] [B] [C] [D] [E] [F]
7. [A] [B] [C] [D] [E] [F]
8. [A] [B] [C] [D] [E] [F]
9. [A] [B] [C] [D] [E] [F]
10. [A] [B] [C] [D] [E] [F]

11. [✓] [×]
12. [✓] [×]
13. [✓] [×]
14. [✓] [×]
15. [✓] [×]
16. [✓] [×]
17. [✓] [×]
18. [✓] [×]
19. [✓] [×]
20. [✓] [×]
21. [A] [B] [C]
22. [A] [B] [C]
23. [A] [B] [C]
24. [A] [B] [C]
25. [A] [B] [C]

26. [A] [B] [C]
27. [A] [B] [C]
28. [A] [B] [C]
29. [A] [B] [C]
30. [A] [B] [C]
31. [A] [B] [C]
32. [A] [B] [C]
33. [A] [B] [C]
34. [A] [B] [C]
35. [A] [B] [C]
36. [A] [B] [C]
37. [A] [B] [C]
38. [A] [B] [C]
39. [A] [B] [C]
40. [A] [B] [C]

二、阅读

41. [A] [B] [C] [D] [E] [F]
42. [A] [B] [C] [D] [E] [F]
43. [A] [B] [C] [D] [E] [F]
44. [A] [B] [C] [D] [E] [F]
45. [A] [B] [C] [D] [E] [F]
46. [A] [B] [C] [D] [E] [F]
47. [A] [B] [C] [D] [E] [F]
48. [A] [B] [C] [D] [E] [F]
49. [A] [B] [C] [D] [E] [F]
50. [A] [B] [C] [D] [E] [F]

51. [A] [B] [C] [D] [E] [F]
52. [A] [B] [C] [D] [E] [F]
53. [A] [B] [C] [D] [E] [F]
54. [A] [B] [C] [D] [E] [F]
55. [A] [B] [C] [D] [E] [F]
56. [A] [B] [C] [D] [E] [F]
57. [A] [B] [C] [D] [E] [F]
58. [A] [B] [C] [D] [E] [F]
59. [A] [B] [C] [D] [E] [F]
60. [A] [B] [C] [D] [E] [F]

61. [A] [B] [C]
62. [A] [B] [C]
63. [A] [B] [C]
64. [A] [B] [C]
65. [A] [B] [C]
66. [A] [B] [C]
67. [A] [B] [C]
68. [A] [B] [C]
69. [A] [B] [C]
70. [A] [B] [C]

三、书写

71. ______________________________

72. ______________________________

73. ______________________________

74. ______________________________

75. ______________________________

76. ☐　77. ☐　78. ☐　79. ☐　80. ☐

请不要写到框线以外！

汉语水平考试

HSK（三级）

注 意

一、HSK（三级）分三部分：

1. 听力（40题，约35分钟）
2. 阅读（30题，30分钟）
3. 书写（10题，15分钟）

二、听力结束后，有5分钟填写答题卡。

三、全部考试约90分钟（含考生填写个人信息时间5分钟）。

一、听力

모의고사용/고사장 소음 버전
mp3 바로듣기

第一部分

第1-5题

A 

B 

C 

D 

E 

F 

例如：男：喂，你好，请问李老师在吗？
　　　女：她刚才出去了，您一个小时以后再打，好吗？ D

1. □

2. □

3. □

4. □

5. □

第6-10题

A

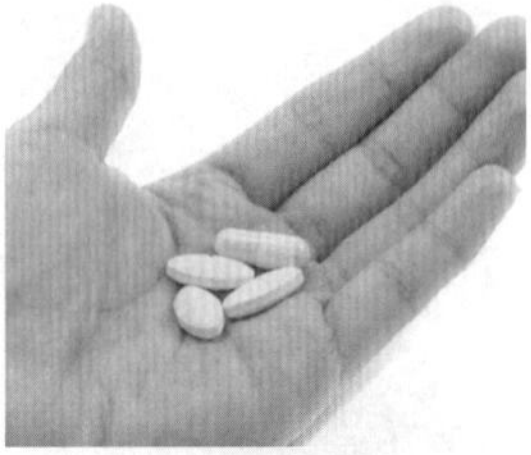

B

C

D

E

6. □

7. □

8. □

9. □

10. □

第二部分

第11-20题

例如：为了提高自己的汉语水平，小李每天都花一个小时看中国电影。

★ 小李想提高汉语水平。（ ✓ ）

我中午打算见朋友。看了看手表，已经11点了。等了一会儿再看表，还是11点，我这才发现我的手表坏了。

★ 说话人的手表不见了。（ ✗ ）

11. ★ 说话人要给小狗洗澡。（ ）

12. ★ 那个行李箱卖两千多块钱。（ ）

13. ★ 说话人的同事英语很好。（ ）

14. ★ 公园在公司附近。（ ）

15. ★ 儿子喜欢画画儿。（ ）

16. ★ 坐地铁过去会迟到。（ ）

17. ★ 图书馆的书可以借两个星期。（ ）

18. ★ 爸爸今天晚上在家。（ ）

19. ★ 那家银行离这儿很远。（ ）

20. ★ 说话人明天下午要开会。（ ）

第三部分

第21-30题

例如：男：小张，可以帮我开门吗？谢谢！
女：好的。您去面包店了吗？买了这么多面包。
问：男的希望小张做什么？

A 吃饭　　B 开门 ✓　　C 买衣服

21. A 照相机　　B 手表　　C 电脑

22. A 100年　　B 120年　　C 150年

23. A 老师　　B 服务员　　C 医生

24. A 工作难　　B 太忙了　　C 钱太少

25. A 吃饭　　B 看书　　C 洗澡

26. A 开车　　B 爬山　　C 踢足球

27. A 有点忙　　B 有时间　　C 不在家

28. A 天阴了　　B 快结婚了　　C 今天是周末

29. A 公园　　B 银行　　C 教室

30. A 锻炼　　B 工作　　C 睡觉

第四部分

第31-40题

例如：女：你怎么还在看电视呢？做完作业了吗？
男：等一会儿，这个节目还有2分钟就结束了。
女：你明天还有考试，快点儿去学习。
男：好的，我马上看完了。
问：男的在做什么？

A 洗澡　B 看电视 ✓　C 做作业

31. A 六层　B 七层　C 八层

32. A 很着急　B 发烧了　C 耳朵疼

33. A 张老师　B 妹妹　C 奶奶

34. A 电影院　B 办公室　C 饭店

35. A 做蛋糕　B 听音乐　C 吃面包

36. A 家人　B 天气　C 环境

37. A 教历史　B 很热情　C 变化很大

38. A 搬家　B 找同学　C 去买菜

39. A 不愿意吃饭　B 想点便宜的　C 不想喝甜的

40. A 红色　B 黑色　C 白色

二、阅 读

第一部分

第41-45题

A 我记得车里没东西啊，你要不要再找一下？

B 我们上周还一起喝过咖啡呢。

C 是啊，去年我和丈夫带孩子来这儿旅游过。

D 因为我找不到今天要穿的衣服了。

E 我们先坐地铁2号线，然后换公共汽车。

F 放心吧，我会好好照顾它的。

例如：我们怎么去图书馆？ （ E ）

41. 你们两个人多久没见面了？ （ ）

42. 我的钱包找不到了，是不是放在你的车上了？ （ ）

43. 你怎么还在家？ （ ）

44. 你以前来过这个地方吗？ （ ）

45. 我要出去五天，请你帮我照顾一下小狗。 （ ）

第46-50题

A 这几天我太忙了，都没有休息过。

B 我喜欢打篮球，踢足球和看书。

C 一天两次，而且要在吃饭前吃。

D 后面的那个红色笔记本是你的吗？

E 不，他以前不喜欢吃面条。

46. 我的不是红色的，而是黑色的。 (   )

47. 你的爱好是什么？ (   )

48. 这种药每天要吃几次？ (   )

49. 你弟弟一直都喜欢吃面条吗？ (   )

50. 你最近看起来很累啊。 (   )

第二部分

第51-55题

A 复习　　B 一定　　C 有名　　D 别人　　E 声音　　F 影响

例如：小李说话的（　E　）真好听！

51. 为了准备明天的考试，他一直在图书馆（　　　）。

52. 我打扫房间会不会（　　　）你写作业？

53. 如果想要过得快乐一点儿，就不要总是把自己和（　　　）做比较。

54. 这家面包店非常（　　　），不到下午两点，面包就都卖完了。

55. 你这么努力，相信这次（　　　）能考出好成绩。

第56-60题

A 半　　B 关于　　C 简单　　D 爱好　　E 游戏　　F 习惯

例如：A：你姐姐的（　D　）是什么？

B：她喜欢唱歌。

56. A：这个菜很好吃，只是我不太（　　）用筷子，所以吃得慢。

B：慢慢来，不着急。

57. A：这个（　　）真好玩儿，我可以再玩儿一会儿吗？

B：不可以，你已经玩儿了一个小时了，明天再玩儿吧。

58. A：你星期六有时间的话，可以教我游泳吗？

B：没问题，游泳很（　　）的，你很快就能学会。

59. A：李老师让我们读的这本书是（　　）什么的？

B：主要是介绍中国历史和文化的。

60. A：不好意思，让你等了这么久了。

B：没关系，我一边喝咖啡一边看书，（　　）个小时很快就过去了。

第三部分

第61-70题

例如：书店现在还没有开门，您来早了一点儿，现在是8点半，还有30分钟才开门，请等一下。

★ 书店几点开门？

A 9点 ✓　　B 9点半　　C 10点

61. 一开始读这个故事的时候，你可能会觉得它比较难懂，但往后读你就会发现它其实很简单，而且还很有意思。

★ 说话人觉得那个故事：

A 很短　　B 有意思　　C 很重要

62. 小文，这是你要做的事情，有什么不明白的可以问我。你一定要在这周完成这些，如果做不完，就会影响下周的工作。

★ 说话人让小文：

A 准备开会　　B 上班不要迟到　　C 这周完成工作

63. 这个电脑是我上大学的时候爸爸给我买的，已经用了快十年了。虽然用了这么长时间，但它看着还像新的一样，所以我打算再用几年。

★ 那个电脑：

A 像新的　　B 不好用　　C 非常旧

64. 有时候我们看到的和听到的不一定都是真的。所以，不要只相信你看到的和听到的，除了多看、多听，更重要的是要多想一想。

★ 这段话告诉我们：

A 要多想一想　　B 要努力学习　　C 要学会用地图

65. 难过的时候，你可以看看书，听听音乐或者跟朋友聊聊天儿，也可以做一些自己喜欢的运动，这样你可能很快就会忘记不快乐的事情。

★ 根据这段话，难过的时候可以：

A 睡觉　　B 唱歌　　C 聊天

66. 我记得最后一次用手机是在出租车上，可能是刚才下车的时候太着急，把手机忘在车上了。我打个电话，看看有没有人接。

★ 说话人遇到了什么事情？

A 手机不见了　　B 脚有点儿疼　　C 找不到护照

67. 有句话叫“太阳从西边出来了”，意思是有人做了让人觉得不太可能的事情。如果一个人不爱干净，但是有一天他突然打扫房间了，你就可以对他说这句话。

★ 什么时候可以说这句话？

A 不高兴　　B 没有刷牙　　C 做不太可能的事

68. 让我来教你怎么做蛋糕吧，做蛋糕其实很简单的。我们需要面和水，还要准备新鲜的牛奶、鸡蛋和水果。

★ 说话人认为：

A 盘子很干净　　B 面条很好吃　　C 做蛋糕很简单

69. 这条裤子买小了，穿起来不舒服，明天你可以帮我去店里换一条大一点儿的吗？

★ 说话人为什么要换裤子？

A 多带了衣服　　B 穿着不舒服　　C 想去体育馆

70. 打篮球是我最大的爱好，我每天都会花一两个小时在打篮球上。打球的时候，我认识了很多新朋友，和他们在一起，我觉得很快乐。

★ 根据这段话，可以知道他：

A 总是迟到　　B 爱打篮球　　C 喜欢喝酒

三、书写

第一部分

第71-75题

例如：词典　桌子上　一本　有

桌子上有一本词典。

71. 很大　变化　的　最近这个城市

72. 会　都　他每天　两个小时的足球　踢

73. 了　我　作业　忘记写

74. 弟弟　吃完了　被　冰箱里的蛋糕

75. 放着　桌子上　一双筷子

第二部分

第76-80题

例如：没（ 关 guān ）系，你已经做得很好了。

76\. 黑板上的（ zì ）是你写的吗？

77\. 别着急，想清楚了再（ huí ）答。

78\. 我的牙太疼了，什（ me ）都不想吃了。

79\. 我好饿，想吃一碗（ mǐ ）饭。

80\. 图书馆离这儿不远，走路只需要五（ fēn ）钟。

다음 페이지(p.44)에 정답이 있으니 바로 채점해 보세요.

실전모의고사 제2회 정답

듣기

해설집 p.52

제1부분

1 A　**2** E　**3** B　**4** F　**5** C　**6** C　**7** B　**8** A　**9** E　**10** D

제2부분

11 ×　**12** ✓　**13** ✓　**14** ×　**15** ✓　**16** ×　**17** ✓　**18** ×　**19** ×　**20** ✓

제3부분

21 C　**22** C　**23** B　**24** C　**25** B　**26** A　**27** A　**28** C　**29** B　**30** C

제4부분

31 A　**32** B　**33** A　**34** C　**35** A　**36** B　**37** A　**38** C　**39** C　**40** B

독해

해설집 p.66

제1부분

41 B　**42** A　**43** D　**44** C　**45** F　**46** D　**47** B　**48** C　**49** E　**50** A

제2부분

51 A　**52** F　**53** D　**54** C　**55** B　**56** F　**57** E　**58** C　**59** B　**60** A

제3부분

61 B　**62** C　**63** A　**64** A　**65** C　**66** A　**67** C　**68** C　**69** B　**70** B

쓰기

해설집 p.76

제1부분

71 最近这个城市的变化很大。

72 他每天都会踢两个小时的足球。

73 我忘记写作业了。

74 冰箱里的蛋糕被弟弟吃完了。

75 桌子上放着一双筷子。

제2부분

76 字

77 回

78 么

79 米

80 分

실전모의고사
제3회

* 시험을 보기 전, <해설집> p.168의 '제3회 핵심어휘'를 먼저 익히면 문제를 더 쉽게 풀 수 있어요.
* 실제 시험을 보는 것처럼 시간에 맞춰 실전모의고사를 풀어보세요.

잠깐! 테스트 전 확인 사항

1. 휴대 전화의 전원을 끄셨나요? …………………… □
2. 답안지, 연필, 지우개가 준비되셨나요? ………… □
3. 시계가 준비되셨나요? …………………………… □
   * 듣기 답안 작성 5분, 독해+쓰기 45분

고사장 소음까지 대비하고
듣기 점수 올리려면?

해커스중국어(china.Hackers.com)에서
고사장 소음 버전 MP3 무료 다운받기!

답안지

汉语水平考试 HSK（三级）答题卡

请填写考生信息

请按照考试证件上的姓名填写：

姓名	

如果有中文姓名，请填写：

中文姓名	

考生序号	
	[0] [1] [2] [3] [4] [5] [6] [7] [8] [9]
	[0] [1] [2] [3] [4] [5] [6] [7] [8] [9]
	[0] [1] [2] [3] [4] [5] [6] [7] [8] [9]
	[0] [1] [2] [3] [4] [5] [6] [7] [8] [9]
	[0] [1] [2] [3] [4] [5] [6] [7] [8] [9]

请填写考点信息

考点序号	
	[0] [1] [2] [3] [4] [5] [6] [7] [8] [9]
	[0] [1] [2] [3] [4] [5] [6] [7] [8] [9]
	[0] [1] [2] [3] [4] [5] [6] [7] [8] [9]
	[0] [1] [2] [3] [4] [5] [6] [7] [8] [9]
	[0] [1] [2] [3] [4] [5] [6] [7] [8] [9]
	[0] [1] [2] [3] [4] [5] [6] [7] [8] [9]
	[0] [1] [2] [3] [4] [5] [6] [7] [8] [9]

国籍	
	[0] [1] [2] [3] [4] [5] [6] [7] [8] [9]
	[0] [1] [2] [3] [4] [5] [6] [7] [8] [9]
	[0] [1] [2] [3] [4] [5] [6] [7] [8] [9]

年龄	
	[0] [1] [2] [3] [4] [5] [6] [7] [8] [9]
	[0] [1] [2] [3] [4] [5] [6] [7] [8] [9]

性别	男 [1] 女 [2]

注意	请用2B铅笔这样写：▬

一、听力

1. [A] [B] [C] [D] [E] [F]
2. [A] [B] [C] [D] [E] [F]
3. [A] [B] [C] [D] [E] [F]
4. [A] [B] [C] [D] [E] [F]
5. [A] [B] [C] [D] [E] [F]
6. [A] [B] [C] [D] [E] [F]
7. [A] [B] [C] [D] [E] [F]
8. [A] [B] [C] [D] [E] [F]
9. [A] [B] [C] [D] [E] [F]
10. [A] [B] [C] [D] [E] [F]

11. [✓] [×]
12. [✓] [×]
13. [✓] [×]
14. [✓] [×]
15. [✓] [×]
16. [✓] [×]
17. [✓] [×]
18. [✓] [×]
19. [✓] [×]
20. [✓] [×]
21. [A] [B] [C]
22. [A] [B] [C]
23. [A] [B] [C]
24. [A] [B] [C]
25. [A] [B] [C]

26. [A] [B] [C]
27. [A] [B] [C]
28. [A] [B] [C]
29. [A] [B] [C]
30. [A] [B] [C]
31. [A] [B] [C]
32. [A] [B] [C]
33. [A] [B] [C]
34. [A] [B] [C]
35. [A] [B] [C]
36. [A] [B] [C]
37. [A] [B] [C]
38. [A] [B] [C]
39. [A] [B] [C]
40. [A] [B] [C]

二、阅读

41. [A] [B] [C] [D] [E] [F]
42. [A] [B] [C] [D] [E] [F]
43. [A] [B] [C] [D] [E] [F]
44. [A] [B] [C] [D] [E] [F]
45. [A] [B] [C] [D] [E] [F]
46. [A] [B] [C] [D] [E] [F]
47. [A] [B] [C] [D] [E] [F]
48. [A] [B] [C] [D] [E] [F]
49. [A] [B] [C] [D] [E] [F]
50. [A] [B] [C] [D] [E] [F]

51. [A] [B] [C] [D] [E] [F]
52. [A] [B] [C] [D] [E] [F]
53. [A] [B] [C] [D] [E] [F]
54. [A] [B] [C] [D] [E] [F]
55. [A] [B] [C] [D] [E] [F]
56. [A] [B] [C] [D] [E] [F]
57. [A] [B] [C] [D] [E] [F]
58. [A] [B] [C] [D] [E] [F]
59. [A] [B] [C] [D] [E] [F]
60. [A] [B] [C] [D] [E] [F]

61. [A] [B] [C]
62. [A] [B] [C]
63. [A] [B] [C]
64. [A] [B] [C]
65. [A] [B] [C]
66. [A] [B] [C]
67. [A] [B] [C]
68. [A] [B] [C]
69. [A] [B] [C]
70. [A] [B] [C]

三、书写

71. ____________________

72. ____________________

73. ____________________

74. ____________________

75. ____________________

76. ☐ 77. ☐ 78. ☐ 79. ☐ 80. ☐

请不要写到框线以外！

汉语水平考试

HSK（三级）

注　意

一、HSK（三级）分三部分：

1. 听力（40题，约35分钟）

2. 阅读（30题，30分钟）

3. 书写（10题，15分钟）

二、听力结束后，有5分钟填写答题卡。

三、全部考试约90分钟（含考生填写个人信息时间5分钟）。

一、听 力

모의고사용/고사장 소음 버전
mp3 바로듣기

第一部分

第1-5题

A 

B 

C 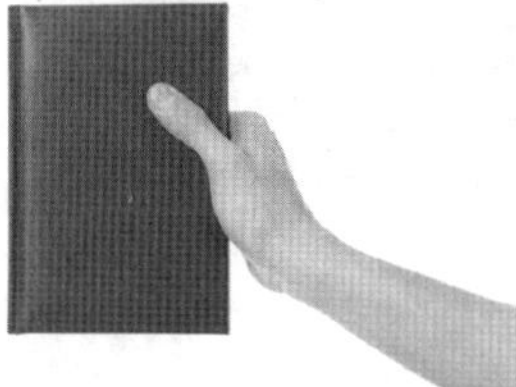

D 

E 

F 

例如：男：喂，你好，请问李老师在吗？
　　　女：她刚才出去了，您一个小时以后再打，好吗？ D

1. ☐

2. ☐

3. ☐

4. ☐

5. ☐

第6-10题

A

B

C

D

E

6. □

7. □

8. □

9. □

10. □

第二部分

第11-20题

例如：为了提高自己的汉语水平，小李每天都花一个小时看中国电影。

★ 小李想提高汉语水平。 （ ✓ ）

我中午打算见朋友。看了看手表，已经11点了。等了一会儿再看表，还是11点，我这才发现我的手表坏了。

★ 说话人的手表不见了。 （ × ）

11. ★ 现在是9点50分。 （ ）

12. ★ 绿色的碗没人用过。 （ ）

13. ★ 小明不喜欢踢足球。 （ ）

14. ★ 说话人没时间看书。 （ ）

15. ★ 儿子对游戏感兴趣。 （ ）

16. ★ 说话人每天喝牛奶。 （ ）

17. ★ 小美不参加下周的活动。 （ ）

18. ★ 一斤香蕉十五块。 （ ）

19. ★ 弟弟正在看电影。 （ ）

20. ★ 说话人对考试成绩不满意。 （ ）

第三部分

第21-30题

例如：男：小张，可以帮我开门吗？谢谢！
女：好的。您去面包店了吗？买了这么多面包。
问：男的希望小张做什么？

A 吃饭　　B 开门 ✓　　C 买衣服

21. A 一般　　B 很好看　　C 有点短

22. A 做题　　B 买书　　C 问路

23. A 公园　　B 图书馆　　C 火车站

24. A 星期二　　B 星期四　　C 星期六

25. A 妈妈　　B 爸爸　　C 妹妹

26. A 前天买的　　B 比较大　　C 很便宜

27. A 休息　　B 买电脑　　C 去玩儿

28. A 没兴趣　　B 累了　　C 怕水

29. A 画图　　B 照相　　C 看月亮

30. A 很简单　　B 很干净　　C 太难了

第四部分

第31-40题

例如：女：你怎么还在看电视呢？做完作业了吗？
男：等一会儿，这个节目还有2分钟就结束了。
女：你明天还有考试，快点儿去学习。
男：好的，我马上看完了。
问：男的在做什么？

A 洗澡　　B 看电视 ✓　　C 做作业

31. A 船　　B 飞机　　C 地铁

32. A 玩儿游戏　　B 打扫房间　　C 搬桌子

33. A 怕她累　　B 不关心她　　C 想照顾她

34. A 宾馆　　B 机场　　C 洗手间

35. A 前天　　B 今天　　C 后天

36. A 个子不高　　B 喜欢运动　　C 成绩很好

37. A 跑步　　B 骑马　　C 跳舞

38. A 医院　　B 超市　　C 饭店

39. A 十点　　B 十点半　　C 十一点

40. A 看电影　　B 去工作　　C 照顾妈妈

二、阅 读

第一部分

第41-45题

A 对啊,这里的冬天一直都这样。

B 这次去中国的时候，我想给妈妈买个礼物。

C 你知道办公室里有几个电脑吗?

D 别担心,我一会儿过去的时候帮你买。

E 我们先坐地铁2号线，然后换公共汽车。

F 张经理在办公室吗?

例如：我们怎么去图书馆?　　(E)

41. 现在一共有十个电脑。　　(　　)

42. 那里应该可以刷信用卡吧?　　(　　)

43. 你看外面的风那么大，看起来很冷啊。　　(　　)

44. 怎么办，我忘记买他的礼物了!　　(　　)

45. 不在，他在四楼的办公室等我们。　　(　　)

第46-50题

A 上周和我女儿去超市的时候买的。

B 刚才和小王一起坐公共汽车的人是她弟弟吗？

C 这个汉字怎么读？

D 妈妈怎么做了这么多菜？

E 客人很快就到了，我们应该把房间打扫干净。

46. 爸爸，你为什么起这么早？ （　　）

47. 我也不知道，让我查一下词典吧。 （　　）

48. 因为爷爷奶奶晚上来我们家。 （　　）

49. 是的，她弟弟上个月从中国留学回来。 （　　）

50. 这瓶饮料很好喝，什么时候买的？ （　　）

第二部分

第51-55题

A 重要　B 极　C 了解　D 辆　E 声音　F 发烧

例如：小李说话的（　E　）真好听！

51. 爸爸明天要买一（　　）车。

52. 孩子一直在（　　），我明天要带他去医院。

53. 下午2点的会议很（　　），希望大家都参加。

54. 那家饭店的菜好吃（　　）了，下个月一起去吃吧。

55. 我们学汉语的原因是为了（　　）中国文化。

第56-60题

A 回答　B 街道　C 比赛　D 爱好　E 满意　F 如果

例如：A：你姐姐的（ D ）是什么？

B：她喜欢唱歌。

56. A：明天和我一起去买冰箱吧！

B：我不能去。我明天下午3点要看篮球（ ）。

57. A：同学们，谁能（ ）一下这个问题？

B：老师，我可以！

58. A：这个地方太安静了。

B：是啊，（ ）上什么人都没有。

59. A：（ ）你难过的话，可以和我聊聊。

B：我没事，谢谢你。

60. A：你觉得今天的菜怎么样？

B：特别好吃，我很（ ）。

第三部分

第61-70题

例如：书店现在还没有开门，您来早了一点儿，现在是8点半，还有30分钟才开门，请等一下。

★ 书店几点开门？

A 9点 ✓　　B 9点半　　C 10点

61. 您好，这是您的房卡。房间里有热水，早上六点到九点可以吃早饭。如果您还有别的问题，可以给我们打电话。

★ 说话人在哪儿？

A 宾馆　　B 商店　　C 体育馆

62. 只要努力学习，提高汉语水平其实不难。想要说得好，就不能害怕，要经常找中国朋友聊天。想要写得好，就要多写句子。

★ 想提高汉语水平，就应该：

A 去留学　　B 不能害怕　　C 多看词典

63. 我很喜欢现在住的城市，因为这里天气一直很好，一般都是晴天，很少下雨，也不下雪。

★ 这个城市：

A 天气很好　　B 经常下雨　　C 没有晴天

64. 我第一次看到这种草，觉得很好看。但是我的朋友跟我说，这种草在南方很多，在北方很少。

★ 这种草：

A 非常好看　　B 北方很多　　C 可以吃

65. 那个饭店离这儿有点儿远，走路去的话，需要30分钟，坐地铁的话20分钟，但下车后还要走5分钟。我们一共四个人，还是坐出租车过去吧，这样最方便了。

★ 根据这段话，可以知道他们要：

A 去图书馆　　B 准备考试　　C 坐出租车

66. 我大学学的是历史，但我一直都对数学很感兴趣。我经常看一些数学节目，所以我知道很多关于数学的故事。

★ 说话人为什么知道很多数学故事?

A 常看数学书　　B 上过数学课　　C 常看数学节目

67. 爸爸妈妈，我刚才去跑步了，所以要洗澡。你们先吃饭吧，别等我了，我洗完澡再吃。

★ 说话人要先做什么？

A 画画　　B 洗澡　　C 做饭

68. 附近有一个不错的房子，你要不要去看看？那个房子离地铁站很近，附近还有超市。前面是医院，北面就是银行，做什么都很方便。

★ 那个房子：

A 很方便　　B 有人住　　C 离超市远

69. 邻居家的猫是黑色的，眼睛特别大，它的鼻子和耳朵都是白色的，看起来有点儿可爱。

★ 邻居家的猫：

A 长得很快　　B 眼睛不大　　C 鼻子是白色

70. 你想吃饭的话，可以去一楼的饭店；如果想买衣服，可以去二楼；想买笔记本电脑或者手机的话，可以去三楼。

★ 在一楼可以：

A 吃饭　　B 喝咖啡　　C 看电影

三、书 写

第一部分

第71-75题

例如：词典　桌子上　一本　有

桌子上有一本词典。

71. 你　感兴趣　对　中国文化　吗

72. 找到了　我　我的钱包　终于

73. 衬衫　把　拿走了　桌子上的　叔叔

74. 关系　我和　非常好　邻居的

75. 她　过来的　是骑　自行车

第二部分

第76-80题

例如：没（ 关 guān ）系，你已经做得很好了。

76. 服（ wù ）员，我们要两份米饭和一瓶啤酒。

77. 买这些东西一共花了一（ wàn ）元。

78. 为了提高我的汉语水平，我想多练（ xí ）说汉语。

79. 电梯（ yòu ）坏了，只能走楼梯了。

80. 这个房子很不错，但是（ tài ）贵了。

다음 페이지(p.64)에 정답이 있으니 바로 채점해 보세요.

실전모의고사 제3회 정답

듣기

해설집 p.80

제1부분

1 C **2** A **3** F **4** E **5** B **6** B **7** D **8** A **9** C **10** E

제2부분

11 ✓ **12** ✓ **13** × **14** × **15** ✓ **16** × **17** ✓ **18** × **19** × **20** ✓

제3부분

21 B **22** A **23** B **24** B **25** B **26** B **27** C **28** C **29** A **30** C

제4부분

31 B **32** C **33** A **34** B **35** C **36** B **37** B **38** A **39** B **40** C

독해

해설집 p.94

제1부분

41 C **42** B **43** A **44** D **45** F **46** E **47** C **48** D **49** B **50** A

제2부분

51 D **52** F **53** A **54** B **55** C **56** C **57** A **58** B **59** F **60** E

제3부분

61 A **62** B **63** A **64** A **65** C **66** C **67** B **68** A **69** C **70** A

쓰기

해설집 p.103

제1부분

71 你对中国文化感兴趣吗？

72 我终于找到了我的钱包。

73 叔叔把桌子上的衬衫拿走了。

74 我和邻居的关系非常好。

75 她是骑自行车过来的。

제2부분

76 务

77 万

78 习

79 又

80 太

실전모의고사

제4회

* 시험을 보기 전, <해설집> p.170의 '제4회 핵심어휘'를 먼저 익히면 문제를 더 쉽게 풀 수 있어요.

* 실제 시험을 보는 것처럼 시간에 맞춰 실전모의고사를 풀어보세요.

잠깐! 테스트 전 확인 사항

1. 휴대 전화의 전원을 끄셨나요? ······················ □
2. 답안지, 연필, 지우개가 준비되셨나요? ············ □
3. 시계가 준비되셨나요? ································· □

* 듣기 답안 작성 5분, 독해+쓰기 45분

시험에 나올 어휘를
효과적으로 공부하려면?

해커스중국어(china.Hackers.com)에서

<폰 안에 쏙! HSK 3급 필수어휘300+예문> 무료 다운받기!

답안지

汉语水平考试 HSK（三级）答题卡

请填写考生信息

请按照考试证件上的姓名填写：

姓名	

如果有中文姓名，请填写：

中文姓名	

考生序号	
	[0] [1] [2] [3] [4] [5] [6] [7] [8] [9]
	[0] [1] [2] [3] [4] [5] [6] [7] [8] [9]
	[0] [1] [2] [3] [4] [5] [6] [7] [8] [9]
	[0] [1] [2] [3] [4] [5] [6] [7] [8] [9]
	[0] [1] [2] [3] [4] [5] [6] [7] [8] [9]

请填写考点信息

考点序号	
	[0] [1] [2] [3] [4] [5] [6] [7] [8] [9]
	[0] [1] [2] [3] [4] [5] [6] [7] [8] [9]
	[0] [1] [2] [3] [4] [5] [6] [7] [8] [9]
	[0] [1] [2] [3] [4] [5] [6] [7] [8] [9]
	[0] [1] [2] [3] [4] [5] [6] [7] [8] [9]
	[0] [1] [2] [3] [4] [5] [6] [7] [8] [9]
	[0] [1] [2] [3] [4] [5] [6] [7] [8] [9]

国籍	
	[0] [1] [2] [3] [4] [5] [6] [7] [8] [9]
	[0] [1] [2] [3] [4] [5] [6] [7] [8] [9]
	[0] [1] [2] [3] [4] [5] [6] [7] [8] [9]

年龄	
	[0] [1] [2] [3] [4] [5] [6] [7] [8] [9]
	[0] [1] [2] [3] [4] [5] [6] [7] [8] [9]

性别	男 [1] 女 [2]

注意 请用2B铅笔这样写：▬

一、听力

1. [A] [B] [C] [D] [E] [F]
2. [A] [B] [C] [D] [E] [F]
3. [A] [B] [C] [D] [E] [F]
4. [A] [B] [C] [D] [E] [F]
5. [A] [B] [C] [D] [E] [F]
6. [A] [B] [C] [D] [E] [F]
7. [A] [B] [C] [D] [E] [F]
8. [A] [B] [C] [D] [E] [F]
9. [A] [B] [C] [D] [E] [F]
10. [A] [B] [C] [D] [E] [F]

11. [✓] [×]
12. [✓] [×]
13. [✓] [×]
14. [✓] [×]
15. [✓] [×]
16. [✓] [×]
17. [✓] [×]
18. [✓] [×]
19. [✓] [×]
20. [✓] [×]
21. [A] [B] [C]
22. [A] [B] [C]
23. [A] [B] [C]
24. [A] [B] [C]
25. [A] [B] [C]

26. [A] [B] [C]
27. [A] [B] [C]
28. [A] [B] [C]
29. [A] [B] [C]
30. [A] [B] [C]
31. [A] [B] [C]
32. [A] [B] [C]
33. [A] [B] [C]
34. [A] [B] [C]
35. [A] [B] [C]
36. [A] [B] [C]
37. [A] [B] [C]
38. [A] [B] [C]
39. [A] [B] [C]
40. [A] [B] [C]

二、阅读

41. [A] [B] [C] [D] [E] [F]
42. [A] [B] [C] [D] [E] [F]
43. [A] [B] [C] [D] [E] [F]
44. [A] [B] [C] [D] [E] [F]
45. [A] [B] [C] [D] [E] [F]
46. [A] [B] [C] [D] [E] [F]
47. [A] [B] [C] [D] [E] [F]
48. [A] [B] [C] [D] [E] [F]
49. [A] [B] [C] [D] [E] [F]
50. [A] [B] [C] [D] [E] [F]

51. [A] [B] [C] [D] [E] [F]
52. [A] [B] [C] [D] [E] [F]
53. [A] [B] [C] [D] [E] [F]
54. [A] [B] [C] [D] [E] [F]
55. [A] [B] [C] [D] [E] [F]
56. [A] [B] [C] [D] [E] [F]
57. [A] [B] [C] [D] [E] [F]
58. [A] [B] [C] [D] [E] [F]
59. [A] [B] [C] [D] [E] [F]
60. [A] [B] [C] [D] [E] [F]

61. [A] [B] [C]
62. [A] [B] [C]
63. [A] [B] [C]
64. [A] [B] [C]
65. [A] [B] [C]
66. [A] [B] [C]
67. [A] [B] [C]
68. [A] [B] [C]
69. [A] [B] [C]
70. [A] [B] [C]

三、书写

71. ______________________________

72. ______________________________

73. ______________________________

74. ______________________________

75. ______________________________

76. ☐ 77. ☐ 78. ☐ 79. ☐ 80. ☐

请不要写到框线以外！

汉语水平考试

HSK（三级）

注　意

一、HSK（三级）分三部分：

　　1. 听力（40题，约35分钟）

　　2. 阅读（30题，30分钟）

　　3. 书写（10题，15分钟）

二、听力结束后，有5分钟填写答题卡。

三、全部考试约90分钟（含考生填写个人信息时间5分钟）。

一、听 力

모의고사용/고사장 소음 버전
mp3 바로듣기

第一部分

第1-5题

A 

B 

C 

D 

E 

F 

例如：男：喂，你好，请问李老师在吗？
女：她刚才出去了，您一个小时以后再打，好吗？ [D]

1. [ ]

2. [ ]

3. [ ]

4. [ ]

5. [ ]

第6-10题

A

B

C

D

E

6. ☐

7. ☐

8. ☐

9. ☐

10. ☐

第二部分

第11-20题

例如：为了提高自己的汉语水平，小李每天都花一个小时看中国电影。

★ 小李想提高汉语水平。 （ ✓ ）

我中午打算见朋友。看了看手表，已经11点了。等了一会儿再看表，还是11点，我这才发现我的手表坏了。

★ 说话人的手表不见了。 （ ✗ ）

11. ★ 这个季节山上有很多花儿。 （ ）

12. ★ 小白在中国找到了工作。 （ ）

13. ★ 这条裤子有点儿短。 （ ）

14. ★ 说话人一般7点起床。 （ ）

15. ★ 说话人不喜欢去小河边。 （ ）

16. ★ 说话人现在没有工作。 （ ）

17. ★ 说话人的家离图书馆很近。 （ ）

18. ★ 说话人买到火车票了。 （ ）

19. ★ 说话人新认识的朋友很年轻。 （ ）

20. ★ 小明正在向说话人借词典。 （ ）

第三部分

第21-30题

例如：男：小张，可以帮我开门吗？谢谢！
女：好的。您去面包店了吗？买了这么多面包。
问：男的希望小张做什么？

A 吃饭　　B 开门 ✓　　C 买衣服

21. A 不难　　B 很新鲜　　C 非常重要

22. A 妈妈　　B 姐姐　　C 奶奶

23. A 在等朋友　　B 爱吃米饭　　C 想去公园

24. A 篮球　　B 长跑　　C 足球

25. A 很简单　　B 不好学　　C 非常奇怪

26. A 买菜　　B 洗衣服　　C 看电影

27. A 银行　　B 公园　　C 商店

28. A 很老　　B 不好看　　C 很漂亮

29. A 好好加班　　B 好好工作　　C 好好吃饭

30. A 办公室　　B 咖啡店　　C 邻居家

第四部分

第31-40题

例如：女：你怎么还在看电视呢？做完作业了吗？
男：等一会儿，这个节目还有2分钟就结束了。
女：你明天还有考试，快点儿去学习。
男：好的，我马上看完了。
问：男的在做什么？

A 洗澡　　B 看电视 ✓　　C 做作业

31. A 司机　　B 同事　　C 经理

32. A 作业简单　　B 必须都做　　C 只做一个题

33. A 中国文化　　B 数学　　C 英语

34. A 9:05　　B 10:05　　C 12:05

35. A 明天开会　　B 要坐火车　　C 不太舒服

36. A 留学　　B 结婚　　C 上班

37. A 想去玩儿　　B 家里人多　　C 不愿意出门

38. A 星期二　　B 星期三　　C 星期日

39. A 跳舞　　B 买包　　C 打篮球

40. A 变化大　　B 不方便　　C 很干净

二、阅 读

第一部分

第41-45题

A 我刚才在电梯看到张老师了，她在找你呢。

B 我上周就复习完了，你放心吧。

C 办公室开空调开了很久，怎么还这么热？

D 最近天气冷，老人很容易感冒，一定要多注意。

E 我们先坐地铁2号线，然后换公共汽车。

F 没事，多读几次你一定能明白的。

例如：我们怎么去图书馆？（ E ）

41. 我现在就去张老师的办公室找她。（ ）

42. 可能是坏了，明天叫人来检查一下。（ ）

43. 明天就要考试了，你复习好了吗？（ ）

44. 是啊，我奶奶最近就在发烧。（ ）

45. 这几个字我都知道，但是放在句子里就看不懂了。（ ）

第46-50题

A 那我可以休息一会儿了，谢谢你。

B 这孩子今年上二年级了，特别喜欢学习。

C 你还是别去了，你的身体还没好呢。

D 先往左走，然后直走，5分钟就到了。

E 会议快要结束了，他怎么还没到？

46. 周末我要去爬山。 (　　)

47. 爸爸，今天我来做饭吧。 (　　)

48. 这孩子太聪明了，上几年级了？ (　　)

49. 他坐的出租车在来的路上坏了。 (　　)

50. 你知道那家饭店怎么走吗？ (　　)

第二部分

第51-55题

A 结束　　B 经过　　C 一定　　D 菜单　　E 声音　　F 公斤

例如：小李说话的（　E　）真好听！

51. 他一直都很努力，所以我相信他（　　　）会做到的。

52. 我们先看（　　　），再决定点什么菜吧。

53. （　　　）那家超市的时候，记得买点儿水果。

54. 今天的工作很快就（　　　）了，我很高兴。

55. 昨天妈妈买了五（　　　）的水果。

第56-60题

A 检查　　B 新鲜　　C 节目　　D 爱好　　E 段　　F 放心

例如：A：你姐姐的（　D　）是什么？

　　　B：她喜欢唱歌。

56. A：我不明白这（　　　）话的意思，你呢？

　　B：我也是，问一下老师怎么样？

57. A：医生，我可以出院了吗？

　　B：后天的身体（　　　）没问题的话，就可以出院了。

58. A：妈，您别担心，老师会带我们去比赛的地方。

　　B：那我就（　　　）了。

59. A：这些菜是哪天买的？

　　B：那些菜已经不（　　　）了，你别吃了。

60. A：快过来，你最喜欢的（　　　）马上开始了！

　　B：好的，我吃完这碗饭就过去。

第三部分

第61-70题

例如：书店现在还没有开门，您来早了一点儿，现在是8点半，还有30分钟才开门，请等一下。

★ 书店几点开门？

A 9点 ✓　　B 9点半　　C 10点

61. 不好意思，我出门太晚了，现在还在等车。我1小时之后才能到，你们一边吃一边等我吧。

★ 说话人为什么1小时后才能到？

A 在睡觉　　B 车坏了　　C 出门太晚了

62. 天气再不好，我也会去附近的游泳馆游泳。但这周六游泳馆休息，我只能去旁边的公园打球了。

★ 说话人这周六要去哪儿？

A 游泳馆　　B 学校　　C 公园

63. 李经理出去了，不知道几点能回来。你如果着急的话，就给他打个电话。你如果不着急，可以去他的办公室等他，6楼最里面的房间就是他的办公室。

★ 说话人不知道：

A 家在哪儿　　B 经理几点回来　　C 开会时间

64. 小林，医生让你多吃肉和鸡蛋，少吃面包和蛋糕这种甜的东西。这样做对你的身体比较好。

★ 医生让小林：

A 多运动　　B 经常看书　　C 少吃甜的

65. 我每天运动3个小时，学习半个小时。我觉得运动比学习有意思多了，一学习我就想睡觉。

★ 说话人是什么意思？

A 喜欢吃饭　　B 不爱学习　　C 想看电影

66. 你知道吗？我们家附近开了一个不错的面包店。我们骑自行车过去买吧，10分钟就能到。

★ 说话人想怎么去面包店？

A 走路　　B 坐飞机　　C 骑自行车

67. 爸爸和妈妈去旅游了，一个月后才回来。现在家里只有我和弟弟两个人。我每天都要做饭，弟弟要洗衣服，还要打扫房间。我们都觉得很累。

★ 关于爸爸和妈妈，可以知道：

A 去旅游了　　B 去留学了　　C 去锻炼了

68. 很多人觉得，胖胖的动物非常可爱。像大熊猫、小猫还有小狗这些动物，都是胖的比瘦的好看。但是人们希望自己变得瘦一点儿。

★ 很多人希望自己：

A 变得可爱　　B 特别聪明　　C 瘦一点儿

69. 工作时，我非常快乐，因为在工作中我能学习到很多新的东西，也能提高自己的水平。

★ 说话人工作时：

A 很不舒服　　B 非常快乐　　C 特别着急

70. 夏天很热，所以很多人在家的时候一直开着空调。这其实不太好，因为长时间开空调会让人觉得身体不舒服。

★ 这段话主要是说：

A 少用空调　　B 多喝冷水　　C 经常锻炼

三、书写

第一部分

第71-75题

例如：词典　桌子上　一本　有

　　桌子上有一本词典。

71. 没有关　我房间里　灯　的

72. 解决了　已经　问题　被他

73. 最喜欢看的　这是　节目　我

74. 一点儿　比　我的个子　姐姐　高

75. 你们下次　玩儿　欢迎　再来我家

第二部分

第76-80题

例如：没（ 关 guān ）系，你已经做得很好了。

76. 儿子（ shēng ）病了，今天没去上学。

77. 在中国留学，不但可以认识很多中国朋友，而且还能了解中国（ wén ）化。

78. 今天的鱼才十（ yuán ）一斤，而且特别新鲜。

79. 我妹妹的头（ fa ）又黑又长。

80. 黄河经过中国很多（ chéng ）市。

제1회 제2회 제3회 제4회 제5회

해커스 HSK 3급 실전모의고사

다음 페이지(p.84)에 정답이 있으니 바로 채점해 보세요.

실전모의고사 제4회 정답

듣기

해설집 p.108

제1부분

1 E **2** C **3** A **4** F **5** B **6** D **7** B **8** E **9** C **10** A

제2부분

11 ✓ **12** ✓ **13** × **14** ✓ **15** × **16** × **17** ✓ **18** × **19** ✓ **20** ×

제3부분

21 A **22** A **23** B **24** B **25** A **26** B **27** C **28** C **29** C **30** B

제4부분

31 A **32** B **33** A **34** B **35** A **36** A **37** C **38** A **39** B **40** C

독해

해설집 p.122

제1부분

41 A **42** C **43** B **44** D **45** F **46** C **47** A **48** B **49** E **50** D

제2부분

51 C **52** D **53** B **54** A **55** F **56** E **57** A **58** F **59** B **60** C

제3부분

61 C **62** C **63** B **64** C **65** B **66** C **67** A **68** C **69** B **70** A

쓰기

해설집 p.131

제1부분

71 我房间里的灯没有关。

72 问题已经被他解决了。

73 这是我最喜欢看的节目。

74 我的个子比姐姐高一点儿。

75 欢迎你们下次再来我家玩儿。

제2부분

76 生

77 文

78 元

79 发

80 城

실전모의고사

제5회

* 시험을 보기 전, <해설집> p.172의 '제5회 핵심어휘'를 먼저 익히면 문제를 더 쉽게 풀 수 있어요.

* 실제 시험을 보는 것처럼 시간에 맞춰 실전모의고사를 풀어보세요.

잠깐! 테스트 전 확인 사항

1. 휴대 전화의 전원을 끄셨나요? …………………… □
2. 답안지, 연필, 지우개가 준비되셨나요? ………… □
3. 시계가 준비되셨나요? ……………………………… □

* 듣기 답안 작성 5분, 독해+쓰기 45분

**고사장 소음까지 대비하고
들기 점수 올리려면?**

해커스중국어(**china.Hackers.com**)에서
고사장 소음 버전 MP3 무료 다운받기!

답안지

汉语水平考试 HSK（三级）答题卡

请填写考生信息

请按照考试证件上的姓名填写：

姓名	

如果有中文姓名，请填写：

中文姓名	

考生序号		
		[0] [1] [2] [3] [4] [5] [6] [7] [8] [9]
		[0] [1] [2] [3] [4] [5] [6] [7] [8] [9]
		[0] [1] [2] [3] [4] [5] [6] [7] [8] [9]
		[0] [1] [2] [3] [4] [5] [6] [7] [8] [9]
		[0] [1] [2] [3] [4] [5] [6] [7] [8] [9]

请填写考点信息

考点序号		
		[0] [1] [2] [3] [4] [5] [6] [7] [8] [9]
		[0] [1] [2] [3] [4] [5] [6] [7] [8] [9]
		[0] [1] [2] [3] [4] [5] [6] [7] [8] [9]
		[0] [1] [2] [3] [4] [5] [6] [7] [8] [9]
		[0] [1] [2] [3] [4] [5] [6] [7] [8] [9]
		[0] [1] [2] [3] [4] [5] [6] [7] [8] [9]
		[0] [1] [2] [3] [4] [5] [6] [7] [8] [9]

国籍		
		[0] [1] [2] [3] [4] [5] [6] [7] [8] [9]
		[0] [1] [2] [3] [4] [5] [6] [7] [8] [9]
		[0] [1] [2] [3] [4] [5] [6] [7] [8] [9]

年龄		
		[0] [1] [2] [3] [4] [5] [6] [7] [8] [9]
		[0] [1] [2] [3] [4] [5] [6] [7] [8] [9]

性别	男 [1]	女 [2]

注意	请用2B铅笔这样写：▬

一、听力

1. [A] [B] [C] [D] [E] [F]
2. [A] [B] [C] [D] [E] [F]
3. [A] [B] [C] [D] [E] [F]
4. [A] [B] [C] [D] [E] [F]
5. [A] [B] [C] [D] [E] [F]
6. [A] [B] [C] [D] [E] [F]
7. [A] [B] [C] [D] [E] [F]
8. [A] [B] [C] [D] [E] [F]
9. [A] [B] [C] [D] [E] [F]
10. [A] [B] [C] [D] [E] [F]

11. [✓] [×]
12. [✓] [×]
13. [✓] [×]
14. [✓] [×]
15. [✓] [×]
16. [✓] [×]
17. [✓] [×]
18. [✓] [×]
19. [✓] [×]
20. [✓] [×]
21. [A] [B] [C]
22. [A] [B] [C]
23. [A] [B] [C]
24. [A] [B] [C]
25. [A] [B] [C]

26. [A] [B] [C]
27. [A] [B] [C]
28. [A] [B] [C]
29. [A] [B] [C]
30. [A] [B] [C]
31. [A] [B] [C]
32. [A] [B] [C]
33. [A] [B] [C]
34. [A] [B] [C]
35. [A] [B] [C]
36. [A] [B] [C]
37. [A] [B] [C]
38. [A] [B] [C]
39. [A] [B] [C]
40. [A] [B] [C]

二、阅读

41. [A] [B] [C] [D] [E] [F]
42. [A] [B] [C] [D] [E] [F]
43. [A] [B] [C] [D] [E] [F]
44. [A] [B] [C] [D] [E] [F]
45. [A] [B] [C] [D] [E] [F]
46. [A] [B] [C] [D] [E] [F]
47. [A] [B] [C] [D] [E] [F]
48. [A] [B] [C] [D] [E] [F]
49. [A] [B] [C] [D] [E] [F]
50. [A] [B] [C] [D] [E] [F]

51. [A] [B] [C] [D] [E] [F]
52. [A] [B] [C] [D] [E] [F]
53. [A] [B] [C] [D] [E] [F]
54. [A] [B] [C] [D] [E] [F]
55. [A] [B] [C] [D] [E] [F]
56. [A] [B] [C] [D] [E] [F]
57. [A] [B] [C] [D] [E] [F]
58. [A] [B] [C] [D] [E] [F]
59. [A] [B] [C] [D] [E] [F]
60. [A] [B] [C] [D] [E] [F]

61. [A] [B] [C]
62. [A] [B] [C]
63. [A] [B] [C]
64. [A] [B] [C]
65. [A] [B] [C]
66. [A] [B] [C]
67. [A] [B] [C]
68. [A] [B] [C]
69. [A] [B] [C]
70. [A] [B] [C]

三、书写

71. ______________________________
72. ______________________________
73. ______________________________
74. ______________________________
75. ______________________________

76. ☐ 77. ☐ 78. ☐ 79. ☐ 80. ☐

请不要写到框线以外！

汉语水平考试

HSK（三级）

注　意

一、HSK（三级）分三部分：

1. 听力（40题，约35分钟）

2. 阅读（30题，30分钟）

3. 书写（10题，15分钟）

二、听力结束后，有5分钟填写答题卡。

三、全部考试约90分钟（含考生填写个人信息时间5分钟）。

一、听力

모의고사용/고사장 소음 버전
mp3 바로듣기

第一部分

第1-5题

A 

B 

C 

D 

E 

F 

例如：男：喂，你好，请问李老师在吗？
　　　女：她刚才出去了，您一个小时以后再打，好吗？　　D

1. □

2. □

3. □

4. □

5. □

第6-10题

A

B

C

D

E

6. □

7. □

8. □

9. □

10. □

第二部分

第11-20题

例如：为了提高自己的汉语水平，小李每天都花一个小时看中国电影。

★ 小李想提高汉语水平。（ ✓ ）

我中午打算见朋友。看了看手表，已经11点了。等了一会儿再看表，还是11点，我这才发现我的手表坏了。

★ 说话人的手表不见了。（ ✗ ）

11. ★ 说话人和小李关系不太好。（ ）

12. ★ 说话人经常去图书馆。（ ）

13. ★ 小高是中国人。（ ）

14. ★ 说话人的妹妹生病了。（ ）

15. ★ 说话人的妻子对新家很满意。（ ）

16. ★ 说话人是一位老师。（ ）

17. ★ 说话人准备去北方旅游。（ ）

18. ★ 今天不开会。（ ）

19. ★ 说话人的生日是2005年2月2号。（ ）

20. ★ 弟弟从今年开始画画儿了。（ ）

第三部分

第21-30题

例如：男：小张，可以帮我开门吗？谢谢！
女：好的。您去面包店了吗？买了这么多面包。
问：男的希望小张做什么？

A 吃饭　　B 开门 ✓　　C 买衣服

21. A 有意思　　B 不好看　　C 太长了

22. A 公园　　B 教室　　C 图书馆

23. A 听音乐　　B 打篮球　　C 看比赛

24. A 蓝色的　　B 白色的　　C 黑色的

25. A 回家　　B 去吃饭　　C 去别的地方

26. A 爸爸　　B 叔叔　　C 爷爷

27. A 机场　　B 汽车站　　C 火车站

28. A 八周　　B 十年　　C 九个月

29. A 香蕉　　B 苹果　　C 鸡蛋

30. A 太旧了　　B 爸爸买的　　C 超市送的

第四部分

第31-40题

例如：女：你怎么还在看电视呢？做完作业了吗？
男：等一会儿，这个节目还有2分钟就结束了。
女：你明天还有考试，快点儿去学习。
男：好的，我马上看完了。
问：男的在做什么？

A 洗澡　　B 看电视 ✓　　C 做作业

31. A 得看书　　B 要吃饭　　C 老师有事

32. A 一楼　　B 二楼　　C 五楼

33. A 铅笔　　B 词典　　C 数学笔记

34. A 伞　　B 帽子　　C 照相机

35. A 吃饱了　　B 发烧了　　C 生气了

36. A 自己看书　　B 一起锻炼　　C 讲新的故事

37. A 坐地铁　　B 坐出租车　　C 坐公共汽车

38. A 朋友　　B 同事　　C 邻居

39. A 问题不难　　B 有些难过　　C 打算请假

40. A 天热了　　B 天晴了　　C 下雪了

二、阅 读

第一部分

第41-45题

A 今天晚上我们一起去看篮球比赛吧，我有两张票。

B 你不舒服的话，还是去医院检查一下吧。

C 我喜欢运动，我想做中国最好的体育人。

D 是我的音乐老师，他是新来的。

E 我们先坐地铁2号线，然后换公共汽车。

F 我比你小三岁。

例如：我们怎么去图书馆？　　(E)

41. 我今年28岁，你多大了？　　(　　)

42. 没事，我吃点儿药休息两天就好。　　(　　)

43. 太好了，那晚上我请你吃饭吧，吃完饭一起去。　　(　　)

44. 你为什么来参加这个节目？　　(　　)

45. 站在中间的那个人是谁啊？　　(　　)

第46-50题

A 你奶奶最喜欢的季节是秋天吗？

B 能在那么好的地方工作，真为你高兴。

C 希望我们班这次能有个好成绩。

D 服务员，洗手间在哪儿？

E 不行，那是给你妹妹喝的。

46. 妈妈，我可以喝这碗牛奶吗？ （　　）

47. 洗手间在二层最里面，别走错了。 （　　）

48. 足球比赛马上就要开始了。 （　　）

49. 不是，是春天。因为春天有很多漂亮的花。 （　　）

50. 我下周要去北京大学上班了。 （　　）

第二部分

第51-55题

A 其他　　B 关　　C 还是　　D 年轻　　E 声音　　F 提高

例如：小李说话的（　E　）真好听！

51. 你一会儿能帮我（　　）灯吗？

52. 在老师的帮助下，我写句子的水平（　　）了很多。

53. 你穿这件衣服看上去（　　）了好几岁。

54. 张老师还在办公室，（　　）人都回家了。

55. 带雨伞太不方便了，（　　）穿雨衣出去吧。

第56-60题

A 虽然　　B 可爱　　C 裙子　　D 爱好　　E 黑板　　F 安静

例如：A：你姐姐的（　D　）是什么？

B：她喜欢唱歌。

56. A：这次旅游（　　）很累，但是很有意思。

B：我也这么想，每次和你玩儿都很高兴。

57. A：爸爸，电影里的孩子为什么哭了？

B：别说话了，看电影的时候要（　　），不能影响别人。

58. A：老师在（　　）上写了什么？

B：他写了明天上课的时间。

59. A：你看，这是我昨天照的照片，好看吗？

B：好看，照片里的这只小狗太（　　）了！

60. A：你妈妈个子高，头发长，穿这条红（　　）一定很好看。

B：那就买这个吧！

第三部分

第61-70题

例如：书店现在还没有开门，您来早了一点儿，现在是8点半，还有30分钟才开门，请等一下。

★ 书店几点开门？

A 9点 ✓　　B 9点半　　C 10点

61. 地铁站离我家不太远。走过去需要15分钟，骑自行车需要10分钟，坐出租车过去最快，只要5分钟。

★ 从我家怎么去地铁站最快？

A 跑步　　B 坐出租车　　C 坐公共汽车

62. 今天早上，我的小狗从家里跑出去了，我一直都没有找到它。我害怕它再也不回来了。

★ 说话人害怕狗：

A 不回家　　B 吃很多　　C 不睡觉

63. 爸爸一直跟我说，吃饭时不能吃得太饱。因为那样容易让人发胖，对身体也不好。

★ 这段话主要是说：

A 不要吃得太饱　　B 要多吃苹果　　C 吃饭别太快

64. 这里的环境非常好，能看到高高的山，也能看到漂亮的花。妈妈，我们能在这里多住几天吗？

★ 关于说话人，可以知道什么？

A 要去旅游　　B 喜欢这儿　　C 不太高兴

65. 想要喝到好喝的茶，要注意的地方比较多。好的茶和好的水都很重要，而且用多热的水也是有要求的。

★ 想要喝到好喝的茶，需要：

A 好的水　　B 便宜的茶杯　　C 新的办法

66. 从火车站出来后，我找不到自己的钱包了。我没有其他办法，所以只能给你打电话了。你能来接我吗？

★ 说话人怎么了？

A 想吃饭　　B 要坐飞机　　C 钱包不见了

67. 很多人觉得迟到是一件小事，但其实不是这样。如果你经常迟到的话，别人就会觉得你是不认真的人。所以我们要注意时间。

★ 这段话主要想告诉我们：

A 认真上课　　B 不要迟到　　C 早点儿回家

68. 弟弟，你还记得吗？小时候，妈妈经常带我们来这家店吃饭。这么多年过去了，这里还是一点儿都没变啊。

★ 那家店：

A 关门了　　B 没有变　　C 人很多

69. 冬天从早到晚都很冷，不注意的话，很容易感冒发烧。所以一定要多穿点儿衣服，多喝热水。

★ 冬天的时候，要：

A 多喝热水　　B 多吃水果　　C 多打篮球

70. 您丈夫的腿已经好了，现在可以出院回家了。回家之后要让他注意休息，这几天不要再打篮球了。

★ 说话人最可能是做什么的？

A 司机　　B 医生　　C 老师

三、书 写

第一部分

第71-75题

例如：词典　桌子上　一本　有

桌子上有一本词典。

71. 哭了　地　奶奶　难过

72. 蓝色的裙子　这　很好看　条

73. 马校长　非常生气　这件事　让

74. 大家　把　看清楚　一定要　考试时间

75. 很高　哥哥　自己的要求　对

第二部分

第76-80题

例如：没（ guān 关 ）系，你已经做得很好了。

76. 我饿了，昨天（ mǎi ）的苹果呢？

77. 您放（ xīn ），我会照顾好自己的。

78. 我明天要搬家，因为我（ zhōng ）于买了一个大房子。

79. 请你回答下面的（ wèn ）题。

80. 香蕉两块五一（ jīn ），真便宜！

다음 페이지(p.104)에 정답이 있으니 바로 채점해 보세요.

실전모의고사 제5회 정답

듣기

해설집 p.136

제1부분

1 E	**2** C	**3** A	**4** B	**5** F	**6** E	**7** C	**8** A	**9** D	**10** B

제2부분

11 ×	**12** ✓	**13** ×	**14** ✓	**15** ✓	**16** ✓	**17** ×	**18** ✓	**19** ×	**20** ×

제3부분

21 B	**22** B	**23** C	**24** B	**25** C	**26** A	**27** C	**28** B	**29** A	**30** C

제4부분

31 C	**32** A	**33** C	**34** C	**35** B	**36** C	**37** B	**38** B	**39** A	**40** C

독해

해설집 p.150

제1부분

41 F	**42** B	**43** A	**44** C	**45** D	**46** E	**47** D	**48** C	**49** A	**50** B

제2부분

51 B	**52** F	**53** D	**54** A	**55** C	**56** A	**57** F	**58** E	**59** B	**60** C

제3부분

61 B	**62** A	**63** A	**64** B	**65** A	**66** C	**67** B	**68** B	**69** A	**70** B

쓰기

해설집 p.159

제1부분

71 奶奶难过地哭了。

72 这条蓝色的裙子很好看。

73 这件事让马校长非常生气。

74 大家一定要把考试时间看清楚。

75 哥哥对自己的要求很高。

제2부분

76 买

77 心

78 终

79 问

80 斤

해커스 중국어

HSK 3급 실전모의고사

합격을 위한 단 5일!

실전모의고사
5회분

상세한 해설집
(어휘+어법체크)

무료 MP3
(듣기 모의고사용/
문제별 분할/
고사장 소음 버전 MP3
· 독해/쓰기 MP3)

추가 자료 해커스중국어 china.Hackers.com

본 교재 동영상강의(할인쿠폰 수록)·무료 HSK 3급 필수어휘 300+예문·무료 HSK 기출 사자성어·무료 매일 HSK 필수어휘 테스트

3

중국어 실력 점검!
무료 HSK 레벨테스트

자신의 HSK 실력이 궁금하다면

무료 HSK 레벨테스트

1. 철저한 시험문제 분석을 반영하여
해커스 HSK연구소에서 직접 출제!

2. 영역별 점수 및 추천 공부방법까지
철저한 성적 분석 서비스

무료테스트 바로가기

4

해커스중국어
실전모의고사
3 STEP 학습 시스템

강의 듣고! › **보충하고!** › **복습하자!**

오늘의 강의
스타강사 선생님의
명쾌한 강의에
실전 팁까지!

쓰기영역 보너스 강의
어려운 쓰기영역
정복을 위한
추가 동영상강의

쓰기빈출자료집
선생님이 정리한
시험에 많이 나오는
빈출 자료 제공